华南师范大学教育名家系列文集

丛书主编　扈中平　李盛兵
丛书副主编　曾文婕　刘磊明

邹有华教育文集

李志厚　主编

广东高等教育出版社
Guangdong Higher Education Press
·广州·

图书在版编目（CIP）数据

邹有华教育文集/李志厚主编. —广州：广东高等教育出版社，2024. 11
（华南师范大学教育名家系列文集）
ISBN 978－7－5361－7667－6

Ⅰ. ①邹…　Ⅱ. ①李…　Ⅲ. ①教育—文集　Ⅳ. ①G4－53

中国国家版本馆CIP数据核字（2024）第085108号

书　　名	邹有华教育文集 ZOU YOUHUA JIAOYU WENJI
出版发行	广东高等教育出版社 地址：广州市天河区林和西横路 邮政编码：510500　电话：（020）87553335 http://www. gdgjs. com. cn
印　　刷	佛山市浩文彩色印刷有限公司
开　　本	787毫米×1 092毫米　1/16
印　　张	16. 50
插　　页	2
字　　数	445千
版　　次	2024年11月第1版
印　　次	2024年11月第1次印刷
定　　价	56. 00元

总序

历史是最好的清醒剂。铭记历史，才能开创未来。编写这套教育名家系列文集，不仅是为了庆祝华南师范大学90周年华诞，也是为了纪念对国家教育科学和学校教育学科的发展做出贡献的先贤们。

90年来，华南师范大学从无到有，至今成为我国“双一流”建设大学，成为我国教育强国建设的重要组成部分。1933年勷勤大学建立，设立商学院、工学院和师范学院，后者是华南师范大学的前身，林砺儒先生任院长。4年后勷勤大学改组，其师范学院独立设置为广东省立教育学院，后更名为广东省立文理学院，主要办理师范教育，培养中等教育师资，林砺儒先生任校长。由于高举师范教育的大旗，坚持办学的革命性和进步性，文理学院被称为“小延安”。1952年院系调整，在广东省立文理学院的基础上，并入中山大学师范学院、华南联大教育系、南方大学俄语系、岭南大学教育系、海南师范学院、南昌大学师范部地理专修科、广西大学教育系、湖南大学史地系地理专修科，九脉归一成立华南师范学院，师资力量不断壮大，为南方师范教育重镇。1982年华南师范学院更名为华南师范大学，1996年忝列国家“211工程”建设大学，2013年又转为“双一流”建设大学，进入国家一流大学建设行列，实现了华南师范大学几代办学人的理想。

与大学的快速、高水平发展相比，教育系、教育科学学院的发展更加出色，教育学科不仅是广东省的龙头学科，在全国也属优势学科。1935年教育系建立，1952年合并后的教育系名家荟萃，教授就有20多人，实力超群。1999年实体性合并教育系、心理学系、教育科学研究所、课程教材所和高等教育研究室，成立教育科学学院，实现了教育学科自1952年来的第一次整合，开启了跨越式发展的新征程。教育学原理专业2000年获批博士学位授予权，2003年获批教育学一级学科博士学位授予权及博士后流动站。教育科学学院于2009年成为教育部首批教育博士专业学位研究生培养试点单位，2010年成为教育部专业学位研究生教育综合改革试点单位。教育学一级学科于2013年获评广东省重点攀峰学科，2015年入选广东省高水平大学重点建设学科群“面向教育现代化重大需求的教育学科群”，2018年入选广东省“世界一流学科建设”学科，2022年成为广东省“冲补强”高峰学科。教育学科在教育部学科评估中列A类层次，在2021、2022年度软科学科排名中均居前5%。教育科学学院已经建成高水平的研究型学院，在重大平台、重大课题、重大奖项和高层次人才上都实现了突破，并呈现出继续向好的势头。

学院和大学的发展，离不开一批批教育名家和优秀教师的汇聚、努力和付出。自教育系建立以来，林砺儒、高觉敷、罗浚、汪德亮、叶佩华、朱勃、杨荣春、邹有华、周德昌、李锡槐、陈汉才、江月孙等众多名家、名师先后执教于此。教育学科亦因这些教育学名家而散发出生机和活力。正是这些教育名家，带领着教育学科向更高水平发展。这些教育名家是学院发展、教师发展、学生发展厚重的精神财富，需要进一步铭记、学习与发扬。习近平总书记在2023年的教师节指出：“教师群体中涌现出一批教育家和优秀教师，他们具有心有大我、至诚报国的理想信念，言为士则、行为世范的道德情操，启智润心、因材施教的育人智慧，勤学笃行、求是创新的躬耕态度，乐教爱生、甘于奉献的仁爱之心，胸怀天下、以文化人的弘道追求，展现了中国特有的教育家精神。”为了更好地弘扬和践行学院教育家的精神，教育科学学院组织编写“华南师范大学教育名家系列文集”，选择林砺儒、汪德亮、叶佩华、朱勃、杨荣春、邹有华、周德昌、李锡槐、陈汉才和江月孙十位先生的论文和著作节选，展现先生们的教育学术精神、思想和创造，泽被后学，增强年轻学者和学生的学术自信与“躬耕教坛、强国有我”的志向和抱负。这十位教育名家特点鲜明：20世纪初出生的先生大都留学日本、美国，或毕业于中央大学、中山大学、北京高师等；20世纪50年代后出生的学者没有出国留学，大都毕业于中山大学、华南师范学院。他们爱国、爱人民、爱教育，献身教育，潜心研究，在各自的研究领域独树一帜，在国内教育界影响较大，如林砺儒的师范教育思想和中等教育思想，叶佩华的教育测量统计理论，朱勃的比较教育思想，邹有华的教学论思想等。

期待教育科学学院能涌现出更多的教育名家以及具有教育家精神的学者、教师，期待这个系列文集会编得越来越丰富、越来越精深。

李盛兵

2023年11月1日

邹有华教育思想自序

人是天地间的瑰宝，人脑是自然界的皇冠。人能探究周遭事物，主宰世界，但却滞后剖析自己、发展才智。科学技术是第一生产力，科教兴邦是历代圣哲的共同箴训。我早就立志献身于祖国的教育事业，主要的生活历程是学习教育科学，忠勤于教育工作，讲授教育学科，研究教育问题，共达65年之久。兹在组织的鼓励下，搜集藏稿，编成文集，以抒发老迈心声。

马克思确认人的全面发展是实现共产主义社会的必要条件之一，共产主义社会是以各个人的全面发展为一切人的全面发展之必要条件的集合体。德、智、体、美、劳并施是实现人的全面发展的手段。应当理解教育方针是在教育工作过程中，引导方向、纠正偏离的指针。一般认为，人的素质是指先天遗传的素质，如身心是否健全，神经系统是否灵敏，可塑性是否具备。它是后天适应生活、接受教育的出发点，不能使广大的教育工作者明确教育究竟要培养什么样的人。

教育与经济实具辩证发展关系。邓小平总设计师曾指示：要使教育计划成为经济规划的组成部分，必须做好国家统筹和地方灵活最适当的调节，使领导精干、称职、负责，广大职工勤奋、乐业。

国家和人民办教育，总需要建立一种制度来规范散布在广博社会上各级各类学校的结构和任务。具体而微地描绘在纸上的学校系统图，理应以学生年龄特征的连续性、阶段性、稳定性和可变性为纵坐标，以学校的安排和衔接为横坐标，借以表示：作为基础的义务教育的强迫性，应随着对于公民的要求和国力的增长而提高。高中教育已具有选择教育的性质，应该少分段、多分支来适应学生的个别差异。以普通教育为基础，以职业技术教育为归宿，来适应生产战线对中坚人才的需求。高等教育更是严格选擢的教育，应按综合性大学、独立学院、专门技艺（分设文、理、法、教、农、工、商、医）的院系及其专门化的科室，各显其特长，各具其传统，切勿凌空虚构，贪大排场。大学反映国家的学术水平和对经济建设的贡献，要在国际高精尖科技的评比中领先。在缺乏教材和教师的状况下，切不可滥设名义上的新专业。

如果说，学制是国家对各级人才培养目标纵剖面的反映，那么课程就是国家对各级各类人才德才标准横断面的反映。可按学校的修业年限来编制课程，也可以据专业所必设的课程来伸缩修业年限。总是要按科技的发展和国家对教育的投资来决定，课程是选编教材的依据，要有常设的机构来研究它们的兴废和增删，要求敏锐地赶上时代的步伐。

该文集着重于教学论，所载各篇没有完整的系统，但却有内在的联系。《教学认识论》是以辩证唯物主义的观点和方法，阐释教学过程的本质，可以平息教育学术界几十年来的争论。《教学发展论》有发展学生身心的天职，开发人脑潜在的智能资源就能更好地发掘地球蕴藏的财富。《教学信息论》是将当代信息论原理应用于教学，把教学双方的言谈举止都看作信息的传递与反馈，强化其准确，消退其失误，促进教学相长。教学机器与不用机器的程序教学相比，后者只是编造程序比较繁难，但它毕竟是自动化、切实高效的教学模式。作者近来深感一切教学工作都是对学生的大脑皮质和神经系统所下的“顶上功夫”，如能汲取神经生理学的研究成果，使教学适应神经活动的生理机制，并促进其网络和突触的改组改造，则必获得最优的教学效果，并做继续研究教学论的发展方向。

一切科学研究的终极目的都是探索事物发展的客观规律，如对规律没有明确的认识，也不知如何去探索，则长期呼吁也只能是一句空话。融合前哲的睿智，可以认定规律是在客观存在的事物之间所具有的本质、普遍和必然的联系，是一切现象隐秘的根源。自然规律深藏于物质运动的过程中，社会规律必受社会制度的影响，科学规律是科学研究的成果，是对客观规律的无限接近。文集已试做教学规律的通论，又做分析教学过程，探索各科教学规律的特论。个人已迈步于应走的道路，无止境的前程自有待世代群众勇做真理的追求。

教育测量与统计，1949 年前原是高、中等师范院校的必修学科，1949 年后被精简，停开了三四十年，专业人才几乎绝迹。1982 年，国务院恢复这一学科，并即作培养研究生的专业之一。叶佩华教授与我承乏其事，培植一批种子。我为主译美国名著《心理与教育的测量和评价》，一两月焚膏继晷，身体出现了脑痉挛和胃出血，几乎丧生。迄今教育上的校考、会考、中考、高考频仍，用以甄别筛选学生，但亦出现各种弊端难以遏止。我谨选录《心理与教育测量的原理和方法》《心理与教育测量百年回顾和前瞻》，以供当今与后世参考。

古今中外教学论历史遗产的精华和荟萃是我平素对爱好的教学论博览群书、含英咀华、摘录所得，将教学论析为相互联系的八个侧面，予以归纳，然后各自概括，使读者可用较短暂的时间，领略几千年的名著，岂不经济？此事未见前人做过，我也不外初步尝试，甚费时间、精力，写成聊以自慰。

我 4 岁落井，溺至窒息，遇救复苏，使我获得第二次生命。85 年光阴荏苒，未敢虚掷，爰成一绝，以纪梗概：

悬梁刺股苦求知，不慕荣华忝作师，
振铎杏坛六十载，身如蚕烛竭膏脂！

邹有华
2000 年于华南师范大学

目 录

第一部分
邹有华的个人生平与学术贡献

个人生平

邹有华（1911—2002），中国现代著名教育学家，毕生从事教育教学理论研究工作，为中国教育事业发展做出了重要贡献。

邹有华 1911 年 10 月 4 日出生于福建省福州市一个手工业工人家庭。1934 年夏本科毕业于国立中央大学教育学院；1935 年硕士毕业于国立中央大学教育实验研究所，由于当时国家没有实行《学位法》，但相当于获得教育学士和教育硕士学位。

大学毕业之后，邹有华先生先后任职于福建集美师范学校、福建师范学校教师并兼任教育实习指导和该校附小校长；曾任福建德化师范学校校长，福建师范专科学校（今福建师范大学前身）讲师、副教授；曾受聘于国立暨南大学副教授、教授，国立师范学院教授兼教育系主任，国立广西大学教授。

中华人民共和国成立后，邹先生历任广西大学教授、华南师范学院（今华南师范大学前身）教授、广东教育学院教授兼文理学科教研室主任（以及全校教育研究与教师进修委员会副主任、教育科学研究室副主任）。“文化大革命”结束后，他重新受聘于华南师范学院教育科学研究所（亦即广东省教育科学研究所）教学论与中小学教育研究室主任，是教育测量与统计和教育基本理论两个专业的硕士生主要导师。与此同时，他还曾任全国高等院校助教教育测量与统计专业进修班和讲习班的主讲教授；曾是国家教委重点教育科研项目的承担者。

邹先生积极参加社会学术团体的工作。他曾兼任全国教育学研究会理事，广东省教育学研究会理事长，中国成人教育协会理事，广东省成人教育协会副会长、理事长，广东省哲学社会科学联合会第一届理事，九三学社广东省委员会委员兼文教科学文员会副主任等。

邹有华先生从1935年参加教育工作，到1988年超龄（77岁）退休，共计教龄53年，任正教授职位43年。

学术贡献

邹有华先生的学术贡献主要体现在其曾经工作过的单位、教育对象和学术成果等方面。由于时代久远，邹先生生前曾说过，他教过的学生已经记不清楚多少了，但肯定超过三千弟子。而记得比较清楚的贡献就是他的学术成果了，即他出版的教育著作和发表的学术论文。

一、 中华人民共和国成立前的学术贡献

（一）学术著作

（1）《教育测验与统计》（福建省教师训练所教材），1937 年版。

（2）《非常时期小学教育理论与实际》（福建省教师训练所教材），1937 年版。

（3）《家庭教育》（福建省社会教育丛书之一），1942 年版。

（二）学术论文

（1）《儿童读物分析研究》，1934 年刊载于国立中央大学实验学校的《实验教育》，后被选入上海的《教育论文资料选辑》。

（2）《教育局长问题分析研究》，1936 年刊载于《福建教育》。

（3）《师范学校课程编制的理论根据》，1939 年刊载于《福建教育》。

（4）《师荒及其解救途径》，1942 年刊载于《中等教育》（1 卷 4 辑）。

（5）《T. B. C. F 制教学纲领》，1943 年刊载于《中等教育》（2 卷 2 辑）。

（6）《建国与计划教育》（2 篇），1943 年刊载于《中等教育》。

（7）《理解学习真谛，增进学习效率》，此文系作者任大学讲师时，应邀向青少年学生作学习问题的讲解时所撰，在福建的《现代青年》月刊 1943 年 6 期六篇连载。

（8）《教师人事管理的分析研究》（与他人合作），1946 年刊载于《中等教育》。

（9）《常态概率曲线及其自教育测验上的应用》，1948 年国立师范学院专题研究论文。

（10）《心理测量上的误差和校正》，1948 年国立师范学院专题研究论文。

（11）《我国中等教育的比较研究和我国的改进管见》，1942 年刊载于《中等教育》（1 卷 1 辑）。

（12）《初等教育的当前急务》，1942 年刊载于《中等教育》（1 卷 7 辑）。

（13）《教学法与教学》，1942 年刊载于《中等教育》（1 卷 9 辑）。

（三）翻译的论文

（1）《教育试卷评论》，1934 年刊载于国立中央大学实验学校的《实验教育》，译自美国的 *School Review*。

（2）《教育经费的分配》，1936 年刊载于福建师范学校的《教育辅导》，译自美国的 *School Finance* 一书的一章。

二、 中华人民共和国成立后的学术贡献

（一）关于教育学问题的学术论文

（1）《怎样理解和贯彻党的十一届六中全会所制定的教育方针》，此文原载《教育论丛》1983 年第 1 期。

（2）《邹有华教授谈教育体制改革的五个问题》，此文原载《学术研究》1987 年第 1 期。

（3）《关于改进教育学研究工作的十点意见》，此文是在全国教育学研究会第二届年会闭幕式上的发言，后载《全国教育学研究会通讯》1981 年第 10 期。

（4）《论教育与经济的辩证关系》，此文原载《教育论丛》1983 年 3 期及

《广东成人教育》1983 年第 3 期。

（5）《试论当前我国教育制度的改革》，此文原载《华南师范学院学报》1981 年第 1 期。

（二）关于教学论问题的学术论文

（1）《中国教学论历史遗产的精华》，此文原载邹有华著的《教育科学论丛》，人民教育出版社，1983 年版，第 46－106 页。

（2）《外国教学论历史遗产的荟萃》，此文原载邹有华著的《教育科学论丛》，人民教育出版社，1983 年版，第 107－139 页。

（3）《略谈我国学校课程的改革》，此文原载《课程·教材·教法》1984 年第 1 期。

（4）《教育科学在人类历史、社会遗传和科学丛林中的显著地位和伟大作用》，此文原载邹有华著《教育科学论丛》，人民教育出版社，1983 年版，第 147－155 页。

（5）《对开展教学论研究的五点意见》，此文原载《教育研究》1981 年第 10 期。

（6）《教学认识论》，此文原载《课程·教材·教法》1982 年第 1 期。

（7）《教学发展论》，此文原载邹有华著《教育科学论丛》，人民教育出版社，1983 年版，第 222－234 页。

（8）《教学信息论》，此文原载《课程·教材·教法》1984 年 4 期，与张铁明老师合作。

（9）《个别的、自动的程序教学模式》，此文原载《中国大百科全书·教育卷》1982 年版。

（10）《大脑的神经生理学研究与教学质量的提高》，此文原载《现代教育论丛》1999 年第 4 期，与李志厚老师合著。

（11）《分析教学过程，探索教学规律》，此文原载全国教育学研究会编《遵循教学规律，提高教学质量》，人民教育出版社，1980 年版。

（三）关于教育测量与统计问题的学术论文

（1）《心理与教育测量的原理和方法》，此文原载《课程·教材·教法》1985 年第 3 期。

（2）《心理与教育测量百年回顾和前瞻》，此文原载《课程·教材·教法》1988 年第 4 期。

思想凝练

邹有华先生的教育思想主要体现在三个方面：一是教学理论的研究；二是心理与教学测量的探索；三是教育问题的思考。他的研究成果主要集中在教学论的探索，最有影响要数“教学三论”，即《教学认识论》《教学发展论》《教学信息论》。他认为教学认识论是以辩证唯物主义的观点和方法，阐释教学过程的本质。前者阐明了认识的主体与客体的关系，强调实践第一的观点，突出认识过程的两个飞跃，即第一个是人们对客观事物进行分析、比较、抽象、概括而成理论；第二个是人们结合时间、地点、条件，运用理论指导实践。后者从学习心理学、发生认识论、学习间接知识为主、运用现代化手段、学习以教师主导为主、教学过程渗透一般认识规律等方面揭示教学认识过程的本质特征。教学发展论认为，教学与发展关系的探索源远流长，教学有发展学生身心的天职，人们早就从哲学和心理学的角度阐明了人的发展是在遗传、成熟、环境、教育的内外交互作用中实现的，教学是实施教育的基本途径，也承担着德、智、技、体、美等五育的基本任务，而组织其他教育途径与教学配合，促成学校、家庭和社会的大协作，遵循学生发展的规律性，有利于促进学生身心的全面发展。教学信息论主张将当代信息论原理应用于教学，它通过对教学信息的一般过程、教学信息的交换与反馈进行分析，把教学双方的言谈举止看作信息的传递与反馈，强化其准确，消退其失误，促进教学相长。

在探索学习本质及其规律方面，邹有华教授从心理学角度探索与学习有关的几种认知能力，如观察力、记忆力、推理力、组织力、想象力、创造力，并提出如何借助教育促进学习，来开发学习者心理宝藏的建议；更有对似是而非的学习、得失相抵者、费力多于困难者、外助多于自力者、单一感官空泛学习者、学而不能致用者等几种典型的学习现象进行教育学分析，从而揭示学习过程的本质特征和关键要素，即学习是促进神经联结的造成或改变，是以较少的努力克服较多的障碍，是使用学习法并获得学习法，是完成目的、改变行为。在阐述学习的条件和目的之后，邹有华教授提出从主观和客观两种层面帮助学生控制学习的情境。前者从生理心理健康的保持、学习养成习惯及为学习者选择适合问题等方面探讨；后者从布置适宜的环境、齐备学习用具、利用刺激情境和跟从优良的导师等方面提供建议。此外，邹有华教授还就组织良好学习过程、增进学习效率与促成学习成功与迁移等领域发表富有建设性的看法。

在如何开展教学论研究上，邹有华教授提出了中肯的建议。他认为探索教学规律是研究教学论的首要任务，深入分析教学过程是探索教学规律的主要途径，研究教学论必须与有关学科通力协作，研究教学论必须寻求严密、深入的研究方法，组织力量、加强领导是胜利完成研究任务的保证条件。比如，在分析教学过程，探索教学规律方面，邹有华教授提出了以下一些思路：①探索教学规律应先有明确的指导思想，包括界定何谓规律，明确客观规律与科学规律的关系等；②明确教学工作的结构模型和探索教学规律的基本观点和方法，包括明确教学工作的目的（如党的教育方针和学科的教学目标）和对象（如学生），从三个层面探索教学过程的本质特点，即教学过程必须以学生为认识的主体，学生的认识要有专职的教师、专用的课本、专设的课堂这三个特具的条件，学生认识发展的实质是以神经系统、感受器官等物质实体为基础的；③探索教学规律就是去探索教学教育等外部措施，如何促进学生身心内部矛盾的转化，去寻求本质的、普遍的、必然的联系，特别是因果关系，而其中既要作教学法的分析，又要作神经学的论证；④探索教学规律，必须深入研究教学过程的几个关键问题，如师生的教学关系问题，用系统的、比较完全的知识武装学生问题，教学过程与一般认识过程的关系问题，学生学习各种科学知识的相应思维形式问题，及时检查教学效果以帮助学生克服困难而前进的问题等。

在探讨教学如何适应神经活动的生理机制以获致最佳教学效果的问题上，邹有华教授有其独特的视角和看法。他认为由于人是自然界的万物之灵，人脑是亿万年生物进化的顶峰，而社会还要把人培养成为国家所企求的人才，开发其智力资源来更好地开发物资资源，按理教育学的研究应兼顾人的自然性和社会性，成为自然科学与社会科学的跨界科学，但目前大多数研究重视教育的社会属性而忽视其自然属性。因此我们要学习和运用神经生理学的研究成果于教学，来提高教学质量。他从确认大脑为人体神经系统中枢、神经系统的脑髓学说、大脑两半球高级神经活动、生理心理学与物理学的交叉研究、信息处理与生理心理学的发展、认知活动与情感活动的密切联系、大脑成熟与智力活动的关系、新的研究手段使用和预测大脑研究可能出现的新突破等方面，梳理了古今中外关于大脑研究进展情况及其教学效果提升的关系，提出人的神经系统、大脑机能、神经活动与教学措施有着密切关系，教师可以通过了解各种感官对刺激的感受、神经传导进程中神经细胞的物理和化学变化、神经中枢对所有传来的感受的分析和综合、神经中枢的效应和返回传入等方面的知识，依据其中的规律和机理，以可理解、相关的、可信的教学信息教化学生，从而提高教学效果。

在邹有华教授晚年的学术研究生涯中，最为突出的贡献是对中外教学论发展的历史遗产进行了挖掘和梳理。在中国教学论研究发展历史遗产的梳理上，邹有华教授以中国的教育史实和时文为资料，以中华人民共和国成立前后分今昔，从教学问题八个侧面梳理其历史精华，即时代、政治、哲学和教育的学说；教育的目的、宗旨、任务和职能；学生身心发展的年龄特征和学校教育制度；学制与课程、教材；培养教育对象、实现教学教育目的的教学过程；根据教学过程的规律性而提出的教学原则；在教学原则指导下具体的教的方法和学的方法；师生的教学关系。从这些领域去探索教育教学演变的干枝脉络，从而思考教学论发展中的继承、转折、矛盾斗争、量变质变等问题，概括出前贤留给后代值得批判继承的教学论财富。

在外国教学论历史遗产的凝练上，邹有华教授以时间为线索，按公共的纪元和世界性的变革来做其教学论发展的分期论述并做比较研究。他又以教育史发展为基础，把外国教学论发展分为四个时期：①古代教育时期（公元前 13 世纪—公元 4 世纪），处于在原始社会和奴隶社会阶段，东西方各古国的教育，如埃及、印度、希腊、罗马等；②中世纪教育时期（公元 5—15 世纪），处于在封建社会阶段，各国在宗教盛衰、人神争权的影响下的宗教教育、贵族教育和世俗的庶民教育；③近代教育时期（公元 15—18 世纪），处在封建社会和资本主义初期社会阶段，各国在文艺复兴、人文主义、宗教改革和启蒙运动的影响下的人文主义教育、厄斯伊达（Jesuits）派教育、自然唯实主义教育和泛爱主义教育；④晚近教育时期（公元 19 世纪），处在资本主义社会发展到帝国主义阶段、马克思主义诞生和欧洲革命的影响下，涌现出新人文主义教育、理想道德教育、社会人道教育、国家社会主义教育、科学功利主义教育和实证主义教育等。他也像分析中国教育史那样，从八个方面来归纳各个时期外国的教学论著，去分析归纳史实。但因史实繁杂，难作概括，只以各种教育学说的演进和教学原则与方法等的列举，来窥见其发展的轨迹。如奴隶社会中自由民教育多倡团体现世的体德智和真善美教育；封建社会中神本与人本的消长，文艺复兴和宗教改革后，出现自然唯实主义和泛爱主义的教育；资本主义社会中，陆续出现新人文主义、理想道德主义、社会主义、国家社会主义、资产阶级民主主义、科学功利主义、无产阶级社会主义、实证主义等教育。教学的过程、原则方法和师生关系等，则均具体摘录其重要的，读者作前后比较，即可知其来龙去脉。而其具体中外教学论发展史的思想精华荟萃，可以参见其文集的相关部分。

邹有华教授还就改进教育学研究工作、教育体制改革、教育与经济辩证关系等问题提出过自己的建议。其中前者提出教育学研究工作必须以探索教育教学规律为根本任务，以批判继承中外教育历史遗产、吸收外国最新研究成就为基本工作，发挥各有关教育学科的大协作精神，以教育调查法和实验法探索教育教学规律为主要方法，建立教育实验园地，加强理论研究与现实问题研究相结合，积极开展教育评论，建立全国教育学研究网，促进教育行政与教育学术结合，办好教育系等十条建议；后者则从对教育与经济关系的基本认识、计划经济与计划教育、经济结构与教育结构、根据人才的德才标准改革学校的课程教材、根据人才的成功条件建立人才的培养和使用制度等方面发表自己的意见。

邹有华教授还是我国改革开放之后最早发表重视心理与教育测量的现实研究和历史回顾与发展前瞻的学者之一，并详细阐述了心理与教育测量的基本原理与常用方法，对世界一百多年心理与教育测量的研究成就进行概括性的回顾，同时对我国今后心理与教育测量的研究与发展寄予厚望。

邹有华教授的教育思想丰富深邃，涉及面广，前后联系，一以贯之。本书集所讨论的教育问题和探索的教学原理只是其中很少的一部分。相信广大读者在阅读之后，会阅有所得，思有所悟，为有所成。

编　者

第二部分
教学论文稿

教学认识论

一、 教学认识论的提出

（一）教学论通常以辩证唯物主义的认识论为它的方法论基础

为了提出教学认识论，要先略述辩证唯物主义认识论的主要论点。一是认识的主体和客体的关系。人是认识客观世界的主体，自然界和社会是被认识的客体。主体作用于客观事物的活动叫作实践。认识是人脑对客观事物的反映。前人在认识客观事物的过程中，逐渐形成世界观，在大脑中所积累的思维方法，便成方法论。马克思列宁主义教导人们要用世界观作为方法论去认识世界，所以自然界、社会和人类思维都列为马克思列宁主义哲学的研究对象。后人如要正确地认识自然界和社会，就要把原属于主体的思维作为客体来学习。二是实践第一观点。实践是认识的来源和基础。实践是检验真理的标准和认识的目的。最深刻的实践是人们对客观事物之积极的能动的变革。不断完善的认识要靠社会的实践和历史的发展。三是认识过程的两个飞跃。前一飞跃是人们对客观事物进行分析、比较、抽象、概括而成理论；后一飞跃是人们结合时间、地点、条件，运用理论指导实践。整个过程体现了认识论的唯物论和辩证法。四是认识运动的不断发展。客观事物是不断发展变化的，因而人们的认识就要随之而不断推移。按照辩证法则去认识客观事物，就能获得相对真理，相对真理是对绝对真理的无限接近。五是认识的一般规律，即由感性认识而能动地发展到理性认识，又由理性认识而能动地指导革命实践。

哲学上对各种认识过程进行高度概括而得的一般认识规律，对各种认识过程都能起到一般的指导作用。但它概括时舍弃了各种认识过程的特点，所以又不完全适应各种认识过程的个别情况。因此，哲学可以指导科学而不能代替科学。

（二）教学过程是认识过程的一种特殊形式，其特点有三

（1）以学生为认识的主体。学生认识的客体不仅是自然界和社会，而且是人类的思维，借以促进他们的世界观和方法论的统一。

（2）学生的认识不都是主体与客体的直接关系，而主要的还是通过专职的教师、专用的课本、专有的教学设备（包括课堂、实验室、校办厂场、直观教具和现代化教学手段）等媒体去认识客体。但媒体的作用却有双重性：合格的教师、良好的课本和适宜的设备，能够疏通学生认识的渠道；反之，也可能成为学生认识的障碍。既然设置媒体，又不使它臻于健全，那是自相矛盾的现象。在各种媒体中，学生要通过教师的指引去学习课本，课本中有些教材又要通过现代化教学手段才能认清客观事物，所以教师是第一媒体，课本是第二媒体，教学手段是对教学方法起辅助作用的第三媒体。学生固然可以通过媒体认识客体，但是还应该适当地直接接触客体，对通过媒体所得的认识做必要的检验。

（3）教师除要认识自然界、社会和人类思维以及精通教材、熟悉现代化教学手段外，还要以学生为认识的客体，深入了解学生的身心发展规律，随时了解学生学习过程的发展变化，借以教好学生。

（三）一般认识规律必须透过教学过程的特点去形成它的具体表现形式

中华人民共和国成立后，学校教学工作都以辩证唯物主义的认识论为指导，使教学思想纳入唯物主义的思想体系。但随后发展到到处硬套一般认识规律的地步，也造成了教学过程的公式化和教师思想的僵化。马克思说：“自然规律是根本不能取消的。在不同的历史条件下能够发生变化的，只是这些规律借以实现的形式。”① 我们现在应该研究怎样使一般认识规律透过教学过程的特点去形成它

① 马克思致路·库格曼［M］//马克思，恩格斯. 马克思恩格斯选集：第4卷. 北京：人民出版社，1972：368.

的具体表现形式这个问题。

以上三点就是作者提出要建立教学认识论的原因或根据。

下面五个部分又是作者初步探讨教学认识论的基本内容。

二、 学习心理学和发生认识论所揭示的青少年儿童认识的特殊性

（一）在认识与实践的关系问题上，哲学与心理学解释的异同

哲学认识论的基本论点已见上述。

心理学是研究心理现象和心理活动规律的科学。认识、情绪、意志等都是心理活动；学习主要属于认识活动。我们试按认识论的基本论点，简略介绍学习心理学或教育心理学（如潘菽主编的《教育心理学》和曹日昌主编的《普通心理学》等）对学习、认识问题的论述，就容易觉察它们的异同。

心理学指出：心理发展是在人的遗传、成熟与环境、教育的相互作用中实现的。心理发展的动力是心理内部新旧的矛盾，外因要通过内因起作用。这对学习认识都有重要的指导意义。

心理学把实践看作人的内部智能的客体化，把反映看作外部活动的内部化。而且用反射这个专门术语来解释反映说：有机体的感受器接受外来刺激，由传入神经传到大脑皮层，由大脑皮层做了分析综合后，再由传出神经传到效应器，做出反应，构成刺激与反应间的暂时联系。在神经冲动的环路中所构成的暂时联系，就是造成神经元间突触部位的组织变化。突触的传递作用是靠递质和酶的变化，而把其结果贮存在神经元的核糖核酸的分子结构中。传入和传出的神经通路都是双向性的，突触部位也是由多种神经元构成的，其中主要通路处于集中、兴奋状态时，其他通路则处于扩散、抑制状态。经过一定时间，兴奋与抑制、扩散与集中又会相互诱导，这就是高级神经活动的规律。效应器对外物反应的结果，又会变成新的刺激。这样往复传递，可以纠正反应的误差。这些都是从心理活动及其生理机制上阐明实践与反映的关系，比认识论所说的感性认识要具体深入。其中关于调节兴奋与抑制、构成暂时联系、强化认识效果等内部变化，对教学的外部措施都有指引作用。

心理学又把反射分为无条件反射和条件反射，指出一切学习活动都是条件反射，都是暂时联系的构成。所谓条件反射是说：一种无条件刺激引起神经中枢的兴奋，形成一种反射；另一种与这反射本无联系的无关刺激，如与无条件刺激同时出现，并加以强化，久之，这无关刺激可以取代无条件刺激引起这一反射，这也叫作交替反射。由条件反射学说引出两个信号系统学说，指出：人们本是以事

物各自的特征为辨认它们的信号，这叫第一信号系统，但人们又可以用固着于并概括着第一信号系统的语言和词汇作为这些信号的信号，这叫第二信号系统，它所能反映的客观现实，比人们的直接经验要丰富千万倍，从此人类就冲破了直觉对认识的局限，进入海阔天空的境界。教学上如果否认语言词汇也是感知的对象，那必有大量事物是无法表述的。

心理学还指出心理活动的全面性，认知往往要受情感、意志的影响。这就告诉教师，在教学过程中要把知、情、意一起抓。

（二）在认识与实践的关系问题上，哲学认识论与发生认识论解释的差异

发生认识论是研究儿童认识发生和发展的规律的科学。瑞士心理学家皮亚杰长期从事发生认识论的研究，邀集了各国各门科学著名的专家建立国际发生认识论的研究中心。他的著作①对许多国家都有影响，我们应在实践中加以检验。

1. 儿童认识客观事物的心理发展过程

皮亚杰说：儿童认识过程包括四个环节。一是图式，这是说，儿童认识事物是先按脑中先天遗传的图式进行，以后才在适应环境的过程中不断发展。二是同化，这是说，认识是把新事物纳入主体的图式内，引起原图式量的变化。三是调节，这是说，主体图式不能同化客体时，就调节原图式，创立新图式。四是平衡，这是说，认识是通过同化和调节，使主体与客体平衡。

这里突出的问题，首先是说儿童的认识先有遗传的图式。有人批评它是唯心主义的，但它却有实验的支持。他说：鲍尔巴基派数学家提出数学有三个母结构，即代数结构、序列结构和拓扑结构。他发现六七岁儿童的思维中就有类似这三种母结构的形式。例如，儿童能把形状相同的图形分类，但不能类推到总类和从类；要儿童把 10 根长短不同的木棒排成序列，他们能先取出长与短的各一根，然后再这样，但不能一次把全部木棒排成序列；儿童能见圆描圆，见方、见三角也描圆，见“十”描开口圆。其次，他说：逻辑实证主义认为，人有语言，才有逻辑，因为逻辑是语言结构。但他发现儿童在未有语言时，因有智力，就有逻辑。例如：幼儿能把绳子拉过来去拿绳子另一端的东西，能用棍子去移动远离的对象。根本没有语言的聋哑人也有逻辑思维。

我们认为遗传原是人们习见的现象。马克思主义并不否认遗传，说遗传只是发展的素质，发展主要是靠后天的环境和教育。摩尔根的遗传学说曾遭痛击，但

---

① 皮亚杰. 发生认识论［J］. 傅统先，译. 教育研究，1979（2）、（3）、（5），1980（1）；皮亚杰的理论［J］. 心理学参考资料，1979（19）.

遗传工程却成为当前第三次科技革命的重要标志之一。所以皮亚杰的遗传图式和天赋智力，如得更多实验的证明，那就为儿童的早期教育、发展智能提供了一个理论根据。

至于皮亚杰所说：儿童认识过程的四个环节自不能与一般认识过程的两个飞跃相比，但是它揭示了儿童认识的特殊性，对儿童教育倒有更具体的指导作用。

2. 儿童认识在各年龄阶段的发展过程

皮亚杰研究这个问题的方法是观察行动、提出问题、分析回答、进行实验，结果把这个过程分为四个阶段：①感知—运动（行动）阶段（出生到 2 岁），②前运思[①]阶段（2 ~ 7 岁），③具体运思阶段（7 ~ 11 岁），④形式运思阶段（11 ~ 15 岁）。所谓运思是指客观事物在人脑中被改造的手段，是客体内部化的智力操作或动作。这一研究是在认识论之外，研究儿童青少年认识发展的历史，指出他们认识发展的连续性和由形象思维到抽象思维的阶段性。

值得注意的是皮亚杰指出：认知发生于行动（运动），行动的内化即运思。儿童感知与行动的协调是思维发展的根源。抽象有两种：一是从对象中抽出来的简单抽象，一是从行动中抽出来的反省抽象。抽象思维不是来自感觉因素的联结，而是来自感知与行动的相互协调。儿童不仅是目视耳听的被动者，而且是手抓、脚踢、摆弄、操作的主动者。前运思阶段的儿童就是靠行动去对付世界，学会语言后则能用语言词汇去重现世界。这些论点对各国的心理学研究影响很大，如美国布鲁纳所说的儿童智慧发展可分表演式、肖像式、象征式这三个再现表象阶段，显然是皮亚杰的四个阶段在心理学术语上的变换；日本小学新理科教学体系提出实践提高认识、操作发展才能的假设，指出手指运动与脑力发达有密切的关系等，也是受了皮亚杰思想的影响。

我们认为：哲学认识论上所说的实践已包括了感知和行动，但发生认识论则特别强调行动对儿童认识的重要性，认为感知必须与行动相互协调，相互印证，才能激发抽象思维，获得深刻理解。教学上，常遇学生对复杂的事物认识模糊，教师教他们动手去摆弄它、刻画它、解剖它，如图解复合句子、布列代数方程、解剖生物标本，那么，这些外部行动的结果，就可以重组感知；感知与行动的协调，就可以澄清脑中的认识。关于如何进行科学抽象问题，心理学正在加深研究，皮亚杰的反省抽象对数学只抽取事物的形数关系、不问事物的其他属性的抽

---

① operation 一词在数学上译作“运算”，心理学不宜沿用数学名词，似以译作“运思”较妥。如 operation research 并未译作“运算学”，而译作“运筹学”。作者赞同这个意见，故做更改。

象就是适合的。苏联的艾利康宁等①指出：只抽取事物外表可以感知的东西去形成概念的肤浅，而从发生学的基础上，去抽取构成事物本质的细胞，进行概括，才是今日科学的要求。

三、 学生以学习间接知识为主， 形成了认识过程的特殊表现形式

前面说过，学生的认识是以课本为媒体去认识客观事物，所以他们所得的知识主要是间接知识。由于科学的认识方法与学生学习科学的思维方法不完全一致，学生没有必要重复无数前人的实践去获得认识，而学习课本却能在较短的学习期间去掌握人类文化遗产的精华，所以他们又应以学习间接知识为主，而学生的认识过程也就有了特殊的表现形式。

（一）在教学过程中，建立学生认识的实践基础的特殊性

首先，要特别重视教学实践，即教师利用学生固有的社会经验，运用各种直观教具和现代化教学手段，选择典型例题，进行实验演示，布置练习、复习和用自己的语言、行动进行教学，来建立学生认识的实践基础。教学实践的重要性，可从两方面理解。一是教学实践都是根据讲授科学知识的需要而进行特殊设计或准备起来的，有很强的目的性和计划性，如果运用得当，可使学生并用感官手脑，辨认形数、声光、色泽、香臭，获得感知，再现表象，这比空泛的社会实践要有效得多。二是当前世界正处于第三次科技革命时代，人类的认识活动已深入到微观世界和宏观世界，许多事物不是在社会实践中所能直接经验的，所以世界各国都在促进现代化教学手段的发展。上述的各种教学实践都不是探索性的，而是验证性的，都可以适可而止，不用徒耗精力的尝试错误，这也是教学上的经济。

其次，在一定的情况下，要把第二信号系统作为实践的对象。如语文教学必须依靠学生在社会实践中所认识的事物，构成第一信号系统与第二信号系统的联系。但学生又要把语文本身作为实践的对象，否则，他们还是文盲。数学教学要把形数和代表形数的字母、符号等作为实践对象。同理类推，学生学物理化学就必须掌握代表各种物理量的符号、代表各种化学元素的符号等。

最后，要充分利用学生认识的社会形成作用。因为人的社会性，导致人的认识必然要通过人与人的社会交往，耳濡目染，情意交流，而逐渐充实、完备起来

---

① 钟启泉. 苏联“智力加速器”述评［J］. 教育研究，1980（2）；郭占基. 经验思维与理论思维：学习心理学的理论问题之一［J］. 教育研究，1981（6）：68－71.

的。所以人们的认识永远是个人经验和社会经验的总和，学生尤其是这样。

（二）在教学过程中，实现学生认识的两个飞跃的特殊性

（1）学生要同时学习各种学科，就显得所需的思维活动的复杂性。就学习每科说，他们必须掌握该科知识的纵向的系统，形成科学概念，善于区别各种相似相近的概念，构成概念的系列，在头脑中存储起来，以备作综合的利用。学习不同学科还要学会各科特有的思维形式。就同时学习各科说，他们必须掌握各科知识的横向的联系，如政文、文史、史地、数理、理化、化生、体卫各科的联系。在思维方法上，需要的是集中思维、分散思维、认识转换和学习迁移等。

（2）当前的科技革命和知识的迅猛发展，教学上必须使学生在掌握知识的同时发展智力，培养能力。因为任何科学的成就都是人类智能活动的结晶。学生学习科学知识就必须同时学到人类的智能活动，如形式逻辑、辩证思维、创造思维、创造想象、理想实验、数学模型以及新兴的系统论、控制论、信息论等思维方法。学会多种思维方法，又能提高学习知识的质量和速度。

（3）学生解决问题的思维过程亟待深入研究。因为上述两点多是属于第一飞跃的，妥善地解决第一飞跃的问题自有利于第二飞跃的实现。教学实践经验证明：彻悟就能灵活，灵活就能创造。但第二飞跃是更重要的飞跃，而且有它自己的特点。教学过程中，过去搬用认识论所说的，结合时间、地点条件，用理论指导实践，实嫌空泛。但多年来，心理学所说提出问题、明确问题、提出假设、检验假设，还是杜威思维术的改写。而各科教学中解决问题的过程，还各有其特点。这些都有待广大的教育工作者协力作深入的研究。

（4）教学实践经验证明，教学过程不是一条直线，也不是认识论所说接近于螺旋曲线，而是经历迂回曲折，甚至中断、反复的折线。

（5）教学过程的阶段性要遵循认识过程的规律性，但应允许有教学工作程序安排的灵活性。认识论上，唯物主义与唯心主义的斗争，历来是表现在两个认识公式上，是“实践—理论—实践”，还是“理论—实践—理论”。在教学过程上，我们不能赞同后一公式。但学校教学从书本出发的现象是常见的。毛泽东同志在论知识问题时说：“他们（指学生）接受这种知识（指书本知识）是完全必要的……最重要的，是善于将这些知识应用到生活和实际中去。”① 对此，我们的理解是：可以把认识过程的规律性与教学工作程序的安排区别开来。学校教学工作从书本出发，只是教学工作程序的安排问题；学生要把已得的书本知识应用于生活实际，还是说明灵活性终须服从规律性。

① 毛泽东．毛泽东同志论教育工作［M］．北京：人民教育出版社，1992：125.

四、 现代化教学手段，形成认识过程的特殊表现形式

现代化教学手段是指设备和技术。设备可分两类：轻设备包括投影仪、幻灯机、电视机、收音机、磁带录音机等。重设备包括磁带录像机、电影机、闭路电视、教学机器、语言实验室、电子计算机辅助教学网、通信卫星、同步电视卫星等。

现代化教学技术的性能，是作为学生认识的媒体去认识客观世界，还可识及古代事物和外域事物。客观事物有的属于宏观世界，包括常见事物、瞬息现象（如放电、闪光、爆炸等）、漫长过程（如植物生长、动物发育等）、内部结构（如发电机、电动机等）。有的属于微观世界，如原子结构、分子组成、重核裂变、轻核聚变、细菌繁殖、细胞分裂等。有的属于宇观世界，如太阳系、恒星系、银河系、河外星系等。教学技术是用事物固有的信息或信息的变换使学生易于认识。固有信息有形、声、色、动静、变化、发展等。信息的变换是用显微、缩影、模拟等技术，使事物的大小、远近、快慢、虚实、动静、零整等可以互变。信息的传递又可以加快、放慢、暂停、重演。教学技术由教师熟练操纵，并与教师准确的语言配合，那么它的性能尤其显著。

现代化教学技术可能导致的教学效果表现在四个方面。一是展示设备、传递信息，可使学生感到新鲜、奇异，引起学习兴趣和求知欲望。二是信息作用于感官（多种信息作用于多种感官，而以视听为主，视的效果尤大于听），有的可补感知的不足，有的可谓感知所不及，使学生在理解、记忆、思维、想象、构思、解题、操作等心理过程诸环节中，原是难以克服的困难、障碍，都变成易于通过、易于成功的经历。三是使用教学机器等能促进教学的个别化，培养学生的智能；使用电视、电子计算机等网络组织，又能实现教学的扩大化，培养大量学生。四是使师生能用较少的时间精力，获得较大的教学效果。

使用现代化教学技术，可使一般认识过程发生变化；建立学生认识的实践基础，不但可用前述的第二信号系统，而且实现了信息化，只要约定某种信息是原有事物的代替物，那么，信息的变换可以多到无穷，使人类思维进入高度抽象的境界，以利探索高深的科学规律。对微观世界和宏观世界难以窥测的秘密，亦可用间接推测和创造想象去描绘它的形象，或用提出假设、检验假设的方法去认识它的模型。马克思论思维过程时，指出：“在第一条道路上，完整的表象蒸发为

抽象的规定；在第二条道路上，抽象的规定在思维行程中导致具体的再现。”①这可使我们对具体与抽象的关系，获得更深入的理解。

五、 学生是在教师的主导下进行学习， 形成认识过程的特殊表现形式

前面说过，学生的认识是以教师、课本和教学设备为媒体去认识客体。其中，第二、第三媒体能否发挥其应有的作用，要决定于第一媒体；第一媒体能否发挥其应有的作用，要决定于师生的教学关系。所以师生的教学关系是教学过程的最大特点，是能否完成教学任务的主要关键。学生认识过程与一般认识过程的根本差别就在于以教师为主导。这些关系如图 1 所示：

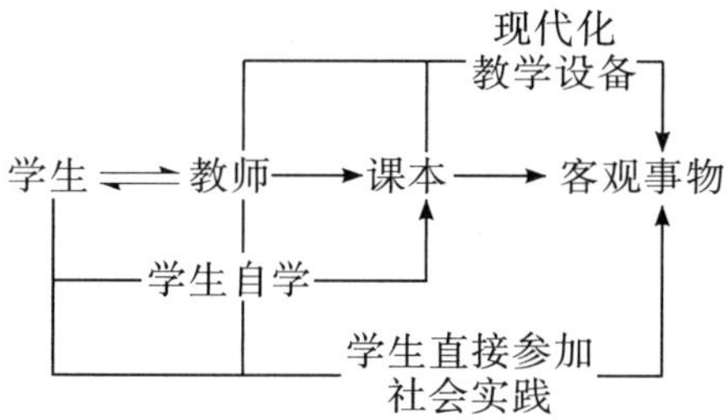

图 1

为要搞好师生的教学关系，必须解决下列的基本问题。

（一） 学生的主动学习和教师的主导作用的矛盾统一

学生是认识的主体，教师的职责是引导学生的认识，朝着完成教学任务和实现教育目的的方向发展。

学生要主动地进行学习就必须有自身内部的学习动力。教师的责任是激发并保持这种动力。一般教师常提为革命、为“四化”而学习的口号，是不够的，还应该使学生理解各种人才的知识结构，进行生产参观，指出学生所学知识在科学上的地位和在生产中的作用，才能引起学生学习的意向和愿望。再用直观教具、现代化教学手段，进行具体生动、引人入胜的讲解，必能激发学生的兴趣、爱好和强烈的求知欲。教材和作业都要控制在质量相依的适度界限内，使学生能从沉重负担、被动招架的状态中解放出来，进行生动活泼的主动的学习。要使学

---

① 中共中央马克思恩格斯列宁斯大林著作编译局. 马克思恩格斯选集：第 2 卷［M］. 北京：人民出版社，1972：103.

生的学习动力保持于久远，还要把长远的奋斗目标和切实的诱导步骤结合起来。近年来苏联教育界提出建立学生学习的“最近发展区”[①]，使学生感到可望而又可即，那就是一种诱导的步骤。学生通过勤奋学习，就会获得优良成绩。这个学习效果的反馈，又能激励他们更勤奋地学习。这样，勤奋学习和优良成绩构成了辩证发展关系（那就是持久的、顽强的、自动化的学习动力）。根本解决学生主动与教师主导的矛盾的办法，是在教学实践中不断总结经验，及时做出这两者对比关系的游标的适当移动。

（二）运用启发式教学法，加强学生的自学活动

当前学校要学生掌握知识，发展智能，就必然要向传统的注入式教学法挑战。改革教学法如不改变对学生、对教学的观点就必然要落空。运用启发式教学法首先要求教师把学生看作有自觉能动性的人，承认只有加强学生的自学，才能提高教学质量，并把学生完成学习任务看作自己完成教学任务的主要标志。启发式教学法不是一个具体的教学方法，而是各种教学方法的基本精神。如果教师能建立新观点，经常注意激发学生的学习动力，加强新旧知识联系，把学生的思维活动引导到领会新教材、解答新问题所必需的轨道上来，并布置思考题，指导学生的课外阅读，那么，运用各种不同的教学方法，都能提高其启发性。苏联博哥娅符连斯卡娅提出：智力活动有三种质量水平，即再现性水平、发现性水平和创造性水平[②]，也可以说是从教学效果上来衡量各种教法启发性的高低。布鲁纳的发现法并非要求学生像科学家那样去发现真理，而只要求学生学会科学家的思维方法去接受人类已知的真理，来引导以后的学习。

运用启发式教学法还要落实在各种教学组织形式上：如课堂教学就要提倡学生的预习，培养学生主动的、认真的读书习惯。上课时要加强学生的读、议、练、写等活动，实现感官手脑并用的要求。教师利用提示、疏导、释疑、解惑、评点、概括等方法，使学生能把握方向，冲开茅塞，集中智慧，自获结论。这样就可以逐步减少教师对学生学习的控制，逐步发展学生学习的主动性、独立性和创造性。这也就是使学生掌握知识、发展智能的主要途径和方法。

（三）检查学生的学习效果，采取改进措施

前面说过，教学过程不是一条直线，而是迂回曲折的折线。这是因为学生的学习过程始终存在着学习的动力与学习的阻力相互消长的斗争。学习动力包括奋

---

① 张定璋. 巴班斯基的《教学过程最优化》[J]. 课程·教材·教法，1981（1）：79－85.

② 博哥娅符连斯卡娅. 研究智力创造的一种方法 [J]. 苏联《心理学问题》，1976（4）.

斗目标、求知欲望、已得成绩、充沛感情和坚强意志等因素。学习阻力包括缺乏理想、知识缺陷、已学遗忘、卑逊感情和懦弱性格等因素。动力与阻力的比值常数是1，动力大于阻力，学习就进步，阻力大于动力，学习就停滞甚至倒退。教师为及时了解这种情况，就应把“教学—检查—再教学—再检查”作为一个教学公式看待。

彻底的检查要检查教学措施导致了学生学习心理内部矛盾的转化。但当生理心理学和心理测量学不能满足这个要求时，就应把信息论原理引进教学过程，建立师生教学双方的反馈联系，检查学生学习的实际进程和智力、能力发展的具体情况，并分析其原因，然后采取有针对性的措施，帮助学生克服困难而前进。这样的反馈联系，好比是血液在心肺间的小循环，吸氧呼碳，保持生机。到师生之间的正负反馈不断反复，师生之间的相互了解不断深入，做到教的措施适应学的要求，学的进展符合教的愿望，那就可以用最少精力获得最大效果，实现了教学过程的最优化。这又好比是血液在全身的大循环，促进新陈代谢，增进身体健康。

六、 一般认识规律透过教学过程的特点所形成的具体表现形式

根据前面五个部分的论述，我们认为一般认识规律透过教学过程的特点所形成的具体表现形式，可以概括成以下几点。

建立学生认识的实践基础，要表现为：感知与行动相协调，教学实践（为主）与社会实践相结合，认识不能直接经验的事物对事物的信号和信息的依赖关系。

实现学生认识的两个飞跃，要表现为：学生掌握各科知识的网状结构及其复杂的思维方法与发展智力、培养能力的辩证关系，认知过程与情感、意志相结合。

整个教学过程是在学生主动学习与教师主导作用的矛盾统一中进行的，要表现为：学生学习的动力与教师对这动力的激发；学习的动力和阻力的消长斗争；教师引导学生的思维活动，逐步发展学生学习的主动性、独立性和创造性；教师利用学生学习效果的反馈强化，使之成为学习动力的加速度，保持教学过程旺盛的生机。

如果要用更简练的文字来表达，我们认为教学过程就是：教师激发学生的学习动力，在用课程和教材铺设的道路上，积极开展学习的动力和阻力的相互消长斗争，不断克服困难而前进，用教学效果的反馈强化，来增进学生学习动力的加

速度，使它成为一个省力、高效、完成教学任务的认识和发展过程。

作者深感在教学论上有提出并研究教学认识论这个根本问题的必要，本文所做的初步尝试，缺点错误在所难免，深望同行给予批评指正和通力协作！

原载《课程·教材·教法》1982 年第 1 期，1988 年 5 月又入选《教育学文集》的《教学》上册中。它是用辩证唯物主义的观点和方法，阐释教学过程的本质问题，流传甚广，荣获国家教委和广东省高教厅人文社会科学研究成果的双重二等奖。

教学发展论

教学应能促进学生身心的发展，培养全面发展的新人应是社会主义教育的总目的。但教学与发展的关系问题在教育史上已经历长期的争论，各有所偏。现代教学论则明确指出：教学与发展是教学过程中必须同时完成的两大任务，并向纵深的方向探索实现任务的方法。本文拟根据马克思主义的发展观和发展心理学的研究成果，论述作为实施教育的基本途径的教学，必须与其他途径取得紧密的联系，并加强学校、家庭、社会的大协作，担负起德、智、技、体、美五育的任务，且与社会上某些不良风气做斗争，以期提高培养全面发展新人的成效。兹事体大而篇幅有限，只能执简御繁，与教育科学工作者共同研讨。

一、教学与发展关系的历史考察

（一）由基本观点的分歧而引起的争论

教育学者一般承认影响人的身心发展的基本因素是遗传、成熟、环境和教育（包括教学），但以哪些因素为主就早有不同的见解。瑞士裴斯泰洛齐的发展潜能论阐述人生有潜能，在一定的条件下萌芽，亟须后天加以发展。英国洛克的白纸论则说：儿童的心灵如白纸，任凭后天去描绘美妙的图画。关于促进发展的教学措施的着重点更有长期的争论。德国赫尔巴特的形式训练说主张教育应以形式训练、发展智力为主，学生应学古典的拉丁文，培养记忆力，教学过程应分为明了、联想、系统、方法四段，成一公式，并强调教师的权威。英国斯宾塞的实质教育说则主张教育应给学生由分析人类所必需的活动而得出的最有用的知识，如生命的保全、生活的维持、种族的延续、社会的义务和兴趣的满足等。后世常以猎枪与猎物比喻两说的主张，批评他们不察猎枪与猎物的辩证关系而各执一端。

（二）马克思主义关于人的全面发展与教育的学说

马克思的教育学说是从教育与经济的关系上立论的。他深入分析了资本主义社会的经济，一方面发现了生产资料的私有制和生产的阶级分工，把工人变成简单的机器，摧残他们的体力和智力，造成了人的片面发展；另一方面又发现了大工业生产由于技术基础的变革，引起劳动所需知能的变换和工人全面的流动，从而指出这种劳动变换实是自然规律，而人的全面发展则是社会生产的一般规律。教育是实现人的全面发展的必要条件，把生产劳动与智育、体育结合起来，这不仅是增加社会生产的一种方法，而且是培养全面发展的人的唯一方法。马克思关于教育与发展关系的学说具有精辟的见解，是创造性的成就，故社会主义国家都把人的全面发展定为最高的教育目的。（马克思关于遗传、环境与教育关系的观点和论述，下面再详述）

（三）现代教学论关于教学与发展关系的基本理论

此项研究很多，这里只能摘要介绍。在影响发展的基本因素中，强调遗传的重要的，有詹森的分析报告。他指出：遗传因素在形成智力商数的差异上，比环境因素重要得多，阶级和种族智力的差异至少是部分来自遗传。教育重点应在开发心理能力上，而不在认知上。重视环境的影响的，则有美国布卢姆，他在论人类的特性时指出：人的特性在迅速变化时期受环境的影响最大，儿童特性变化迅速，故应重视早期教育，且要家庭与学校配合行动。美国科尔曼说：学生学习成绩受其社会经济背景和家庭教育条件的影响很大，如果这些条件不变，则其成绩前后一样，少数民族儿童的成绩会随年级的升高而下降。所以学校要和现实环境相结合。苏联达尼洛夫指出：儿童少年时期都有其主导活动，心理发展与其主导活动关系密切。由此我们推断：改变学生实践的方向和范围，即可改变其心理发展。重视教育的作用的，如苏联斯卡特金论课程改革，指出必须改造普通教育，改革教与学，才能适应时代的需要。赞科夫长期大力进行了教学与发展的实验，得出：教学要促进一般发展，教学结构是发展的原因，新旧知识的冲突能激发学习的积极性，故教师应遵循发展性的教学原则（观察、思维、操作），用最佳的教学效果来促进一般发展。美国现代的学习理论可分两派：一是继承桑代克、盖茨等的布鲁纳，他的认知发展论主张，学生必须学习各科知识的基本结构，智能要早期发现和培养。他建立动机、结构、序列、反馈四个学习原则，要教师运用学习上的“发现法”，让学生通过归纳去发现科学的法则。二是突破教学传统的普莱西和斯金纳，提出操作条件作用理论，让学生在教师的指引下，自己操作教学机器而进行程序教学，教师则利用教学效果的反馈，予以强化或消退来改进教与学。由于程序教学易削弱教师的主导作用，故两派的学习理论又趋于融合，近正倡导以计算机为基础，在实验室中研究学习，探索对于刺激的反应潜伏期的短长，作为学习优劣的标志。加涅提出的学习阶层论，把所有的学习，按知识组织，分成由浅入深、后者蕴含前者的八个阶层，即信号、刺激—反应、连锁形成、言语联想、多重辨别、概念、原理、解决问题等学习。教师可以据此编制各科学习的一般程序，但遇某科学习需要循环重复时可以调整。研究心理发展有突出成就的如瑞士皮亚杰，他说：儿童认识客观事物的心理发展过程，可分图式、同化、调节、平衡四个环节。这个认识在各年龄阶段的发展过程，又可分为感知—运动、前运思、具体运思、形式运思四个阶段。美国达克沃思说：这些阶段的先后次序不变，但它们出现的时间可因个人和社会的差异而变化，影响个别差异的因素有神经系统的成熟经验、社会传播和自我调节等。美国吉尔福特继前人研究智力的构成因素之后，创造性地提出智力的三维结构理论。他将客观事物分为图形、符号、语义、行为四类，认为人脑对四类事物所进行的认知、记忆、分散思维、集中思维和评价五项操作中，每项操作对每类事物都可以产生单元、类别、关系、系统、变换、蕴含六种产物，所以智力结构的整体就有 $4\times5\times6=120$ 个胞腔。苏联达尼洛夫提出智力加速器计划，要求人的思维过程，由肤浅的经验概括深入到理论概括，指出这才是学生掌握知识发展智力的加速方法。苏联巴班斯基提出教学过程的最优化理论，列举许多教学原则，要求教师力图用最少的教学时间，获得最优的教学效果。更深入地研究学习和记忆的生理基础的，则有美国拉什利的神经学研究，他发表了《大脑机制与智力》的著作；生物化学的研究，推论记忆的痕迹可能是刻画在核糖核酸和脱氧核糖核酸的分子结构中。

上面介绍的关于教学与发展的各派理论，基本上是按照它们发表的时间顺序来论述，所以可以看出理论的发展趋势：虽有学者强调遗传的重要，也有学者重视环境影响的重大，但在承认它们的作用下，仍然认定教育占主导地位。在教育主导发展的研究中，又分几个侧面进行：一是教学措施，二是学习的环节和阶段，三是智力的结构和发展，四是学习记忆的神经生理基础。本文的意旨则是兼顾诸方面的综合治理。

二、根据马克思主义的发展观和发展心理学的研究成果，教育学者对教学与发展关系问题的基本观点

（一）人的发展是在遗传、成熟、环境、教育的内外交互作用中实现的

遗传是发展的生物前提，是先天遗留下来的素质，躯体、感官、神经系统结构的差异都是不可否认的事实，但遗传素质要经环境和教育得到发展和改造。成熟是遗传素质在环境和教育的影响下，通过遗传基因来指导发展过程的结果，且改变外界条件，成熟的迟早和水平可以改变。环境包括自然界和社会关系，主要是生产力和生产关系。学生的环境主要指学校、家庭和他们所能接触的社会交往。马克思说：人的本质是一切社会关系的总和。人是什么样的，取决于他们进行生产的物质条件，随着生产方式的改变，人们也会得到改造。环境的改变和人们活动改变的一致，只能看作和合理地理解为革命的实践。人的发展是在机体与环境的交互作用中产生、吸收和排斥、同化和异化、改造客观世界同时也改造主观世界的结果。教育使人在机体与环境的交互作用中，主要受有目的、有计划、有专职教师的教育影响，所以人的发展过程是受教育教学体系所制约的过程。教育对人的发展起主导作用。

（二）人的发展的内因和外因的关系

遗传和成熟是发展的根据或内因。经发展和改造的遗传素质所达到的成熟水平，又成为新的发展的根据或内因。发展的原因是人和周围世界（主要指环境和教育）的积极交往，也就是内因与外因的交互作用。发展的动力是人的身心中的内部矛盾，但这内部矛盾也是外部矛盾的反映，又以此为根据，去接受外部的条件。所以矛盾是内部新旧事物的矛盾、原有根据与新的要求的矛盾。发展的条件就是外部的环境和教育，条件能否起作用就看它们能否促进身心内部矛盾对立面向正确的方面转化，这就是说外因必须通过内因起作用。环境的积极作用主要在于建立能够适应生产力发展的生产关系及其他社会关系。生产力所依靠的社会文化科学发展水平对人的发展关系很大。教育之所以被看作发展的主要条件，是因为它能在人类文化科学遗产和现状中，选择最精炼的教育内容，运用最有效的教学方法，最大限度地调动学生学习和操作的积极性，使教育教学过程成为省力高效的认识和发展过程。

（三）儿童青少年身心发展过程的连续性和阶段性、稳定性和可变性问题的新探

从马列主义哲学的角度看，儿童青少年身心发展的过程也要遵循唯物辩证法的三大规律，即对立统一、质量互变、否定的否定，螺旋式上升。从发展心理学的角度看，身心发展过程必具连续性和阶段性、稳定性和可变性。在连续发展中，据量的渐变到质的突变而分阶段，如儿童、少年、青年按生理心理发展的特征而分段，其前后顺序不可逾越，但各阶段出现时间的迟早可因各人所处的自然和社会环境的不同而变化，如热带儿童的生理早熟，科技先进国家儿童的见闻较广。在各阶段中，身心发展的内容有一般情况的稳定，不会大量发生异常、超常的错乱，但内容的贫富与速度的快慢可因各人的遗传、成熟、环境、教育诸条件的不同而变化，如体质的强弱、禀赋的高低、品德的尊卑、知识的广狭等。故现代教学思潮的波峰常在身心发展出现时间的早晚和发展内容贫富的快慢这两种可变性上，寻求身心发展过程透过这两种可变性而改变其具体的表现形式。在教育设施上，则盛倡改造知识结构，改革教学方法，实行早期教育，超前培养人才，在人类大脑的潜能中，深入开发智力资源，以期更有效地开发自然的物质资源。

三、教学是实施教育的基本途径，应承担德、智、技、体、美五育的基本任务

（一）五育是实现人的全面发展的必要条件

教育学上所说的全面发展是指人（学生）的全面发展，这是教育的目的。教育学上所说的教育，现在是指德、智、技、体、美五育，这是实现人的全面发展的条件、手段。用手段去实现目的，但目的与手段不可混为一谈。不过我国有些教育工作者以至领导者，一提起全面发展，心中想到的只是五育这个全面发展的教育，这样，实施五育就没有明确的目的性，也就缺少计划性了。

五育都有特定的内容，教育工作者应有明确的认识。德育指思想、政治、道德等教育，三者的界限不可含混。智育指知识、技能、智力、能力等，讲授知识应当同时发展智能。马列主义所讲的技术教育是指综合技术教育，使学生在理论上、实践上掌握生产的基本知能。苏联在革命建国初期，经济建设伊始，列宁即提示要立即实施综合技术教育，它比我国现行的劳动教育先进。这种教育应包括生产的原理、技术和管理。体育先要保证学生的正常发育，通过运动、锻炼、保健、卫生等措施来增强学生的体质。美育是培养审美的情感、判断和创造能力，学生追求美的境界，比遵守道德规范，还要主动和高超。

五育有明确的区别，又有相互的联系，教师要开拓其互通的渠道，才能在实施中促进其统一的现实，这里举例述其梗概。谈德育与智、技、体、美四育联系，可引导学生：为祖国的“四化”而勤奋学习；提高生产力为祖国创造财富；为劳动、卫国而锻炼体格；倡五讲四美以促进社会安宁。谈智育与他育的联系，可使学生明确：无知者易犯罪；运用科学知识于实践可转化为生产技艺；遵循生理卫生知识可以保健延年；审美知能可导出审美的情感、判断和创造能力。谈技育与他育联系要使学生记取：生产收获要兼顾国家、集体和个人利益；生产提出难题，可以促进科学发展；生产中变换劳动可以促进人的体力、智力；产品销售要讲艺术加工。谈体育与他育的联系可教导学生：增强体质借以劳动卫国；要提高体育竞技能力就要研究人体的生理机能；锻炼体魄可以增进生产中的机敏和耐劳精神；韵律操、健美操融合美育、体育，可以增进美感、陶冶心情。谈美育与他育联系，可以阐明：审美追求的主动性有高出遵守道德的被动性的品质；艺术才能要受美学知识的指导；美化生产场地的环境，可以增添生产劳动的乐趣；自然界人体的优美往往是体格锻炼效果的呈现。

教师按教材的内在因素实施五育时，可以某育为主，联系他育，学会三言两语的点睛，收到日积月累的功效。

（二）在教学工作体系中实施五育

教学工作体系至今仍有课堂教学、自学辅导、作业批改和成绩考查等。因为这些长期例行的工作都具有习惯的势力，改革它们都要有决心和毅力。

就课堂教学说，班级授课制度本身就存在着集体教学与个别指导的矛盾。教育史上为了兼顾集体与个别，多次做了偏倾和调和的试验，但都没有获得成功。现在考虑：学生总有共同必修的课业，采取集体教学的办法是最经济的，但学生也永远有个别差异，不做个别指导又会埋没才能。所以在现行制度下的治标办法是：缩小班级容量，按照智力分班，实行作业分组，加强个别指导，使学生有同一的起跑线，而放宽其赛跑的自由度。

教学工作上，必须变注入式教学法为启发式教学法，呼吁已久。我国2500年前的孔丘就已经提出“不愤不启、不悱不发”的名训，但国人没有遵守而外国却加以发扬，岂不可惜？要知学生都是具有自觉能动性的人，教师的主导要归趋于教育的目的，并适合于学生思维的节拍，不要自己遥遥领先而要与学生并肩前进，以学生完成学习任务作为教师完成教学任务的标志。教学的法则如此，但有愿改弦易辙的教师又往往主动地或被动地受到习惯势力的阻挠，当感到这样会妨碍教学的进度时，也往往是回到原地，照本宣科。故今后要下定决心勇往直前，不惜付出时间精力的代价，把教学这辆列车搬上正轨，然后再加速前进。办法是：放宽学生的自学时间，凡是学生自己能做的事情都让学生自己先做，建立学生预习制度，提出疑难问题。课堂上可由复习已知来支持新知，开展讨论，教师引导讨论的方向和路线，鼓励学生人人动脑筋、求解答、积极发言的热烈气氛，由学生归纳论据、自作结论，也可以用演绎的方法，触类旁通。教师的讲解要针对教材的重点、难点，补充订正学生结论的不足。由于任何科学知识都是前人心血才智的结晶，但教材上居多只道其发现发明，而略去其探索活动，教师若熟谙科学发展史，将隐匿在教材背后的诀窍提示于台前，则是讲解知识、发展智能最自然的途径，让后人沿着前人创设的阶梯继续攀登，让科学由点的突破导向面的扩展。这样做，如果一堂课的时间不足，可延长至一单元完成。启发式教学法不是一个具体的教学方法，近年来国内外所盛倡的谈话法，讨论法，自学辅导法，学生自己动手实验的验证法，已知真理的发现法，未知真理的探索法，语文教学的读、画、批、写法，数学教学的归纳法和演绎法，等等，都有其自身的特长，大中小学教师都可以依教材的需要而采用，但运用之妙又在于教师一身。

启发式教学法的精神实质，亦可贯彻于其他教学工作体系中，如辅导应是自学的辅导，不用重讲而贵在答疑。由于语言是思维的外壳，教师要根据学生的语言，窥测其思维的路线和方法，反问往往可以纠正其思维的迷惘，拨开云雾见青天，一语生效胜过喋喋不休。作业的批改常使教师耗费精力，若学生看了分数就藏入抽屉，则教师的精力即将白费，能否从这困境中解脱出来？可以尝试：按教学重点、难点作重点批改加上课堂的共同订正；语文教学可把优秀习作贴在教室里，让诸生由模仿进入创造；数理作业可以公布标准答案，让学生自改、互改；劳动、美术作业可以择优展览，互相观摩。让教师腾出时间、精力进行个别指导，疏导后进。成绩考查不是教学过程的终结，而要利用教学效果的反馈，改进教学，提高质量。除保留论文或试题让学生自由发挥外，应采用教育测量，讲究其效度、信度，改用标准分数评分，对阶段考试进行试卷的分析与讲评，可收立竿见影之效。抓紧升级和毕业考试，以教学大纲为标准，保证培成人才的规格。

总之，要使学生成为学习的主人，改革教学工作体系的全貌。

四、组织其他教育途径与教学这个基本途径相配合，促进学生身心的全面发展

（一）生产劳动与教学相结合

马克思说：生产劳动与教育相结合是培养全面发展的人的唯一方法。恩格斯说：人的智力是在生产劳动中学会如何改变自然而发展的。所以，这是一条马列主义教育学说的根本原理，不可忽视。

中华人民共和国成立以来一直重视这个问题，在实践中也积累了不少有益的经验，只在“文化大革命”期间，受极左路线的干扰，学生搞了过多原始的、锄头畚箕、满头大汗的劳动，用不上科学知识，学不到生产技术，阻碍了智力、体力的发展。在全国教育工作会议上，邓小平同志一针见血地指出：生产劳动与教学应在内容上、方法上相结合，这才使这种结合纳入了正轨。本人认为在第三次世界科技革命时代，生产劳动应该是现代化的，应该用上科学知识和仪器设备，以机械、化工、原子能、计算机等代替人力和畜力，来提高生产效率，发展经济建设，富国裕民。教育与生产劳动相结合，必须有目的、有计划地进行，制订出教学内容与生产项目理论与实践相结合的对照表，并在生产过程各主要环节上，恰如其分地进行有效的教育。

（二）课外活动、校外活动与教学相配合

课外活动宜以各科教学大纲为参照标准择要开展政治、文化、科学、技术、艺术、体育等小组活动，作为课堂教学的扩展和延续，加强理论与实践的联系，使学生按自己的兴趣和爱好，自由选择参加，发挥操作的独立性和创造性，造就一专多能的人才。我国先进的学校曾在这一方面取得显著的成绩和优良的经验，如制作航模、半导体收音机，生产化工产品，增进经济收益等。课外活动的特性就是冲出课堂教学的局限，在广阔的天地里施展才能，所以没有必要把课外活动叫作第二课堂。

校外活动是学校与社会教育机关、厂矿、农场、企业各单位的联系，也是学校教学的更大扩展。如使三馆三宫（图书馆、科学馆、博物馆，少年宫、青年文化宫、工人文化宫）成为校外教育机构，充实专业人员和科技设备，建立原子能、计算机、航天技术、遗传工程、海洋工程、激光、遥控、天文、地理等馆所和模型，组织学校师生前往参观、见习、实验、实习，借以充实科学知识、扩大眼界。

课外与校外活动，宜由各科任教师和班主任兼任组织、指导的职务，合并计算其工作量，择优奖励，则可改变教育的面貌和境界。

五、加强学校、家庭、社会的大协作，为贯彻教育方针、实现教育目的而共同奋斗

（一）试用力学观点，阐明学校、家庭、社会三股力量对人的全面发展的影响

学校、家庭、社会就是学生身心的内部根据与环境教育等外部条件发生交互作用的三个方面，这对人的全面发展来说是个根本问题，但过去一直未得妥善解决。近年来提倡的大教育就是看到它们的交互作用的醒悟。

为使所有的教育工作者变模糊认识为形象思维，本人试用力学上的力的平行四边形法则予以分析。这个法则阐明：几种力作用于物体上的一点产生的效果叫作合力。合力的大小和方向可用平行四边形的对角线来表示。如果两个力的大小不变，则合力的大小和方向决定于这两个力的夹角的大小。夹角越小，合力越大。夹角等于0°和180°则是两个极端的状态。如果有三个以上的力作用于物体，则可先求两个力的合力，再求这个合力与第三个力的合力。变动不居的人与处于静止状态时的物，所受合力的作用，自然还有差别，但把人作为处于瞬时状态时所受合力的影响来说，可以描绘为个体的发展，一方面决定于个体实践的方向和范围，另一方面也决定于在他实践的方向和范围里，所受学校、家庭、社会三个作用力的夹角的大小。夹角越小，他就越能获得正确而全面的发展；夹角越大，则这三股作用力可能互相抵消，他的发展就会出现混乱状态。

（二）为了增进学校、家庭、社会的合力，必须妥善解决的问题

在学校、家庭、社会的三种教育中，担负专职的学校教育应起主导作用，但又必须扩大其影响于家庭和社会。如进行家访，与家长恳谈，由学校组织家长会议，使它成为常设机构，请热心教育的家长和离退休干部组成，配合学校教育学生，并在家长间产生相互启发学习、交流经验的作用，这比学校临时召开恳亲会较为具体踏实。近年来各地举办家长学校，用意良好，但因家长都有职业和家务，唯恐不能持久。家长们也要重认教育子女是父母的天职，不要认为交了学费就可以把自己的职责完全托付于教师。

学校与家庭协力培养的“四有”人才，就是为社会的“两个文明”建设增添力量。“两个文明”建设在物质方面要为人民改善生活条件，在精神方面就要力求社会风气的好转。所谓社会风气实是各个人的思想言行在人群中交互作用而

形成的惰性流动。启动之后，产生荡漾，善恶良窳，互相消长。所以社会风气在一段时间里，既能直播，又会回流。转捩之机端赖合乎人民意愿的远见卓识和中流砥柱，一见成效，则大众归趋。以我国社会主义的初级阶段说，十一届三中全会的政治路线转变，厥功甚伟，但改革开放的波涛汹涌，不免混入杂质污泥，所以可以显见建设成就而又有暗流、隐忧。济时良策要在整顿党风，廉明吏治，发扬民主，严明法制。就科技与教育而言，全国科技会议与教育会议后，科技文教人员咸称大有可为。但如今读书无用论再现，学生中途辍学，教师弃教从商，一切向钱看，甚至以身试法，追求物质享受，非实现工资与物价挂钩，则不足以安定民心、解决生活问题。

六、 儿童青少年身心全面发展的规律性

关于儿童青少年身心全面发展问题，经上述研究，可得如下的规律性认识。

（1）学生身心全面发展的规律性必须在社会主义社会发展的规律性和儿童青少年身心发展的规律性这两方面制约的过程中探索。

（2）遗传素质的发展和身心发展的成熟水平都是有机体与环境与教育交互作用的结果。教育能使人在周围环境中所受的广泛影响，变成有目的、有计划的选择和培养。人的身心内部矛盾都是旧的状态与新的要求的矛盾。教育的功效决定于所提供的外部条件、对促进身心内部对立面转化的适合程度。人的身心发展必经量的渐变到质的突变的过程，但改善外部，加强学校、家庭、社会的合力，即可提高其发展的速度、质量和全面性。所以，可以认定儿童青少年的身心发展是其内部根据与外部条件的交互作用，同化或异化结果的函数。但这个函数，如果要用解析法表示，在解决教育科学研究量化问题之前，无从以具体数字代入等式两边所含有的几个变量而进行运算，所以只得用下列的式子示意：

$$D = En \times Ed\ (H \times M)$$

D：Development（发展）

En：Enviroment（环境）
Ed：Education（教育）
} 外部条件

H：Heredity（遗传）
M：Maturity（成熟）
} 内部条件

（3）规律性的认识还不是规律的发现，有待同行继续研究，要特别着重研究以下三方面。

①在身心发展的连续性中，阶段性出现的迟早及其促成的条件；身心发展的稳定性中，可变性产生的条件和限度。以期为早出人才和快出人才提供理论指导。

②心理发展与生理发展的因果关系，以明心理发展的物质基础。由于心理发展都是神经系统活动的结果，故要探索每一心理发展，如感知、记忆、理解、运用等在神经联结上的变化、改组所留下的痕迹，借以明确促成内部变化所必需的有效的外部措施。

③各种科学研究都要以探索客观规律为其首要任务，要完成这任务，一般都要经历总结实践经验、提出规律假说、用实验方法验证假说这三个步骤，以期探得规律，又在人类认识的长河中作为相对真理提出，并导出原理原则，以指导此后的实践。

教学信息论

信息存在于一切时间和空间中，对信息的认识与掌握水平是现代社会的主要标志之一。“在信息爆炸的条件下，人们借以获得知识的教育体制将起重大的作用。目前的教育与培训体制不符合信息社会的要求。必须改变教学过程。”① 教学过程同样是存在着信息的一种时序列，因此研究其中的信息，不仅是时代的要求，也是教育现实中的一个不应回避的问题。为此，本文提出“教学信息论”这一命题，并试图运用系统论、信息论和控制论的一般原理，着重阐发产生并存在于教学过程这一“人—人”系统中的教学信息的转换和反馈两大环节，以此对教学过程做些新的探究。

一、 教学信息的一般过程

信息论方法把系统的、有目的运动抽象为一个信息变换（或转换）过程，见图 1。

① 博亚兹，等. 第三次革命：信息爆炸和2000年的信息存取［J］. 现代外国哲学社会科学文摘，1983（6）：43－44.

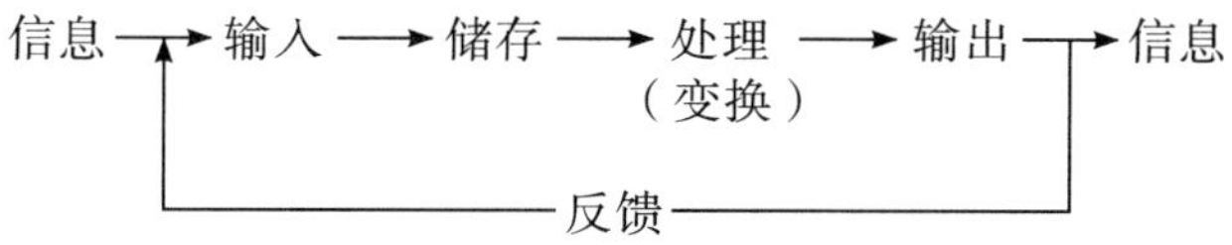

图 1

但由于教学过程是个特殊的认识过程，而作为这个过程中诸种关系的总枢纽的是师生间的教学关系①，所以教学系统区别于“机—机”系统和“人—机”系统，在于它是个“人—人”系统。建立在教学双方主观能动性基础上的这一特殊结构，决定了教学信息过程具有不同于其他信息过程的形式。

从信息论的观点看，教材就是根据学校的培养目标，经过选择和教学法改造而组合起来的知识信息的静态集合；课程则是根据各级各类学校相互衔接和各科知识信息的纵横联系而组成的更大集合。教学过程中认识的主体与认识的客体的关系是信息交换关系，也就是说，每一个教师和学生都可以作为一个信息的接收者和输出者，而同时有一个对教学信息的输入（接收）、储存、变换、输出、反馈和控制的过程。

1. **接收**

就是在教学过程中的学生或教师对来自各个方面的信息所做的一般选择后的接受。其中首先是师生各自有主次地接受教材中的文字、符号和逻辑等信号。

2. **储存**

这在教学过程中就表现为对接收了的知识（信息）的记忆问题。由于学生在教学认识过程中处于主体地位，那么他们对知识的储存就是一个特别突出的问题了。教育心理学上所说的知识保持的基本要求有：要明白记忆的目的任务，进行有意记忆；记忆要以理解为基础，主要靠意义记忆，对无意义的材料，也不能排除机械记忆；巩固记忆的方法是练习；与遗忘做斗争的方法是复习。电脑是对人脑的模拟，它所采用的信息储存方法，对人脑储存知识的研究具有启发作用。但人脑这一生物系统区别于作为机器系统的电脑，在于它是个“黑盒”，它的特点是可以测得输入值和输出值，而不知其内部机构。输入输出值相等时，其内部机构还可能不同，研究者又不能把它剖开来研究。因此，人的记忆问题还有待寻找新路继续研究。

3. **变换**

就是指信息接收者对知识信息所做的形式变更或加工。这是整个信息过程中

① 邹有华. 教学认识论［J］. 课程·教材·教法，1982（1）：75－81.

关键环节之一，它决定了接收者对信息意义理解的速度、深度和记忆的完整性等；同时它也说明了信息输出者工作效率的高低。这将在后面再加详述。

4. **输出**

就是对已接收了的信息的外显。在教学过程中，它是信息变换的效绩体现。如教师的授课是知识信息的输出，又是他对知识的一次变换；学生的作业是对自己接受了的知识的外显，也是一次知识形式的变换。授课和作业都是各自变换能力的体现。

5. **反馈**

是指信息输出者把变换了的信息作用于接收者后产生的结果再接收回来，并以此对再输出的信息发生影响的过程。没有反馈，教学过程就只能处于混乱状态而解体。这一点后面再说。

6. **控制**

是指系统中的主动者利用信息的反馈对对象的活动过程施加限制性调整的过程。在教学过程中，它不仅包括了教师对学生学习的发展方向的指导或纠正、对学习形式的改变或组织、对学习内容的变更或调配和对学习速度的催促或限定等，而且包括了教师根据教学双方的适应程度所做的自我调整、自我管理，以及学生把自己的学习过程向教师的要求或社会需要的靠近中的自我适应、自我组织、自我定向和自我约束等。

二、 教学信息的变换

信息论认为，输入的信息并不是外界的全部信息，而输出的信息也不会与输入的信息同样的；“外界消息都不是不折不扣地取得的，它要通过仪器内部的变换能力来取得……然后，信息才能转换成可用于以后各个阶段演绩的新形式。这种演绩在动物和机器中都是有效于外界的。”① 可见，在信息过程中的信息“转换”是决定了信息在以后各个阶段中的“有用”或“有效”与否的关键。我们把信息方法应用于教学过程，同样要抓住这一环节，才能把握住教学信息传递过程中的特点。

根据我们在前一部分的认识，我们看到教师和学生在课前、课间和课后都有一个对教学信息的接收、储存、变换处理、输出、反馈和调整控制的过程。就知识（信息）的变换来说，主要表现为如下三种形式。

---

① 维纳. 人有人的用处［M］. 陈步，译. 北京：商务印书馆，1978：16.

1. 知识（信息）的重新组合

教师根据教学任务和学生实际把教材变换为教学工作计划和教案，这实际上是对已依一定的文字符号和逻辑构成的知识做一个主观设计，并以自己习惯的语言和逻辑顺序做一次改造。在这确定性知识（信息）的组合形式的变换过程中，教师对教学目的和教材内容的理解水平，对学生认识特点和一般思维特点的把握水平，也就在这变换了的信息能否成为“可用于以后各个阶段演绩的新形式”中体现出来。对这个教学信息变换过程的突出要求是“清晰明了”，它显现出教师心理“内部的变换能力”的一般状态，即一般的工作能力水平。

2. 活动信息的形成

教材或教案都还是知识（信息）的静态集合，要使教学信息产生效用，就在于把静态信息变换成动态信息。课堂教学就是实现这一变换的主要环节。其中，对那在教师的定向引导下，师生之间的语言交流、教师利用图表和现代化手段去显现形象等变换过程的突出要求是“生动易懂”。使用这些教学媒介的“演绩”能否“有效”于教学信息接收者，就体现了教师“内部变换能力”的特殊状态，即教学技巧和机智水平。

3. 效绩信息的体现

教学信息变换的目的就是：有效地促使信息交流双方有最优的行为效绩。教师希望学生学而能用，学生也希望学以致用。学生对知识的再现和运用就是根据一定的目的要求，通过一定的形式（读、说、写、编、算、用），做自己认为合理的组合序列，对已接收储存在头脑中而已被自己所确定了的知识（信息）的变换输出。对这个变换过程的突出要求是“确切有效”。由于教学系统的耦合性，学生输出的效绩信息不仅综合反映了学生心理“内部变换能力”的状态，而且综合反映出教师在整个教学过程中的效绩。

这三个变换相互联系，互为因果，组成一个完整的通信过程。知识（信息）的变换是活动信息形成的必要条件，而效绩信息的体现又是前两个变换的必然结果，也是进行信息的组合前不可缺少的预测。要组织管理好整个教学过程，使能提高教学质量，教师对这三个变换过程的统一协调是缺一不可的。有人认为：“通讯是一种博弈，是讲者和听者联合起来为反对混乱力量而进行的博弈。”① 可以说，如果在对教学信息和学生这一“活信宿”有了较深刻的认识，却没能有必要地组织措施来保证，那也应付不了教学信息传递过程中出现的学生反应上的偶然性表现，这样自然不能取得“博弈”的主动权了。

---

① 维纳．人有人的用处［M］．陈步，译．北京：商务印书馆，1978：154.

因此，为保证教学信息变换的效率，我们应充分认识到如下三个方面工作的重要性和必要性。

1. 精心设计教学工作计划和教案，以保证科学知识重新组合的科学性和形式变换的适用性

这里的“科学性”是指知识（信息）意义间的联系，而“适用性”是针对学生的一般思维特点的。教学工作计划的安排，特别是教案的设计起码应依这两条标准去完成。如识字教学就不仅应科学地讲明其音、形、义三种形式的联系，还要注意这三种信息形式的互换；语法教学应重视句的结构和句型变换；各种代数式教学要突出恒等变形$\left(\text{例：}\frac{a}{-b}=\frac{-a}{b}=-\frac{a}{b}\right)$；对数教学就应先使学生弄清指数与对数的关系，进而阐明其间的互相变换形式。诸如此类的信息变换，在教学上有大量的工作可做。有经验的教师往往能掌握把知识输入学生大脑的科学和艺术。

2. 灵活组织课堂教学，以保证教师输出信息的最优效率

从教学认识论的角度所述的课堂教学问题①，这里不加复述。这里只从信息论观点提出一堂课中实现有效的信息交流变换的几点措施。

第一，一堂课首先要使学生神经兴奋，思维活动处于积极状态，使学生再现储存的信息，积极去思考和解答问题，教师不可自问自答。

第二，在学生形成概念概括的过程中，教师要善于引导学生的思维活动。教师要有敏感性，把学生的言语行动以至表情态度都看作学生大脑活动的信息反馈，去判断学生思维活动的方向对不对，支持解答新问题的旧知识够不够，启发学生对不同性质的知识要用不同的思维形式、方法去思考；对学生知识中的缺陷，用复习把它弥补起来，或者用表列、图解、示意图的办法去引导。

第三，引导学生认识微观世界和宏观世界，要充分利用现代化教学手段去显现事物的信息，使学生运用创造思维和空间想象去理解其原形，如原子结构、细胞分裂、细菌繁殖、行星运转等。

第四，在学生运用已有知识去解答实际问题的过程中，要培养学生智力活动的敏捷性、灵活性和创造性，让学生在信息变换中选出最佳的解决方案。

第五，实现上述教法最根本的办法是使学生和教师的思维活动做到同题、同步、同时态。教学之间信息的传递反馈要多次进行，逐步消除障碍，去完成教学任务。当然，随着学科或课题性质的不同，教法还有多种变化，这里只是举例而已。

---

① 邹有华. 教学认识论［J］. 课程·教材·教法，1982（1）：75－81.

3．重视课外的学习指导，以加速教学的效绩信息的顺利体现

作业是效绩信息体现的重要形式。一般地说，课内作业有教师的及时指导，学生是可以比较顺利完成的。课外活动是课堂教学的必要补充。在当前它的比重已远远超过课内作业这“主要”形式的分量了，这就特别需要教师的课外辅导来“补充”了。这一点，学生的反映特别强烈，教师应予以足够的重视。

三、 教学信息的反馈

教学过程之所以成为一个完整的系统，主要是由于教与学之间信息的反馈联系构成了闭合回路。如果说，信息的转换决定了教学信息的（稳定）质量的话，那么信息的反馈就是保持系统自身的内部稳定和平衡，决定系统发展的关键环节。恩格斯说：“物体相对静止的可能性，暂时的平衡状态的可能性，是物质分化的根本条件，因而也是生命的根本条件。”① 这里说的“物体”“物质”在信息论里就可称为系统。因此，探究教学信息的反馈，将是认识和掌握教学系统内部发展规律，实现教学过程组织协调科学化的重要途径。

（一）教学反馈的作用与运用原则

1．动力作用

教学反馈产生两次不确定性之差，它是产生教学矛盾运动的动力源泉。事物的矛盾运动是事物发展的根本动力，任何一个系统的运动总要受到内部状态或外界环境的影响和干扰，使“实际演绩”偏离“预期演绩”的②，这时系统的确定性就减少，而不确定性增大。反馈就是利用这两种状态的差异来解决系统中确定性与不确定性这对矛盾，推动系统作符合目的运动的有效方法。

这种动力作用表现在：教师根据学生的反应，依据一定的教学目的向学生提供一定的反馈信息（肯定、否定或启发），而学生就从教师的这一反馈中提高或降低自尊感和自信心，唤起新的要得到成功（或放弃努力）的需要，而引起下一步学习活动的积极性的变化。同样，学生根据教师的教授，也依一定的学习目的向教师提供一定的反馈信息（理解或疑惑、否定或肯定、接受或拒绝等），而教师也从学生这一反馈中增强（或减弱）了自信程度和积极性，并又做出相应的适合于学生学习或为维护自尊的反应。

---

① 恩格斯．自然辩证法［M］．北京：人民出版社，1971：224.

② 维纳．人有人的用处［M］．陈步，译．北京：商务印书馆，1978：15，46.

2. **检测作用**

反馈要考虑输出与目标之间的差异值，以检查测定系统的实际演绩。“一个有效的行为必须通过某种反馈过程来取得信息，从而了解其目的是否已经达到。最简单的反馈就是处理演绩成败的总情况的反馈。”学习是一种“较高级的反馈”，“策略性的反馈”。① 教师根据学生主观上机智地反映出的反馈信息（作业、试卷、行为、表情、语言等），分析并判定出学生的学习效绩，也检验自己教的有效程度，对教学做出预测。同样，教也是一种高级的策略性反馈，教师根据学生的反应也向学生提供与前一次输出不同的反馈信息（反问、回答、叙述、指点解迷、批评表扬等），学生也据此分析自己的学习效率，判断自己行为与教学目标或教师喜恶间的差异，同时也判断出教师的效绩。

3. **调控作用**

系统反馈的目的只限于检测还是不够的。维纳说：这些结果不能仅仅用作鉴定和调节该系统的数据，它这种能说明演绩情况的反馈信息在送回之后还一定要“能够用来改变操作的一般方法和演绩的模式”，“以控制这个系统”。② 在教学过程中，学生要在根据教的反馈判定了自己行为效绩的前提下，调整并控制自己的行为；同样教师也要根据学生的反馈在判定了自己教的效绩之后，调整和控制包括了他自己的行为在内的整个教学过程。没有双方的相互适应并对自己的积极调整控制，教学系统也就只能解体。

可以看到，由于教学双方的主观能动性，教学信息的传递反馈是呈双向性的。③ 根据它具有的作用，在教学实践中，要使教学反馈有利于教师和学生的自我调控，应遵循的原则有三条。

（1）加强教学的负反馈联系，以利于调动学生学习的积极性。教学评价就是一种反馈，其中要以正面启发、肯定为主，去激发并保持学生积极的学习动机。当然，只要能使教学系统稳定平衡，有针对性且适当地利用一下正反馈也未尝不可，但这需要一定的教学机智。

（2）正确评定教学效绩，以利于学生掌握自己的学习状态。了解自己是改造和发展自己的前提。教学反馈要有利于学生正确地认识自己。因此要坚持：以教学大纲为标准的一般评定与以学生个人起点为根据的特定评定的统一，以促进为目的和以监督为目的的统一，教师的评价与学生的自我评定的统一，中肯公正与严格要求的统一。

---

① 维纳. 人有人的用处［M］. 陈步，译. 北京：商务印书馆，1978：44.

② 维纳. 人有人的用处［M］. 陈步，译. 北京：商务印书馆，1978：46.

③ 维纳. 人有人的用处［M］. 陈步，译. 北京：商务印书馆，1978：36.

（3）重视学生自我组织能力的培养，以促进教学过程的协调发展。教学过程是教与学的耦合，其发展有赖于双方的协同，而这又是以双方自我组织能力的形成为基础的。因此，培养学生利用教学反馈，经常主动地进行自我分析、自我监察、自我鼓舞、自我调整、自我定向控制，是提高教与学双方的工作质量的必不可少的条件，当然这首先要求教师要有较强的自我组织能力。

（二）教学反馈联系的形式及其建立的条件

在整个教学过程中，师生建立的教学反馈联系，有课堂的观察、交谈、演算等即时反馈形式，也有测验、考试、实验、课外作业等延时反馈形式。即时反馈，缩短作业周期，是强化教学效果的有效途径，它有利于学生思维灵活性的培养。但有计划地采取延时反馈，为学生的思维提供更广阔的天地，也是有利于学生思维完整性发展的形式。要更好地建立教学反馈联系，并通过它达到科学地调节控制教学过程的目的，使教授过程与学习过程这两个系统相互适应，是必不可少的条件。具体要求有六条。

（1）端正教的动机，适应学的需要，保证双方感情上的协调，使两系统在主观上趋于接近，以利于激发学生的自觉性。

（2）明确认识教学目的，提出具体要求，并保证教与学的发展方向趋于统一，以有利于调动学生的积极性。

（3）筛选教学重点、难点，精心组织教学内容，适应学生的年龄特征，使两系统有实际统一的可能，以利于学生知识的系统化。

（4）设计教学方法，全面安排教学过程，使教的引导顺序与学的思维步骤相适应，借以促进两个系统在发展形式上接近统一，以利于学生智能的发展。

（5）合理选择教学组织形式，使教的环境设置与学的情境需要相适应，使教学形式与学科特点相适应，借以促进两个系统在发展空间上和谐统一，以利于学生注意力的集中。

（6）科学地安排教学时间，使教学过程的每一环节、每一部分内容所需的时间都与学的心理特征相适应，借以促进两个系统在发展序列上相一致，以利于学生的身心健康。

信息论是以科学方法研究信息计量，探求信息规律，借以客观地把握信息过程的一门科学。很显然，要实现教学过程的研究和调控的科学化，教学信息量的评估判定是一个关键而复杂的问题。我们已在提交全国教育学研究会长春年会的论文中谈到，这里限于篇幅未能详述。关于教学信息的评估方法、数学模型及其结果的评判分析等，笔者将另文论述。

原载《课程·教材·教法》1984 年第 4 期，与张铁明老师合作。

分析教学过程，探索教学规律

探索客观事物的变化发展规律是一切科学的根本任务。教育科学如果不能探索到教育、教学工作的变化发展规律，就不能成为一门真正的科学。探索教学规律的目的是提高教学质量。我们首先必须明确规律的概念和探索教学规律的观点、方法，并抓住教学过程的特点，联系教学实践经验，进行深入的分析研究，才有可能找到教学规律。

一、探索教学规律，应先有明确的指导思想

（一）规律的概念

什么叫作规律？辩证唯物主义哲学的回答是：规律是各种客观事物之间，在一定的条件下，所具有的本质的、普遍的、必然的联系。列宁说，规律就是关系……本质的关系或本质之间的关系。由于规律是深藏的，所以人们必须透过现象抓住事物本质的联系；抓住到处存在的普遍的联系；抓住在一定条件下不断重复出现的必然的联系。列宁对河水的流动，用深流和泡沫表示本质和现象的关系。无产阶级革命导师都把规律看作不以人的意志为转移的东西。

马克思在论述人的全面发展的学说时指出：人的全面发展的必要性，不仅是对资本主义社会造成人的片面发展的反响，而更重要的是决定于大工业生产的本性。因为大工业生产由于技术基础的不断变革，引起了劳动的变换、职能的更动和工人的流动，所以迫切地需要全面发展的人。这就是发现了大工业生产的本性与人的全面发展的必要性之间的本质的联系；而这种情况在所有资本主义发达的国家里又是普遍存在的，因此，马克思说，“如果说劳动的变换现在只是作为不可克服的自然规律”，那么，就应“承认工人尽可能多方面的发展是社会生产的普遍规律”。① 这里又指出了两者之间必然的联系。我们由这些实例可以看到：探索规律必须经历艰苦深入的研究，去发现事物之间的本质的、普遍的、必然的联系，再进行科学上的验证，才能把它确立起来，绝不能把表面现象、片面经验或主观臆想看作规律。

有人说：科学规律是客观的，而客观规律又是科学的。因此，把科学规律与客观规律等同起来，其实，客观规律是指存在于自然和社会中的那些不以人的意志为转移的东西；而科学规律则是指科学工作者探索客观规律的结果，是对客观规律的反映，是对客观规律的无限接近。科学规律与客观规律的关系就是相对真理与绝对真理的关系。所以科学规律不是绝对的，在科学发展的过程中，原有的规律常常被修正，被打破，而向更高的一级发展。例如，牛顿发现了光的粒子性，惠更斯又发现了光的波动性，因此形成了光的波粒二象性。我们明确了科学规律和客观规律的关系，就有利于克服对规律的神秘观点和轻率态度。

（二）教学工作的结构模型和探索教学规律的基本观点和方法

根据列宁关于规律就是本质的关系的指示，我们把构成学校教学工作的基本因素，按其内在联系，组织起来，形成一个教学工作的结构模型，这不但可以帮助我们建立探索教学规律的基本观点，而且可以作为我们寻求事物本质的向导。这个模型的概要如下。

教学工作当然要有目的和对象。目的是党的教育方针和学科的教学目标，对象是学生。

教学工作要培养对象去实现目的，必须经历一个过程，这个过程就叫教学过程。

教学过程，从它应当完成的任务看，是个使学生掌握知识，发展智力、体力，提高思想、品德的过程；从它执行任务而开展的认识活动看，则应以一般的认识规律为指导，但又必须掌握自己的特点，使一般认识规律在教学过程中获得

① 马克思．资本论：第1卷（上）［M］．北京：人民出版社，1975：534.

具体的表现形式。这正是马克思所说的："自然规律是根本不能取消的。在不同的历史条件下能够发生变化的，只是这些规律借以实现的形式。"①

那么，教学过程的特点是什么呢？我们认为主要有三点。

（1）教学过程必须以学生为认识的主体。因为是学生要学习，要认识，再好的教师也不能代替学生的头脑进行思维；但教师必须担负引导学生认识的主要责任。

（2）学生的认识有三个特具的条件，那就是：专职的教师、专用的课本、专设的课堂（包括实验室和校办工厂、农场等）。我们必须正确理解学校创设这些条件的重大意义，并充分发挥它们的应有作用。

（3）学生认识发展的实质，是以神经系统、感受器官等物质实体为基础。在教师的指导下，通过教学实践和社会实践去认识客观事物，造成心理内部矛盾对立面的转化，从不知到知，从不能到能，从不通到通。转化的结果，是体现在神经通路及其组织结构的变更，然后再在这基础上，继续开展新的认识活动。

基于上述，我们可以树立探索教学规律的基本观点和方法：

学生的学习是他身心的内部条件与教学教育等外部条件发生交互作用的一种特殊的认识过程，探索教学规律就是去探索教学教育等外部措施，如何促进学生身心内部矛盾的转化，去寻求本质的、普遍的、必然的联系，特别是因果关系；说明这因果关系，既要做教学法的分析，又要做神经学的论证。在生理心理学的研究未能满足这个要求时，可利用"信息论"原理，建立教学双方的反馈联系，从学生的各种言行反应中，来窥见并分析他们的心理活动。

二、探索教学规律，必须深入研究教学过程的几个关键问题

（一）师生的教学关系问题

教学工作是师生的双方活动，这是不言而喻的。但在双方中应以哪一方为主，却是经历长期争论未得妥善解决的问题。传统教育都是以教师为主，学生则处在被动地位。现代实用主义教育则反过来，提出儿童中心主义，说学生如太阳，教师如行星，行星要绕着太阳而旋转。1949 年前的教育曾受实用主义思想的影响。1949 年后，党提出尊师爱生。但林彪、"四人帮"横行时期，却要学生"上、管、改"学校，而把教师看作专政对象。党的十一大后，教育战线再提教师的主导作用，但同时也有很多人确认在教学过程中，必须以学生为认识的主体。那么，以学生为认识的主体与发挥教师的主导作用的关系应当怎样，就成为

① 马克思，恩格斯. 马克思恩格斯选集：第 4 卷［M］. 北京：人民出版社，1972：368.

当前争论的焦点了。

我们认为：学生主体与教师主导的提法都是正确的。因为在教学过程中，是学生要学习，要认识，教师的责任在于引导学生的学习、认识活动。两者互相制约着，就不会犯儿童中心主义和教师权威主义。

我们又认为：师生共居于教学这个统一体中，自有矛盾的同一性，每方各以对方的存在作为自己存在的条件。但这个矛盾在一般的情况下，多表现为差异，不表现为冲突。因为教学的主要任务是使学生掌握知识。教师是已知者，学生是未知者，或者说师生的知识存在着多少、广狭、深浅的差异。学生的学习就是要缩小和消除这个差异；如果充分发挥了他们的主动性、创造性，也可能在某些方面超过教师。

肯定了学生是认识的主体，教师要发挥主导作用，那最重要的问题就在于教师如何调动学生学习的自觉性和积极性了。因为事物的发展总是以内因为根据，外因为条件，外因必须通过内因才能起作用。学生学习的动力在于他们心理内部的矛盾性，即不知求知、不能求能的迫切需要。根据教育心理学历来对“学习动机”问题的研究，吸取广大教师成功的教学经验，我们认为：关于教师调动学生学习的自觉性和积极性，可归纳出几条带规律性的认识。

（1）要使学生站在主动自学的地位，加强自己学好知识的责任感。这要由教师对学生的自学提出严格的要求，使他们进行独立思考、独立工作，养成分析习惯，学会分析方法，自我培养分析问题和解决问题的能力。同时，教师要用少而精的教材、启发式的教法，使学生从沉重的课业负担和被动紧张的状态中解放出来，用更多的时间和精力从事生动活泼的主动的学习。

（2）要把长远的教学目标和切实的诱导方法结合起来。教师应当对学生进行革命理想前途教育，鼓励学生为实现祖国的四个现代化而学好科学技术。但若只把这些作为口号来喊则是空洞的，所以，教师又要采用切实的诱导方法。例如，在教学过程中，指出所学知识在科学和生产上的地位和作用；用现代化的教学手段进行具体生动、引人入胜的讲解；在工厂、农场进行参观、访问和参加生产劳动或社会活动中，使学生亲切地感受到科学知识的用途和用法等。

（3）使学生在勤奋学习和取得优良成绩的辩证发展中，保持其持久的、顽强的学习动力。学生通过勤奋学习，取得了优良成绩，必会引起他们对知识的兴趣、爱好和更强烈的求知欲，因而进行更勤奋的学习，并取得更优良的成绩。这两者辩证地发展，就好比在学生的内心安装了如钟表那样的发条、摆轮和游丝，可以摆动不息，那就是学生学习最好的最能持久的动力。教师的责任在于：随时注意帮助学生克服学习上的困难而前进；而且要看到学生的认知过程是经常与情感和意志结合在一起的，因此，在指导学生学习时，要做到知、情、意三大项一起抓。

上述这三条带规律性的认识，如果在今后的教学实践中，不断地证实：这样的教学措施与调动学生学习的自觉性、长久保持学习的动力之间具有本质的、普遍的、必然的联系，那我们就可以据而建立一条叫作以学生为认识的主体与发挥教师主导作用的矛盾统一规律。

（二）用系统的、比较完全的知识武装学生的问题

学生的学习是在课程和教材所铺设的道路上前进（英语“课程”一词的原义就是跑马场）。道路铺设得怎样会严重地影响着学生所走的路程、所费的时间、精力和所得的效果。所以，教学改革必须深入到教学内容的改革。世界各国无不重视这个问题，但长期以来都存在着传统教育与现代教育的争论。我国在“文化大革命”中，课程和教材变动很大，林彪、“四人帮”的实用主义思想，甚至只要政治不要文化的思想，造成了教学质量的严重下降。现在要研究的主要问题，是要用系统的、比较完全的知识武装学生，必须遵循哪些不可违反的规律。

我们认为讨论课程编制和教材选编问题，必须与科学的发展、学校的培养目标和学生的接受能力联系起来考虑。因为学科的设置就是按照学校的培养目标和学生的接受能力，选取某些科学知识，加以教学法的改造，以利于学生学习的。下面就分三个问题进行论述。

1. 课程编制问题

课程编制的首要问题是学科设置。首先，论学科设置要先理解它与科学发展的关系。

科学发展的动力自是生产斗争和阶级斗争的需要，但与科学研究的方法（主要是思维方法）也有密切的关系。

恩格斯曾指出：对客观事物进行相互联系的研究，可使我们明了事物全部情景的一般性质，却不足以解释这一般情景所由构成的细节，为要认识细节就要把事物从联系中抽取出来，分别研究它的每一方面的特性。同时又指出：近四百年来，自然科学进行了分门别类的研究，取得了伟大的成就，但又带来了近几世纪特有的形而上学的思维方式。① 这就说明了，在科学研究的方法上，综合与分析是各有优缺点的，应当把两者结合起来，取长补短。

---

① 马克思，恩格斯. 马克思恩格斯选集：第3卷［M］. 北京：人民出版社，1972：417－418.

在科学发展史上，我们可以看到，人们从事科学研究，总是由浅入深，由现象到本质，由特殊去概括一般，又用一般去指导特殊。自然科学往往由于分门别类的研究，先取得点的突破（如发现了电、原子等），再实现面的扩展（把电能、原子能用于许多生产部门），而成为一个专门的科学；对许多专门科学的发展，又可以概括出基本的共同的原理和方法，而成为基础科学。一门基础科学上所阐述的原理和方法，可以用于许多生产场合（如机械学原理、电学原理等），所以基础科学是非常重要的；但一个生产场合又往往要用上许多门科学原理和方法（如搞技术卫星、高空遥感等），所以又要促进各专门科学之间的协作，并建立边缘科学。这又说明了基础科学与专门科学的关系。

其次，论学科设置又要理解它与学校的培养目标和学生的接受能力的关系。

国家兴办各级各类学校，为的是要培养各级各类人才，它当然要按照上述科学发展的情况，来设置不同的学科；而在具体设置时，又要考虑到各级各类学校学生接受能力的差异。一般地说，学生的接受能力是随着他们身心的发展而发展的，表现为由浅入深，由简到繁，先掌握基本知识、基本技能，然后再求逐步深造的规律性。

根据上述两方面的分析，我们认为各级各类学校设置学科的顺序应当是由综合到分化，由基础到专精。如小学设语文、算术、自然、社会；中学设政文史地、数理化生；大学设公共基础课、专业基础课与专业课，都是合理的，不得随意改变，而教材重复烦琐的地方自应改革。

总结正反两方面的经验，我们应该服膺两句格言：学问真如金字塔，越是广阔越能高。学校学科的设置，由综合到分化，由基础到专精，这是符合科学发展规律和学生认识发展规律的，因此它的本身也含有规律性。学生修习各科课程并非在平坦的马路上笔直奔驰，而是沿着金字塔这个锥体盘旋而上。马克思说："在科学上没有平坦的大道，只有不畏劳苦沿着陡峭山路攀登的人，才有希望达到光辉的顶点。"①

2. **教材的选编问题**

社会生产和文化科学的辩证发展，时间愈长，发展的速度愈快，人类所积累的文化科学知识就愈多，教育上没有可能也没有必要把它全部传授给学生。推陈出新正是教材演变的历史规律。现在我们总结近三十年来教材改革正反两方面的经验，并吸收教育发达国家改革教材的先进经验，我们认为选择教材应有如下标准。

---

① 马克思. 资本论［M］. 北京：中国社会科学出版社，1983：法文版序言.

（1）保留传统的经典知识，吸收科学的最新成就。这条，世界各国都很注意。我国制订中小学统一的教学大纲时也已采用。例如，力学教材既保留牛顿的古典力学，又适当吸收了现代的量子力学和相对论力学。

（2）适应社会主义建设的当前需要和今后继续发展的需要。国家建设需要人才，培养人才要能推动并发展建设。过去改革教材多偏重于现实需要，某些知识原很有用，但在生产落后地区一时还用不上的，都被砍掉，这是近视、短视的做法。林彪、“四人帮”曾把农村中学的数学教材，砍到只剩会计、测量、记分、珠算的地步，这简直是剥夺了青少年学习科学的权利。

（3）在少而精的要求下，仍应保持教材的系统性、连贯性。决不可因为反对形而上学、烦琐哲学而乱砍教材，使它变成零散的、片断的实用主义的东西。

（4）适合学校的培养目标和学生的接受能力。这条是说：大、中、小学教材的选择，最好有个通盘规划。在按上述标准选来教材后，再按学校的培养目标和学生的接受能力，分配到各级学校。但我们应该看到社会物质和文化生活水平的提高，可能导致学生接受教材能力的提高。例如，在普遍使用电力、电器的社会里，学生由于耳濡目染，积累了丰富的感性知识和操作经验，便易于学习电学理论。所以教材由上一级学校逐渐下放到下一级学校，也是社会发展的必然现象。

教材选择出来了，跟着就是教材的组织问题。各级学校的教材组织历来就有直进式与圆周式的争论和尝试。直进式是主张中小学各科教材都是一条龙，避免重复就是提高质量。圆周式则主张小学、初中、高中教材三循环，要由综合到分化，借以加强各科的联系，并适应学生的接受能力。其实两者各有优缺点。要取长补短，寻求实事求是的、行之有效的办法，则大、中、小学教材的整体组织，不能不是螺旋式的。上下级学校的教材既要做到每科衔接，又要体现各科联系，螺旋上升。这是最符合学生身心发展的阶段性和连续性的教材组织规律。

3. **教师讲授问题**

课程、教材都是国家编订的，它能否使学生获得系统的、比较完全的知识，重要的是靠教师的讲授。这讲授必须严格遵循两条基本的教学原则。

（1）循序渐进。真正科学的知识都具有内在的联系，好像链条那样，一环扣着一环，学习前者即为学习后者做准备，学习后者又是学习前者的延续。断了一环，影响及于整体。学生认识的发展，总是由不知到知，由不能到能。“知”又是从少到多，从狭到广，从浅到深。“能”也要从正确到迅速，从技能到技巧。这些过程可以加速，但不能逾越。教学上要使学生按其认识发展规律，去掌握科学知识体系，就必须贯彻循序渐进原则。

（2）理论与实践统一。上面说过，学生学习知识应以间接知识为主，但教师讲授书本知识时，必须适当地组织学生自己的实践活动，才能使学生获得比较完全的知识。所以教学上又必须贯彻理论与实践统一的原则。这里，还要认清：学生所需要的实践主要是验证理论知识的实践和培养技能技巧的实践，而不是探索新真理的实践；社会实践固然重要，但教学实践也很有价值；实现教学手段现代化，可以从根本上改变学校教学的面貌。

根据上述，我们认为：课程的编制和教材的选编都必须适合科学知识的内在联系和学生学习的心理发展，这就是一条不可违反的规律。教师要使学生获得系统的、比较完全的知识，就必须遵循循序渐进原则和理论与实践统一原则进行教学。

（三）教学过程与一般认识过程的关系问题

辩证唯物主义的认识论阐明了一般人的认识过程，可分为两个阶段，包含两个飞跃，认识的一般规律则是：由感性认识而能动地发展到理性认识，又由理性认识而能动地指导革命实践。

用一般认识过程的两个飞跃作为教学工作的一般指导，就有不少问题值得研究。如教师使学生形成科学概念问题。许多教师都会教学生对同类事物进行分析、比较、抽象，然后概括其共同的本质特征来形成概念。但使学生灵活地运用理论知识去解决实际问题，则办法较少，只讲要结合时间、地点、条件去运用知识，对具体问题要做具体分析等大道理，或讲逻辑学上的演绎法等，都不足以解决各科比较复杂的问题和综合运用各种知识的问题。再如，教学生认清科学上相近相似的概念的联系和区别，如整式与分式，重量与比重，压力与压强，重量、质量、能量与动量，置换反应与取代反应等，以利掌握概念的体系问题；以及科学知识在头脑中的存储问题等，都是教学上常感困难而尚未妥善解决的问题。心理学上必须深入探索这两个飞跃的规律性。

采用硬套的办法，是不妥当的。以一般的认识规律来指导各科的教学工作，应该积极研究一般认识规律，怎样透过各学科的特点，获得具体的表现形式（即教学过程的变式）这个问题。这里先谈个人的浅见。

语文教学过程——语文教学必须依靠学生在社会实践中所认识的事物，构成第一信号系统与第二信号系统的联系。但学生又要把语文本身作为实践的对象，通过听、说、读、写，去掌握词汇、语法、修辞、逻辑和写作各体文章的知识，去解决阅读与写作中的问题。因此我们可把通过语文实践去掌握语文规律，再运用语文规律于阅读和写作实践，看作语文教学规律。

数学教学过程——数学教学也必须以学生的社会实践为基础，来传授数学知识。但数学只抽取客观事物中的形、数及其相互关系来研究，而舍弃事物的其他特性，这是数学的抽象性。但正因为数学有高度的抽象性，才带来广泛的应用性。在数学的知识体系中，还有许多由理论到理论的推导，如三角形各内角之和等于二直角这一定理，就可做出六种推论。概念、判断、推理在数学中有广泛的应用，这又是数学的逻辑性。但它最终还是要为生产、生活服务。因此，数学的教学过程是从事物的形象中进行抽象出发。在研究形数及其相互关系中去掌握数学的语言、概念、定理、公式和解题的步骤方法等。这个过程有的由实践到理论，有的由理论到理论，有的由理论到实践。人们只能要求数学在根源上是来自生产实践，在目的上也要终于回到生产实践。而对数学的教学则必须允许做理论推导，不能只求按“感性—理性—实践”的一般公式进行。

物理教学过程——物理学研究物质运动。教学宏观低速范围的经典物理时，就有肉眼不易觉察的现象，要靠实验来验证。而教学微观高速范围的现代物理时，更有许多现象、过程，不能直接经验（如分子、原子、原子核、基本粒子等），只能用演示实验、物理模型、比喻、想象等去形成头脑中的物理图像；并通过高精密仪器、理论验证和数学推导，去理解其概念、定理、定律和公式等；然后才能用定理、定律去指导生产实践。因此，物理教学过程不尽是由生动的直观到抽象的思维，有时要先在抽象思维中构成一定的图像，然后才能制成物理模型图表等实物。

化学教学过程——化学是研究物质性质和物质变化的科学。现代化学是从微观、定量的角度，来研究物质结构及其变化的规律，而原子则是参加一切化学反应的最小单位。所以化学教学过程更不能从观察原子的形象开始，也不能从观察化学反应中的电子运动的状态开始，而只能靠物质结构理论，去建立学生头脑中的微观观念，用抽象思维去理解各种化学变化。

根据上述，我们深感必须用一般认识规律透过教学过程的特点而获得它的具体表现形式这个观点为指导，去探索教学过程的特殊规律。

（四）学生学习各种科学知识，必须有相应的思维形式问题

恩格斯在《自然辩证法》中，把物质运动的基本形式分为机械的、物理的、化学的、生物的四种（辩证唯物主义哲学又加上社会的一种），并指出：物质运动形式的分类就是科学分类和划分研究对象的根据；科学工作者在科学实践中产生头脑中的辩证法，只是现实世界的运动形式的反映。由此，我们可以理解到科学上的成就就是科学工作者探索物质运动的秘密的结果，同时也增长了科学工作者自己的认识能力和聪明才智。简单来说，就是知识与智力历来就具有辩证发展的关系。

我们前面说过，学校所设学科的内容就是科学知识的选择和改组。如果学生学习各科知识时，头脑中不能按照物质运动形式的本来面目去思索、去体会，那

就不能真正地、深入地理解这门科学知识。所以我们说：学生学习各种知识必须有相应的思维形式或思维方法。下面就举些实例来说明。

1. **物理学**

物质概念的教学——要使学生理解物质与运动的必然联系。世界上不存在没有物质的运动，也不存在没有运动的物质。正因为物质是在不断地运动变化中，所以把物质归结为不变的属性、结构和状态都是错误的。现代物理学认为物质的唯一特性只是客观存在。

微观高速的物质运动的教学——如重核裂变、轻核聚变、基本粒子共同的波粒性，特殊的同位旋、奇异性和相互转化作用等，都是难以直接经验的，看不见、摸不着的，要使学生用抽象的理论思维去捕捉它，用精密的实验去检验它。

能量守恒和转换定律的教学——能量守恒和转换定律，是贯穿物理学各部分的基本定律，是物理学上认识物质变化的主线。要阐明各种能量在一定的条件下，都可以互相转化，但其总量不变。

现在已经实现的重要转化如图 1 所示：

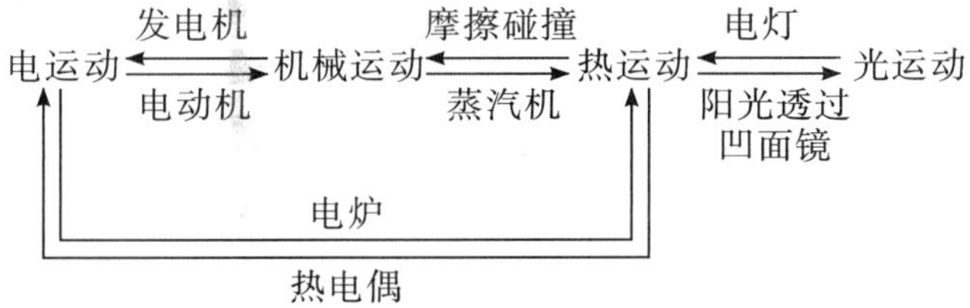

图 1

现在尚未实现转化的，如能创造必要的条件，亦可转化，那就是科学上的突破。

学生学习这一伟大定律必须树立世界是物质运动形态的多样、统一观点，能量是在守恒中转换，而又在转换中守恒，这是唯物主义的辩证法在物质运动中的体现。

狭义相对论力学的教学——爱因斯坦的狭义相对论的理论核心是相对性原理和光速不变原理。它论证了光速每秒钟 30 万千米，这在任何惯性系中都是一样的，不受什么“以太风”顺逆的影响。在光速不变的前提下，它提出了“同时的相对性”，用来说明相对论的两个著名效应。

（1）运动的尺会缩短：这是说，一把高速飞行的尺，从地面去测量它，要同时测其两端，故尺长；如站在尺上看，这种测量是先测头，后测尾，故尺缩短了。

（2）运动的钟会变慢：这是说，有列爱因斯坦火车，车厢高 75 万千米，车速每秒钟 29 万千米。从车厢底部向顶部的反光镜发出强光，强光即被反射回底部。这时，车中旅客用钟去测强光，它是两条垂直线，往返时间 5 秒钟；而地面的观察者也用钟去测强光，它都是两条斜线（因车行极速，光从车箱底部射到顶部成为斜线，而反射也是斜线），往返时间是 20 秒钟。这说明了从地面去测强光，往返历时 20 秒钟，而在车上去测强光，往返历时才 5 秒钟，所以说车上的钟变慢了。

爱因斯坦还指出：物质的质量随着物体运动的速度而增加的公式为 $E = mc^2$。

科学界评论他的相对论时，说他所以能建立崭新的时空观、四维的宇宙观，是因为他的思想方法具有超常性。他用的是思想实验法，此法不在实验室里做实验，而是依靠创造性的想象能力、严格的逻辑思维和严密的数学推导。由此可知，学生要是不学会爱因斯坦的思维方法，就不能深入理解他的相对论原理。

2. **化学**

物质的微观概念的教学——化学上认定：自然界的一切物质都是由相同的或不同的原子按一定的形式结合起来的。原子是物质参加化学变化（反应）的基本微粒，元素是具有相同的核电荷的同一类原子的总称，分子则是保持物质的化学性质的最小微粒。这些微观物质，都是看不见、摸不着的，学生学习时都要依靠抽象思维和创造想象。

物质结构理论的教学——这是化学最基本的理论，是人们认识物质的化学性质和化学变化的主线。作为物质的基本微粒的原子包括原子核和核外电子等。原子核内有质子和中子，核外电子则是分层分布的。元素周期表反映出元素性质的周期变化规律：原子序是按核内质子数的多少排列的。原子量是核内质子数和中子数的总和。元素的周期排列（横行）呈现着：同一周期元素的电子层数相同，而最外层的电子数递增。元素的族类排列（直行）呈现着：同一主族元素的最外层电子数相同，而电子层数递增。学生学习时不但要用量变质变的规律去理解它，还要从电子层数和最外层电子数的递变去掌握它。元素的最外层电子达到八个时，即达到结构的稳定状态，不能与其他元素化合，如惰性气体都已达到稳定状态，所以它们的化合价都是零。其他元素最外层电子都未达到八个，都未达到稳定状态，都有通过得失电子或电子配合而达到稳定状态的倾向，这就是一切元素参加化学反应的根本原因。学生学习时要有透过现象认识本质的思维能力，明确世界的本质是物质的，物质的性质决定于它的结构，物质变化是物质运动中按规律的重组，因而造成了物质存在形式的无限多样性。但无限的多样性，仍然归结于物质的统一性。

学生学习其他学科知识，也必须有相应的思维方法，这里限于篇幅，暂不具论。

学生学习各科知识，既然必须有相应的思维形式和方法，那么，教师在讲解科学知识时，也就必须有意识地把这个相应的思维形式、方法教给学生。所谓智力，心理学上有各种各样的解释，一般地说，它是综合运用各种心理能力去应付环境，解决问题的能力，而主要的则是创造性地解决问题的思维能力。这种能力，可通过许多途径来培养，如恩格斯说："人的智力是按照人如何学会改变自然界而发展的。"① 但传授知识的教学过程毕竟是发展智力的一个重要途径。近年来世界各国多把教学与发展看作一回事，把使学生掌握科学知识与发展智力看作教学工作必须完成的两大任务。这是因为通过长期的教学实践，广大教师都深切地感到：掌握知识与发展智力具有本质的、普遍的、必然的联系，它本来就是一条非常重要的教学规律，现在只是要求教师深刻地认识它，自觉地利用它。

（五）及时检查教学效果，帮助学生克服困难而前进的问题

按照上述四点进行教学工作，能否获得预期的效果，自有及时进行检查的必要。美国早有教育家莫利逊提出一个教学公式，即教学—检查—再教学—再检查，直至完成教学任务。如果教师不把检查作为胁迫学生学习的手段，而作为改进教学工作的依据，那是无可非议的，且是完全必要的。人们照了相，总是急于冲晒底片，印出样张，借以决定修饰或重拍，那么，教学工作怎可不问效果呢？

要彻底检查教学效果，就要检查教师的教学措施导致了学生心理矛盾的转化中，造成了神经通路和组织结构上什么样的变更。

但当生理心理学的研究还不能满足这个要求时，则可利用信息论原理。信息论是随着现代科学方法学发展而建立起来的新理论。科学上对不能直接经验的东西，都可利用它的信息来研究它。所谓信息是指事物内部的属性、本质、结构、动态等发射于外部的表征、现象、活动和符号等。从外界施加条件促进事物发射其信息的传递和返回过程叫作反馈过程。因此，教学上要利用信息论原理，就必须建立教学双方的反馈联系。教师对学生的学采取的措施，和学生对教师的教做出的反应，就构成了传递与返回的反馈联系。学生的语言、行动、表情、答问、作业、考卷等都是其心理的内部活动发射于外部的信息。

教学检查，对学的方面，要检查学生学习的实际进程和掌握知识的具体情况；对教的方面，要从学的效果去检查教的措施，并追溯到教师的政治、业务和教育修养，借以寻求教与学的因果关系。

---

① 马克思，恩格斯．马克思恩格斯选集：第3卷［M］．北京：人民出版社，1972：551.

广大有经验的教师已经认识到：学生学习知识往往会遇到困难，所以他们的学习进程绝不是一条直线。例如：新旧知识不衔接，思维方法不对头，积食不消化，已知又遗忘，由于学习上的挫折而产生的自卑心理等，都使学习进程出现迂回、曲折、中断、反复等形态。又因为他们在学习中所遇到的困难，不一定能及时地得到克服，所以每一学习阶段进展的速度，也不是匀速的，而是变速的，有时由慢到快，有时由快到慢。

在这样的情况下，教师对学生学习的实际进程应采取的补救措施是调整教学进度，对曲线、折线做出必要的配合和引导。对学生掌握知识的各种具体情况，一般的，应举行诊断测验，寻求症结所在，然后进行范例教学、问题教学、小步子的程序教学等；对个别有特殊困难的学生，更应如医生诊病那样，做周密深入的检查，然后对症下药，以求解救。以后的教学，则要随时注意复习，讲授新知识时，必须加强新旧知识的联系，温故知新，先慢后快，由循序渐进，去争取突飞猛进。

检查教学最重大的意义还在于教学相长。常见有一定政治业务水平的教师，由于缺乏教学法的修养，不能结合学生的思想情况和知识水平进行教学，教学效果并不好。也常见有勤奋学习的学生，由于只知读书、听讲、做笔记，但不善于在教师的讲解中学习思维方法，不善于在学习知识时去掌握认识武器，所以学习成绩也不好。这使我们认识到：教师的教必须以学生的学为镜子，才能得到改进；学生的学也要以教师的教为榜样才能提高自己。所以教学相长是一条充满着唯物辩证法的教学规律。我国古籍《学记》中早有记载：“学然后知不足，教然后知困，知不足然后能自反也，知困然后能自强也，故曰教学相长也。”这个记载传下来，在两千多年的教学实践中，证明它是个颠扑不破的真理。

原载全国教育学研究会编《遵循教学规律，提高教学质量》，人民教育出版社，1980 年版。

理解学习真谛，增进学习效率

一、 开发心理的富藏

《现代青年》编者约我按期写些有关学习方法的稿件——包括一般的学习法则，和各科的学习要诀——我首先提出这个题目，看来好像和学习方法没有关系，其实很有关系，不过是从较大或较远的地方说起，因为我希望大家先明了学习的伟大作用，这里面的曲折，让我慢慢地道来。

（一）心理富藏的意义和价值

先从物质的富藏说起。我们谈起国家的财富，大家都羡慕美国是个黄金的国家，农产矿产都极丰富，联想到我国，得天虽厚，但我们所有的广阔的土地，现在还有任它荒芜的，譬如西北，人烟稀少，地赤万里，可能收获的农产，我们不曾收获。再说埋藏地下的矿产，我们不能大量开采，譬如最常用的铁矿，全国藏量总在四百兆吨以上，为太平洋沿岸最多的产地，李希霍芬氏曾估计我国只山西一省的藏量，已可供全世界数千年之用，数目惊人，还有金属的锑，散见于湘、鄂、赣、浙、滇、黔、粤、桂等省，产额占全世界总产额之半……这些天然的富源，不能好好地利用，谈国家经济的，没有不顿足痛惜！

的确，不促进农产，不开发矿产，等于货弃于地，真是国家的损失，但这只是物质方面的富藏，是有形有量而具体地存在的，实际上还有一种无形无量的富藏，存在人们的身上，大家可曾想到吗？那就是人类的聪明才智，存在头脑当中，它比矿产还要严密，它比矿产还要宝贵，只在有限的体积里，可以发挥无限的力量，没有数量的限定，但可以多到无穷，难以摸捉，但到处可见它的展现。不是吗？大家试想人类的历史持续，原动力是什么？人类文化的创造，原动力又是什么？人类初与兽争，继与天争，节节胜利，不是靠着聪明才智去宰制环境利用环境吗？社会上的文物、制度、物质建设，道德范畴，不是靠着聪明才智去制驭群体满足需求吗？具体点说，原始人类穴居野处，现在不但住必宫室，还有高楼大厦，所有的设置和建筑的原理，哪一件不是才智的结晶？我们一眼看去，只是一座屋子，仔细一想，便体会到这就是人类才智寄托的或附着的展现；再说衣服、饮食和旅行等，今日的情境，和古代比较起来，不知道胜了几千万倍，那又都是人类才智的表现。这潜匿人体的才智，可以说是“心理的富藏”，因为它是无形无量的，所以容易被人忽视，但作用的微妙，却耐人解索。这里我要求大家，先认识这伟大富藏的存在。

我们如果把物质的富藏和心理的富藏，两相比较一下，会觉得两者有相得益彰的地方，究极地说，心理富藏还是物质富藏的制驭者，因为人类有了聪明才智，才能从事农产的耕作、矿产的开采，大地和矿藏分配给许多民族或国家，大概只有多寡优劣的分别，没有全有全无的不平，各国农产矿产的荣枯兴替，全视人民有无聪明才智去利用，固然聪明才智需要丰足的物质以扩大其表现，但超越的才智总可宰制物质，支配物质，甚至创造现象界原所难见的物质，所以心理富藏较物质富藏更有价值，忽视它便是近视眼。

现在回到国家的财富上说，国际间的贸易，每非纯粹或原始的农业品和矿业品，而多是农矿产经过加工的工业品。上面说过农矿业发展，已需要聪明才智的领导，而其加工所需的机器，以至商运所需的工具，更需要倚靠才智去创造发明。可见心理富藏的价值，真能超越一切了，譬如爱迪生具有绝顶的天才，其发明品得有专利特权者，即达千余种，如电灯、电影、留声机等，随取一种，均为一般人毕生难成之大业，其造福予人类者极伟，就其对于国家言，美国实得无穷的裨益，奚止国富的增加，所以美国人予以全美现代最大伟人之尊号，且谓“得一爱迪生，胜逾世界之陆海军备”。我前面说过，才智可以统制物质，甚至创造现象界原所未有的物质，它比物质的富藏实更重要，现在看了天才发明家爱迪生这段史事，大家可以明白了。再说其他的现代发明家，如法国发现镭的居里夫妇，英国发明电话的贝尔，瑞典发明炸药的诺贝尔，美国发明汽车的福特，发明航空发动机之卡奇斯、发明空气制动机之卫斯亭豪斯等，均于国家民族有重大的贡献，国家财富因而增加，并且没有止境，没有限量，我们很难以数字说明心理富藏的价值。再说近些小些，我国天厨厂主人创制味精，抵制日货味之素，华生厂主人仿造电风扇，抵制奇异牌舶来品；近如木炭汽车之发明，松根汽油之提炼，均为国家开辟资源，抵塞漏卮，这些都是靠着聪明才智的，那么，心理的富藏比物质的富藏轻贱吗？可以忽视吗？谋国者，能看到人民心理的富藏，那正是独具只眼的政治家，反之，埋没了智悲和天才，试想是不是国家重大的损失？

（二）心理富藏的内容

心理富藏的意义和价值，前面说过了，现在我们要追究所谓心理富藏，到底是些什么东西？前面以聪明才智代表心理的富藏，那是通俗的说法，若就心理学原理上说，应是指人类与生俱来而期待开发的“能量”，或经过生理的成熟而具的可以陶铸的“趋势”，这“能量”或“趋势”，可称本性，经过发展便是聪明才智。它好比一撮具有洁白纯粹与优美的素质，可以任人去捏雕磨琢，雕琢后的形态各不相同，但素质不会改变；又好比一泓清水，可以加色素使它变色，加溶质使它饱和，可导它向东，亦可导它向西，但不能改变其氢氧结合的元素，和趋向平面的流动。除开本性的开发，留俟下一节讨论外，现在先提出这本性里潜在的力量。

1. 观察力

观察是我们接触世界事物的初步，观察力则好比一面照妖镜，可以照出事物的真相，有观察才有认识，有精密的观察，才有确切的认识。我们无时无地不在观察，不在认识，两眼是专为观察的感官。除盲者外，人人都有观察的力量，但其程度则差得很多，天文学家能够观察远得看不见的星宿，生物学家能观察小得看不见的细菌，牛顿见苹果坠地感悟地心吸力，瓦特见壶盖自开发明蒸汽机，富兰克林见天空放电创著电学。同样的事当前，因为观察力不同，感受迥异，有的认为司空见惯，毫不介意；有的认为大有道理，继以推敲。科学家的成就，多半就在极平凡的情境中，独具只眼去观察，终能发现宇宙间的至理。一般人因为观察力不足，所以常有一知半解、误甲为乙的种种笑话。一个人假使丧失了观察力，他便是开眼的盲人，一切全不认识了，可知观察力的重要，我们为学处事或做人，莫不需要它，所以它是心理上的富藏，注意力、感觉力和判断力等，可以属之。

2. 记忆力

记忆是我们保留观察印象所必需的能力，所谓记忆力则好比一个摄影机，能够摄藏所观察的一切现象。我们生活的各方面，前后能够造成直线的贯连，大半是靠记忆的作用，要不然，什么都变成断片的，识见全无进步了，或是什么都忘记了，那社会要变成什么样子呀？不过记忆力固然人人都有，但程度也不相同，有的人能够记得久远的故事，有的人竟忘却上一刻钟的事情，数学家、史地学家颇多能够记得呆板冗长或是毫无意义的数字名词或公式，排字或打字工人能熟记各字安置的部位，机关里的管卷员、图书馆的管理员，也多富于记忆的能力，记忆力虽然与智慧没有绝对的关系，但却是人类保留累积经验所必需，所以也是一种心理的富藏。

3. **推理力**

人类的思维，可以发轫于现象界，但不局限于现象界，欲求举一反三，闻一知十，必须有推理能力，所以推理力好比一面反射镜，能够反射出事物的投影。推理有演绎、归纳和类比等法，有的是以通例概括特例，有的是集许多特例，归成一个通例，有的是根据许多相等的特例，推论其余的特例。人类的知识文化，能够加以整理、约束、简练，定出许多定理定律、原理原则，都是推理力的收获。演说家、诡辩家，推理力极强，所以他们可以旁敲侧击，议论纵横，我们为学处事，要求领悟发扬，也靠推理的力量，所以它是心理的富藏，思维力、理解力等可以属之。

4. **组织力**

自然环境和社会环境里的事物，随处都有组织性的存在，组织力好比一具纺织机，能够聚个体成整体或团体。有组织才有系统、有线索，才能提纲挈领，执简御繁。具体的组织如人类的各种社会，抽象的组织如学理的结构分类等。个人没有组织的能力，即不能组成家庭团体，人群没有组织的能力，即不能组成国家民族。但组织力的强弱，亦复因人而异，政治家组织力强，所以他能领导群众，哲学家组织力强，所以他能统整事理。组织力关系人类公私的生活俱大，也是人类比其他动物特别高明的特性，所以组织力是种心理的富藏。

5. **想象力**

想象不但是可以越过观察的限度，并且还能超出推理的轨迹。它可以有藉，亦可以凭空，它能构成理想的形态，也可以补足完形的罅缺，所以想象力好比一个万花筒，它是可以千变万化的。人类的想象力高，所以重思想不囿于现实，能够提出假设假说，常成真理公理的前导，文学家如果没有想象力，绝不会有脱俗超尘的创作，亦不能执人类社会行为的断片，而描述其前因与后果，艺术家如果没有想象力，则除写生外，已不能作象形的图画，更无论什么精巧玄妙的构图。人类特别能想象，所以也特别能假设，能欣赏，能进步，能促进理想，所以想象力也是心理的富藏。

6. 创造力

人类任何一种的文化，都含有创造的意味，所以创造力好比一具原始机，可以创造一切。前人的创造遗留给后人，后人接受文化的遗产，再创造而发扬光大，所以社会的物质与精神文明，全是人类创造力的累积的表现。科学家、文学家常有伟大的创造力，所以常有惊人的发明、发现或创作。创造力在心理上，该是人人都有一些，但力量甚微，不然人类只有能凭环境的摆布了，创造力的伟大，似乎无容详述，它无疑是种心理的富藏。

人类的心理富藏，方面异常复杂，详细分析，缕述不尽，有的心理学家把人类本性，分为反射、本能、情绪和能量四类，但其中有以生理为基础的，有以心理为基础的，有极简单的，有极复杂的，如就本性说来，重要的有上述的几种，其质量则是因人而异，所以人类有个性的差别。我们怎样把每个人所有的心理富藏都开发出来，那是个极伟大的工作。

（三）心理富藏的开发

心理富藏的开发，究极是有赖于学习，这道理还要逐层说明：因为前面说过，心理富藏原是人类的本性或趋势，现在就说是“本性”吧！人类的本性，原非固定的，更非完全的，只是一些等待充实或改变的范畴，前面曾经有过比喻。就为了它不是先天的完全决定的，所以需要后天予以改变或充实，这后天的力量便是教育，譬如前节所提的观察力、记忆力、推理力等，原只是一种心理上可塑趋势，或说是一些特质的雏形，没有教育力量予以改变和引导，它们就要埋没乌有了。

教育对于人类的本性，所以特别有改变的可能者，是因为人类本性固有出于遗传，但不是生来就完备的，要在后天慢慢地发展，教育就是利用它的发展的需要或过程，促进其发展，引导其发展。人类幼稚期特别的长，初生时懦弱无能，不如有的动物生来就会走会跳，不久就会独立生活的，这就因为人类行为靠先天遗传的少，靠后天习得的多，愈有习得的需要，就愈有习得的可能，也愈可应付后天复杂的环境，较其他动物多靠一些遗传行为，一生用之不变者，高明得多了。所以我们可以说，动物愈进化，可变的行为愈多，不可变的行为愈少，直到人类不可变的行为至少，一切期待后天的充实，所以教育可以大显其身手，左右本性的发展。

再推论到教育所以能够利用人类行为后天发展的需要，进行其改变本性的功能，到底由哪里发生作用呢？简单地说就是行为发展基于什么条件或原因呢？那是不外两种因素，第一是学习，第二是成熟。所谓成熟是指生理方面的生长，有身体各部分的普通成熟和特殊神经联结的成熟两种，所谓学习是指心理上刺激与反应间神经联结的造成，亦可分直接或特别的学习和间接或迁移的学习两种。

教育助长人类行为的发展，完全是使学习与成熟联合，这如游泳有赖于学习，但幼儿头大身小，比例不称，学习困难，必须等待身躯成熟到相当时期，身体各部分相称时，学习便易成功，但成熟时如不加以学习，仍然不会游泳。学习多是环境或后天问题，成熟多是遗传或先天问题，但其关系是错综的、相辅的，亦非独立的，在行为上不易分出几成是学习的结果，几成是成熟的结果，此地暂不详论。

现在单说学习：原来教育两字，每易被人误为单方面主动的，其实教育作用重在指导学习，所以才有“教育”这个名词，并且教的原理与方法，要根据学的原理与方法。教育目的既在促进行为的改变，从改变行为的心理上讲，其基础总在刺激与反应上，其目的则在造成神经上的联络，学习的任务就在造成这个联结，故教育目的在促进或指导学习无疑。前面说过，心理富藏是人类的本性或趋势，兹不管本性的塑造、改变或充实，其手段总是教育，而教育目的则在指引学习，那么学习便是开发心理的富藏了。人们的观察力、记忆力、推理力、组织力、想象力、创造力等，原只有一种趋势，一种雏形，一种范畴，后天的学习就是所以充实之，发扬之，使其蔚成一种伟大的力量。虽然心理力量，亦有助于学习，两者互为因果，譬如学习观察，可以增进观察力，愈有观察力，则愈能观察，但学习总是开发充实，或增进心理力量的动因。

综上所述，简约起来，可以说：所谓心理富藏是人类的本性，本性需要改变，所以需要教育，教育之所以能够促进改变，是因为人类生来的行为极少，而且不是固定的，大部分靠着随后的发展，发展的动力是学习和成熟，学习更能造成改变，促进发展，充实人类的本性，以达教育的目的。本性是人类心理的富藏，虽有多少优劣的差别，但开发每个人的心理富藏，使愚笨者更适于生存，庸者更有所贡献，优异者能有所发现或发明，这是教育家和政治家应有的责任，学习是开发心理富藏的锁钥，不过物资富藏的开发是“发掘”或“获得”，心理富藏的开发是“形成”或“开展”，其结果为完成目的的能力的进步。个人注意学习，可能发展本性于能量的极限，国家获得其贡献，绝不少于物质富源的获得，愿青年们特别注意学习，以免荒弃心理上伟大的富藏！

二、 学习之心理的新诠

本刊复刊号，拙作《开发心理的富藏》一文，说明学习作用的重大，可以层推到人类聪明才智的开展或形成。因为开发这心理的富藏，比开发物质的富藏还要重要，所以我们不能不研究学习的方法——尤其是需要学习，适宜于学习，而学习力很大的青年人。但是究竟什么叫作学习，似乎先该有个学理上的诠释。

（一）似是而非的学习

要问什么叫作学习，一定有人觉得这问题的无谓或多余，因为他们误认学习是读书，读书的人已经天天在学习，何必再问什么叫作学习。其实读书可以说是一种学习，而学习绝对不等于读书，读书之外，我们时刻所接触的周遭的情境，凡能激起行为的改变者，都含有学习的作用，如学习某种动作、某种技艺，明显的都是一种学习。不过这还是通俗的解释，学理上学习两字相当费解，不论知识或技能的学习，如果徒具学习的形式，不伴以适宜的条件，不获得实际的进益，还是不配叫作学习，为要先除错误的观念，作者愿先提出我们所应有的消极的或反面的认识事项，即所谓似是而非的学习，兹列举并设例说明如下。

1. 得失相抵者

任何学习，无疑的是要花费多少力量，以求达到某种目的，要求达到某种目的，其意义是要求新的获得，或且说是进步。这方面既是获得或进步，他方面就不该有损失或倒退，至少损失或倒退的要少于获得或进步的，如果得失相等，或失过于得，虽名为学习，而实非学习。这里还有两种意思，第一是就过程上说，学习所费的力量不可多于所得的效果；第二是就效果上说，学习获得良好的效果不可少于无意中沾染的恶劣的行为。举例来说，费力多于效果，如学背诵诗歌，一般儿童费一两小时的时间即能成功，某儿要费一两天才能背得，固然成功了，但得不偿失，即像这样的学习，一生能够学得几多呢？再说好的效果少于坏的行为，如此儿要开夜车学习背诵，因而损害了身体和目力，在默写的时候，因背诵不熟要舞弊，这都不算是真正的学习。这样的事例还多，如才智不够升大学的人，偏要设法进大学，能力不近于数理的人，偏要勉强学数理，结果都是白费几年的时间和精力，得不到相当的成就。儿童学习说话，和操国音及土音者杂处，分向模仿，互相扰乱，结果总不会学得很好，或且根本就学不成，如果其伴侣中还有患口吃者，他又容易染上口吃，这都证明一面获得，一面费力，而且还有损失，如果得失相抵，学得效果的总量永不增加，知能哪有进步呢？据此原理，扩大些说，学得了知识而丧失了生命，学得了技能而竭尽了时力，学会了运动而没有运动道德，学会了拳术而想到处打人……这些事例，通俗地说都是学习，学理上说则应一律否认，因为这类的学习，哪是我们所希冀的呢？所以教育上要防止读死书、死读书和读书死，另一方面要促进正学习、副学习和附学习，就在要防止学习的一得一失，或得失相消。

2. **费力多于困难者**

事物需要学习者，通常含有某种困难，克服困难，必费若干力量，真正有效的学习，要求以最少的力量，克服最大的困难，所以学习要求经济，如以最少的金钱去完成最大的事业，其意义可以完全肯定，如果费力必须随困难做等量的增加，那又不是我们所希冀的学习了。譬如学习射击，当目的离一百公尺①的时候，要学一星期才射得准，现在把目的移到距离二百公尺的地方，应该只要再学习两三天，也可以射得准，因为射击的原理，在离一百公尺时已经学得，现在只要推移过来，对付二百公尺距离的情境，才算已学得的知能有了普遍化的应用，才算是真正有效的学习。如果二百公尺的射击，要学两星期，三百公尺、四百公尺的射击，要学三星期、四星期，那是费力和困难等比的增加了，这学习未免太笨。由此可见，学习实是一桩费力与障碍的比例事件，愈成正比则愈坏，愈成反比则愈佳，但注意要求比例中最少的一方是费力，最大的一方是克服困难而得的进步。

3. **外助多于自力者**

学习的效果，亦决定于自发活动的程度，是出于自力者愈佳。因为学习既是获得或进步，获得或进步在神经组织上是印入或形成，要求印入或形成的效果的牢固，学习必须经过或利赖自身的感官，感官如耳目等之于神经中枢，正像照相机的镜头、收音机的天线，不是直接经过的不会有效。学习如果不靠自己的力量，而依赖别人或其他事物过多时，则不会有良好的效果。譬如学生自己对于功课不努力，考试时借夹带舞弊或抄袭他人去对付，结果就是分数很高，而于自身的学问无补。许多学生要靠教师或同学在旁指导，才能进行学习，这容易养成过分假借外助的习惯，该自己想的，不想即问，该自己拟的，不拟而抄，该自己做的，不做而托，无形中丧失了独立学习的能力。一个人一生的学习，在校外独立学习的时候还多，在校内受指导的时候还少，而非自力学习，在校内无论形式上成绩好坏，实际毫无所得，离校后便无法继续其学习。所以学习要应用学习法获得知能，同时要获得学习法做永远的学习，学生如果明白了这一点，则无论学习能力的高低；一切学习都要倚靠自力，多少总可获得相当的效果，不然都是自骗自误。再就学习上常借助的事物上说，许多学生学英语读音，借助于汉字的标注，学习算术四则，进借位借助于划记、屈指、以小计助合计、取巧的类推、号序的背诵等，这在大中学生抑或还有这不良的习惯，外助原为学习所必需，但若过多甚至妨碍学习效率之增进与保持者，概应革除。

---

① 1公尺=1米。

4. 单一感官空泛学习者

学习之靠单一感官者，其效率每不及靠感官共同作用者为佳，因为多感官之获得印象，较单一感官获得者来得深刻而易于保持。譬如学习地理，能浏览课文，攫取大要，听教师讲解，摘略纲领，检阅地图，细想人地的关系。如果有机会，还能实地观察摄影……这样耳目头脑都用到了，效率必定很高，反过来说，单在教室中听教师讲解，下课后即置诸脑后，束诸高阁，那有什么用处呢？常见一般学生无论学习什么，都只听听教师的讲解，顶多抄抄笔记，考试的时候，抱住一本课本或笔记死读。分数也许很高，但是所得的毫无实际的用处。譬如学习数学，自己不演练习题，没有直接的体验，哪会有透彻的了解和永久的保持？学习地理不看地图，阅报知道高加索德苏大战，连续看了多少天，始终不晓得高加索在地球上的哪一部位，这未免太过空泛了。作者认为许多学生学习的失败，每在不会利用多感官的学习，自然一般教师也会疏忽于此，应负部分的责任。今日英语、数学借用直接法，先后训练听说读写，即并重耳口眼手的多感官学习。学校出身的人，才能比较发达的，每是到处听、到处看、到处抓、到处想的活泼好学的学生，男生比女生富于社会经验，原因大概就在于此，那么，要学习有效有用者，是否该打倒单感官空泛的学习？

5. 学而不能致用者

学习是个过程，以完成所学的对象为这过程的终点，到达终点即到达目的，但到达目的有无价值，应以能否致用为其判断，作者虽非社会效率说的信徒，但学以致用是学者一致的要求，因为学习原在增进解决生活问题的能力，如所学者于生活上无用，则所学是空费时间和精力，是徒然的学习，我们也不能认为真正的学习。这里也还包括两方面的意义：第一是所学的根本无用，如社会上许多人学习“叉麻将”、抽鸦片，当中很有学习的成效，但不特无用而且有害，因此，一切不合道德标准、不合生活需要的学习，全不是我们所希冀的学习。第二是所学的原是有用，但未学到可以致用的程度，结果还是无用，如学校中许多学科的学习，因为教与学的错误，常把该科的价值，导入了牛角尖，成为呆滞而笨重的东西，徒增学者的负担，大背设科的初意。社会人士咒骂学校无用，学生也厌恶学科无用，毕业后深感学非所用，用非所学，其原因实不在学科的本身没有致用的价值，而在教与学者没有注意发挥各科的效用。这问题扩大起来，想到农业学校没有农场，工业学校没有工场，师范学校不附设实习学校，学理化没有实验，学生物没有实物观察，学地理没有地图，学英语没有学英语的环境，都是教育上浪费而亟待改革的问题，此中不知道消失了多少学生的时间和精力，故无用的学习，等于浪费生命，不可不惧。

（二）学习的过程该是怎样的

由于前面的讨论，我们觉得学习两字的含义有相当的严谨，学习的目的是进步，达到进步要有一个过程，过程对了，学习便有效，现在让我解释学习该是怎样的一个过程。

1. 学习是促进神经联结的造成或改变

学习起于一种刺激，这刺激即是学习的动机。刺激及于有机体（人体），由受纳器官传达于中枢神经（大脑），然后有个反应由动作器官出现，刺激与反应间往复频仍，神经细胞就发生了联结，许多联结连成一条穿贯中枢神经与动作器官的通路，这样便造成行为对于情境的适应。所以学习过程是改变行为，改变行为即改变人类的本性，使它充实而发扬，前文已经论及。这由刺激经有机体而生反应，即所谓S－O－R，由刺激反应而造成联结，即所谓S－R－Bond，稍读些心理学都会了解。学习能改变个人的行为，也会改变这个人对于团体的相关行为。

2. 学习是以较少的努力克服较多的障碍

人生的生命时间和精力都有限，就必须以较少的力量，克服学习上较多的困难，所谓有效，所谓经济，就是指此。聪明人学习，经济而有效，常能事半而功倍，其中当然有几个相伴的条件，譬如迅速、准确，能推理、能融会贯通。所以别人要几天学成的事件，他能于一天内完成；同样是一天，别人学一件事，他也许能学三件事；学习对象的难处增加了，他能运用过去的学得为基础而进求之，所以这种人常是社会上的成功者，可能干出许多事业来。

3. 学习是使用学习法并获得学习法

此点也曾于前节中具论，学习的过程的确是这样，学习自然要讲方法，愈讲方法愈会获得方法，这有点像办事上兴趣与成绩互为因果一样，愈有成绩即愈有兴趣，愈有兴趣即愈有成绩，譬如运动的学习，要得方法的指导，学习后可以从中了解方法，熟练方法，产生新方法，而至方法移转应用于其他相类的动作上。人类的聪明才智有助于学习，而学习得法也能开展或形成聪明或才智，杜威（Dewey）解释教育说："教育是经验的改造，增加经验的能力，也增加后来经验的能力。"因为教育可以说是指导学习，学习是行为的改变，也可以说是经验的改造，那么，学习要以已学得的成效和方法做基础，增加后来学习的能力，学习需要方法，而方法又是学习过程中所应获得的，人类所以能够继续的学习，确靠学习效果和学习方法相互的推进。

4. 学习是完成目的、改变行为

这一点前面许多地方已经提到，似乎无须讲解，但所谓完成目的、改变行为，不是单指学习能够完成目的、改变行为就行了，它应有许多条件的限制，不然，学习又是通俗的解释了。华虚朋博士（Dr. Washburne）对此有个极圆满的解说，他把学习中的重要因素分析为六个。

（1）目的（Goal），指学习者企图实现之预期事态——以 G 代表之。

（2）障碍（Obstacle），包括完成目的时一切在外的障碍，如不良的外诱——以 O 代表之。

（3）窒碍（Resistance），包括完成目的时一切在内的障碍，如遗忘——以 R 代表之。

（4）努力（Effort），指有定向与集中的精力——以 E 代表之。

（5）帮助（Help），包括完成目的时一切在外的帮助，如优良的环境——以 H 代表之。

（6）记忆（Memory），包括完成目的时一切在内的帮助，如记忆——以 M 代表之。

六个因素中，以目的与努力二者为中心，且成相对的关系，学习是否有效而经济，即看二者的比例情形为决定。目的的价值随障碍与窒碍发生变化，明显地说即愈难的事能达到目的者，价值愈大，故目的应乘以障碍加窒碍的和“G（O + R）”。努力的价值随帮助与记忆发生变化，明显地说即努力获得帮助等力量更大，成功更易，故努力应乘以帮助加记忆的和“E（H + M）”。两个中心夹其附带条件的对比，即相除，商数为 1，$\frac{G(O+R)}{E(H+M)}=1$。商数如大于 1，即表示达到的目的，其价值超过于努力，换言之，即费力少而获得多，如进步的有效学习。商数如小于 1，即表示达到的目的其价值不及于努力，换言之，即费力多而获得少，为非进步的不良学习。

以这公式解释学习，极合心理学的原理，所以又科学又合理，我们不能不赞佩华虚明博士有独到的见解。Hollingworth 以学习为外助的简约作用，未及努力与目的之关系，似失之过狭；Thorndike 以学习是造成联结，未注意到外助与努力，似亦失之过狭；Woodworth 以学习为行动的一种变化，势必将因遗忘纷扰反动等阻碍所引起之行为变化，误认为学习，则失之过泛；Koffka 以学习为一种能力的变异，未注意目的之达到，亦失之过泛。所以只有 Washburne 的说法最合于事理。

（三）学习的条件与目的

前节已述学习含有六个因素，并应达到一种目的，但六个因素中，障碍与窒碍二者固然常有，但不是我们所希冀的；再说应达到种目的，这目的是什么？似也有稍加解释的必要。

1. **学习的条件**

学习第一需要有固定的目的，没有目的或目的不定，常使学习过程成为散乱或弯曲的，两点之间线段最短，学习只有直向固定的目的迈进为最有效。常见青年人，徘徊于学习的歧路，今天想学工程，明日想学商业，结果马齿徒增，一事无成。第二，学习要有适当的情境，即所谓外助，如自然环境、物质环境之协助，此节后面还要具论。第三，学习要有自觉的活动，自觉的活动靠有强烈的动机、浓厚的兴趣，效率可以最高，保持可以最久。自发的学习必是自力的学习，但自力的学习不一定都是自发的，唯以自觉的为最佳。许多学生学习，都立于被动的地位，一推一动，学习变成苦工，变成还债，只对教师负责，对分数负责。教师不谙学习原理的，每采注入式的教法，以学生为漏斗，灌入所给的知能，不管学生能否消化，教学少了生气，师生少了协调，考试过了，学生所被动学得的全还了教师，所以新的教学方法，极乎注重自觉的学习。第四，学习要适应个别的禀赋，禀赋是先天遗传或可以改变的本性，有助于学习，而学习亦可开展禀赋。学习需要禀赋，如理智等确与学习有莫大的关系。学习既与禀赋有关，则学习的途径，学习对象的繁简难易，便要随禀赋的优劣而做个别的适应了。禀赋优的，得不到高深学习的机会，便是埋没了心理的富藏，禀赋劣的，如给以高深的学习机会，便是糟蹋了这个机会，做徒然无谓的学习，今日学生多凭家庭经济力量，决定其能否获得教育机会，实是个极不合理的事态。

2. **学习的目的**

学习的目的，广泛地说，应是如前文所述开展或形成心理的富藏；贴切些说，应是增进解决问题的能力。我们生活环境中，时有许多疑难的问题，如果不能解决，则生活不能适应，所以增进解决问题的能力，即增进对于新环境的适应力。此外，学习还要培养创造的能力，使我们学习继承民族文化的遗产，再由学习而创造新文化，使固有文化发扬而光大。那么，学习是积极的而非消极的，是活动的而非静止的，是实际的而非凭空的，是进步的而非抵消的。Washburne 说得好："学习是排除困难、完成目的的能力（亦即解决问题的能力），因经验而起的进步。"这该是学习在现阶段研究中，最合于心理原理的新解释。

三、 控制学习的情境

"学习是排除困难、解决问题的能力，因经验而起之进步"。"学习"经过这科学的诠释，我们知道它是一种严谨的活动了。活动的过程需要有贴切的指引，而其基本的情境更需要有全般的控制，所以作者接着提出本题，以下便分开讨论。

（一）主观情境的控制

学习情境属于内发的，均称主观的情境，如生理心理健康的保持、养成习惯及选择问题等。

1. 保持生理健康

有机体所以能够维持其健全，必须倚靠有适当的营养、活动与调节。因此要有饮食、运动与休息。

（1）先说饮食：人体所需的食物要素不外蛋白质、脂肪、碳水化合物、无机盐、维生素和水六种。每人每日需量，为蛋白质60克，脂肪60～80克，碳水化合物360克，无机盐中钙1克，磷1克，铁0.013克，水3～4磅[①]和维生素若干（种类完备，分量不限）。蛋白质多存在于蛋类、鱼类与豆类中；脂肪多存在于肉类和花生等中；碳水化合物多存在于米、麦和豆等中；无机盐多存在于牛乳、青菜等中；维生素多存在于鱼肝油、果子、麦芽、豆胚等中。人体如果缺乏营养要素，必易发生疾病或难维护健康，影响学习至大，所以食物的采购、烹调、进食分量等都要讲究，战时物价昂贵，怎样以有限的财力选购最合营养的食品，更值得大大地研究了。

（2）次说运动：运动不特助长血行、消化，促进新陈代谢，而且大有关于骨干的长成与筋肉的锻炼，从而增长精神，抵抗疾病。但运动必须有规律，如适合生理，划定时间与剧烈适度等。运动过度，招致疲劳，甚至反损身体，大非所宜。运动后最宜沐浴、更衣。运动有度，必定有裨于学习效率。

（3）再说休息：休息以消除疲劳，在工作及学习上均极需要，因疲劳使学习或工作的效率曲线低落，休息后可再升高而又产生曲线的高峰，一般愚笨学生，整天不断地拚命用功，其成效每反有限，即因不明休息的作用。休息可分小憩与睡眠，小憩以换取空气、光线，调节目力、脑力，避免烦躁、扰乱，作用甚伟，次数宜多，择环境清新静穆处行之为妥。睡眠尤为重要，失眠极易引起大病，如神经衰弱，于学习上为一大障碍。睡眠时间不足亦不行，大约年龄愈少所需睡眠时间愈多：9～13岁需9～10小时，14～16岁需8～9小时，16岁以后可减至8小时。又睡眠时间自宜在晚间，晨昏颠倒不是办法。医生说：午夜前睡眠1小时胜于午夜后睡眠2小时，所以睡眠以早眠早起为佳。

保持生理健康，问题还很复杂，无法尽述，但下列两点必须提出。

（1）齿的卫生：我国人多患牙病，都因为不注意牙齿卫生而致，齿痛会周身发热，医生说或会损害肺尖，所以不但痛苦，而且可怕。我们平时不宜食太热

---

① 1磅≈453.59克。

太冷、太硬太软（长期食）、太甜太酸的食物，早晚及三餐刷牙，除去牙垢，刷牙之法，宜用上下直刷，兼以左右横刷，因直刷可以刷去牙缝间的积渍，牙刷以用疏毛而长短不等者为宜。

（2）眼的卫生：我国人患近视眼的数量，实在可怕，其中由于先天遗传的少，由于忽略保护的多。保护眼睛至少要注意光线与眼的休息。光线以均匀为佳，所以大图书馆中的灯光，每加白色密罩，使光线溶和均匀，很是合理，因为同一空间，光线远近悬殊时，眼视如稍移动，则瞳孔伸缩太骤，不合卫生，据此则灯光太亮、太近或加半圆罩子于灯光，使光线集中于一点者，固可使注意力集中，但以眼的卫生言，实不合理。光线投射的方向，以来自左后方者为宜，上前方不很妥，右前方不宜于执笔，若来自前方，而水平线降至眼帘以下，易致目眩，最有损害。至于光线太弱，读物字体太小，距离太近，极易促成近视，稍有常识者当能自戒。还有闪动的光线，如烛光；光量或色调不足的灯光，如汽灯，均不合于学习之用，亦宜避免。至于眼的休息，亦护眼之要诀，注视或近视过久，必须暂停而行远眺，使长期紧张的视神经，得复平舒才是。

2. **保持心理健康**

学习原是心理的活动，学习需要心理健康为基础实不待言。心理健康若由心理卫生做起，不易尽述，这里试举与学习者有关的十个信条。

（1）情绪要稳定：有坚定意志的人，必有稳定的情绪，学习有决心，有一定的趋向，能把握内心，不受扰乱，临乱还能镇静。

（2）度量要宽大：度量过狭，易受激怒，或偏倾固执，怀恨抱怨，如平日心理失却平舒，学习即不能泰然无所挂。

（3）做事要忍耐：凡事经过必有困难，耐心以赴困难必克，所以我们所谓争取时间，实应包含迅速与忍耐两议，迅速以增高效果，忍耐以招致最后的满足或成功。

（4）认过要虚心：人孰无过，虚心求益，有过自承，并求痛改，则可免除欺骗、妄诳、诡辩及良心上的自责。

（5）自信要坚强：自信力促进独立的学习，破除倚赖及自卑心理，达到应有的成效。

（6）失败不灰心：失败事件，影响心理殊大，只有不灰心者，反能乘机以图进取，达到成功。

（7）遇变不过悲：人生不免有悲哀事，遇悲哀事而过分伤悲，每使生气沮丧，萎靡不振，所以我们若不幸处此应以超脱态度赴之。不追既往，强调现在与将来的价值。

（8）待人不妒忌：对人妒忌每起于自愧弗如，所以此种心理，实是一种耻辱，避免之法，在自己设法与自己之过失竞争，极易进步。

（9）疑难不含蓄：疑难须即请教，以导阻塞，可由而获得新知，增进解决问题的能力。

（10）白天不做梦：妄想使心神飘忽，必须戒绝。

3．养成学习习惯

习惯帮助行为的适应，到处可以看到，如我们上下楼走扶梯可以不用眼睛看，如果不是习惯帮助着，包管你跌倒了，学习上的基本习惯的养成，有裨于学习的效能。

（1）定地：学习宜有固定的地点，使到此地点即生学习的心向，如进图书馆、自修室，内在与外诱的情境，均能促成此心向，并且固定为学习的地点，自己尊重，别人亦复尊重，可以避免许多纷乱与烦扰，又容易加以布置，使学习便利。

（2）定时：每日何时学习，有志学习者，必须规定，以自遵行。我们看见许多人蹉跎岁月，不一定是无心学习，但每天总是“无事忙”，其原因就在缺乏定时学习的习惯。反之，许多学者，亦有一部分政治家，日理万机，但每日总不忽略自修的时间。生命就是时间上的一种过程，争取时间就是争取生命，人人该如是，正待学习的青年学生，更该如是，而时间花在学习上，是更必要、更有价值不过了。

（3）定久：每日规定时间学习，还要划定学习几小时，太短不足学得一事，太长过分疲劳有害身心，所以应根据工作、课程及环境、体力等，自行划定每日自修几小时，由此可以订学习的整个计划。

（4）定规：学习要使专心致志，需要伴以若干规律，如独立学习、不倚不赖、单独学习不受外诱、开始迅速、终了总结、同时不习两无相关的事项、不动摇学习先定的意向，以至不迟延、不早退、不无精打采、不自欺欺人等。

4．选择适当问题

学习的效果。来自对于学习事物的领悟，要求领悟，学习的问题必须适应学习者的程度。私塾的教育是启蒙儿童读《三字经》《孟子》《论语》，抽象而且艰深，与新教育适应个性的原则大相径庭，所以活该打倒。但是究竟要怎样选择适当的问题呢？

（1）问题适合学习者的能力者：学习者因感觉力、保持力、注意力、回忆力等不同，发生学习能力的差异，我们要找到学习者所有的能力，可用标准的智力测验、学力测验和诊断测验等，或根据学业成绩的分数，给以适合的学习问题。新教育要施行能力分组、作业分组，甚至要打破班级制度者，都是为了使问题适应学习的能力。

(2) 问题能与学习者旧有知能联系者：学习不论解释为过程、为获得、为进步，无疑的它总是前后关联，互为因果的一种作用。新观念新习惯不是随便可以形成的，而必须以旧观念旧习惯为其基础。如学习代数者必须有普通数学的基础，普通数学的知能大有助于代数的学习，代数亦处处提引普通数学的原理，此例至多，不一而足。但怎样才能使学习联结旧知能呢？这则有赖于教师（时或自己）对于学习指导有整个的设计和布置，如教材衔接的排列、五段教学法的引用等，这叫作类化原则。

(3) 问题能适合学习者成功的习惯者：问题既已适应学习者的能力，最好还要适应其成功的习惯，因为适应能力者不一定是绝对成功的，只有绝对能够成功的问题，能使学习者赴以最大的努力，发生最大的热情与自信心，使进步最速，收获最大。此种自信心，根源于过去的成功，所以教师给予儿童的问题，须为其能成功者。学习者既有成功的习惯的经验，新学习自易成功，可以说：新学习成功的可能性，与已往成功的次数成正比例。作者以为许多学生读不成英文和数学，原因虽不止一个，但丧失自信心，至少是个大原因。

（二）客观情境的控制

学习情境属于外加的，均称客观的情境，如学习的环境、学习的刺激，以及学习的用具及导师等。

1. 布置适宜的环境

人类行为时刻受社会环境的影响，同理，学习也时刻受客观环境的影响，客观环境虽不直接影响学习，但对学习很有促进或障碍的作用。布置之法，必须注意下列问题。

(1) 场所：学习的场所第一要求静穆，最好能够避免任何外噪，使注意力集中。古人“垂帘学易”，即取安逸的环境，因此声浪嘈杂、人事纷扰的地方，都不宜于学习。团体中学习，所以要维持肃静，禁止朗诵，也不外在避免嘈杂与扰乱。前面说过学习要“定地”，这“地”当然应指安静的地方。至于场所中墙壁的颜色，对学习也有影响，大都以使人清醒的热色为宜，如淡黄色、淡绿色、淡蓝色或蛋白色，最忌黝黑与过度反光，致使长期疲劳厌倦。天花板不必过高，地板要求平稳，也是必要条件。

(2) 空气：空气一贵新鲜，二贵流通，含多量二氧化碳或其他毒素的空气，或空气中含臭味或过度的香气，都不相宜。但新鲜空气如不流通，终仍恶浊，所以通气非常重要，有人研究教室窗子的面积，要占教室地板面积五分之一至四分之一，推之个人学习的房，窗可稍小。两节窗与地窗能适应空气清浊、轻重，可以调节空气。窗子的对方辟门，可使空气对流，都要在建筑或改造时注意。晚上学习，勿留花木于室内，以免其吸氧呼碳。空气因为看不见、抓不到，所以容易被人忽视，其实影响学习效率很大。我们身体就是实验器，如果没有别的原因，学习时头痛、疲倦、瞌睡、效率低落等，可能都是空气不洁的影响。

（3）光线：采光与护眼，前面已经说过，因为光线又是布置学习环境的重要条件，特再提醒光线必须有适当的强度与分布这一点。光线给予眼睛不必要的刺激，都使眼肌肉有额外负担而易疲劳，如壁墙及其悬挂物件及书纸等会反光眩目，都要设法免除，要光线适度而均匀，则光线最好是来自一种间接的光源。

（4）温湿度：学习时身心能否平舒，与温湿度很有关系，过热使人烦躁，过冷使人涩缩，过燥使人喉干目赤，过湿使人如坠泥淖，都非所宜。最好温度为华氏 68 度（即 20 摄氏度），湿度为 50%，欲保持此种标准，须使空气流通，室内有取温设备，如设火炉以保温度，炉上应置水壶以节湿度。

2. 齐备学习用具

“工欲善其事，必先利其器”，学习者欲使其效率增进，亦必须齐备应有的器具工具等。大如学习椅桌，高低必须适合身材。椅高以坐下时大小腿可成直角，足趾与足跟可以平着地面为标准。桌高以坐于适度之椅子上，腰背伸直，读物距离眼睛以一尺三四寸①最为合理。椅桌之排列，有阳、阴、零三种距离方式，普通工作以桌之后缘接于椅之前缘的零距离为妥。椅须有靠背，再或有扶手，桌面以广阔为佳，备放书纸用具，如能特制弧形桌罩，可以自由开合，便于研究时防免桌面物件散失，自然最佳。桌上如放书籍卡片，宜有书夹、铅丝筐子等。书籍以竖放便于取阅为妥，如书籍甚多，宜有书架放于书桌左侧。自学工具如字典、词典等实不可缺。卡片于阅读摘记、拟定纲领、登记图书杂志及其他参考资料，作备忘录、编制索引等，功用俱伟，诚宜购备。其他如笔、墨、纸、砚、铅笔、橡皮、吸水纸、米突尺、三角板、圆规、压纸尺、笔架、墨水、回纹针、剪、刀、锥等，应视需要，尽量设置。学习进行及其进步情形，原是一种曲线，当效率精进曲线向上时，最忌用具缺少，致使进行停滞，故用具必须齐备，且要安置有序，便于检取。常见一般学生，案头狼藉，抽屉零乱，每因寻物不获，中止学习进行，殊属不宜，知者切戒！

3. 利用刺激情境

行为的发端由于刺激，在学习上说，刺激是学习的动机。不过刺激本有体内

---

① 一尺三四寸≈0.45 米。

与体外两类，兹述体外刺激情境之利用于次。

(1) 鼓励：鼓励是学习上一种外加的“逐力”，师长、友朋、父母、亲戚的赏赐、赞许、督促、责成，均可促进学习的进步。且鼓励与进步常常互为因果，进步可招致鼓励，鼓励可促进进步，所以要利用鼓励的刺激，无形中也有赖于学习者自身。

(2) 竞争：竞争是个极重大极有效的刺激，人可以与他人竞争一带与己相若，或胜于自己者，亦可与自己之过去竞争，学习上还可与标准竞争，与理想竞争，在团体中竞争，在家庭社会中竞争。竞争中宜标出标准、理想或过去的成绩，以为常在的刺激，则进步更易。“有竞争才有进步”，这句话在我们生活环境中，随时可以碰见和证明。

(3) 贴近的功效：处事得达目的即是效果，效果是费心力的代价，以一般言，效果切近者较易刺激学习的努力，如学珠算，在需要珠算计数者，学得后，于生活上即可用到，感觉便利，必然努力学习，所以学习的对象要有组织、排列、由浅入深、由易入难，使学者时时见效，利用效果引诱其进取。

(4) 交替的刺激：学习动机原是一种刺激，但这是原来的刺激，凡与原来刺激相伴而生的情境，从广义上说，都是交替的刺激。大如儿童为前途而入校求学、同学的态度行为、教师的态度方法，以及校内物质环境、精神环境，都可以说是交替刺激，因这些都有助于求学成功或失败的效力。小如读书时周遭的情境，平时随伴读书之刺激，对读书发生效果者，也都是交替的刺激，如地点、时间、工具、光线、空气及人事环境等。交替刺激如果随便变化，必致影响学习效率，所以前面说过，学习要定地定时等，原有学习原理上的根据。大哲学家康德，以邻家屋顶的风标，为沉思时的交替刺激，如风标取去，则不能发生同样的反应，可见交替刺激的外加的助力甚伟。

4. **跟从优良的导师**

学习虽多靠自身努力，但引导途径、指示方法、解决疑难、鼓舞兴趣等，仍有赖于导师。唯学生对同一导师，有能获得实益者，有徒具师生关系者，其实只在学习者能否善取导师之所长为断。学习者应就教于导师者，诚宜在于引导途径、指导方法、解决疑难、鼓舞兴趣等上面，截长而学，及时问难，可以继承师学。否则，件件请教，处处倚赖，导师变成学习中之假借，一旦离开师傅，即茫然不知进修，自非学习之道，亦非从师之本旨了。

四、 造成良好的学习过程

为《现代青年》月刊写学习方法已经三篇，好容易把学习的目的、意义和准备说清楚了，但这好像要吃一根甘蔗，才把为什么要吃、怎样才是最合理的吃讲好，并把甘蔗修好，还没有开始吃，现在提到学习的过程，才算是开始吃了。学习过程中许多法则，还要等下一篇详细讨论，现在先谈形成良好的学习过程之一般问题。

（一）强烈的动机

悬岩飞瀑，一泻千尺，凡事有极富魄力的开端，必有极轰烈极顺利的进展，亦常有极圆满的结果。譬如人们有极坚决的立志，每能奋斗进取。孙中山青年时代即以救国为己任，所以能奔走革命40年，创立了中华民国。世界上许多伟人，每因遭受某种刺激，发愤图强，终于成就不朽的事业。再说许多青年为婚姻条件而去升学，不少人们为利禄权位而犯罪恶。以强烈的动机，来做行为的“逐力”，学习何独不然。具愈大的逐力者的，必收愈大的效果，西谚云：“开端良好，成功一半。”实为可以证验的格言。所以学习必须有强烈的动机，而强烈的动机则发自下列四端。

1．需要的激动

想做医师要学拉丁，想做律师要学论辩，想做工程师要学测量，想做会计师要学簿记……有了专业的愿望，就有获得专业知能的需要，也就有了强烈的学习动机，所以职业、需要与学习，有连串的关系。职业决定于立志；需要可以由情境的昭示、业务的分析、自身的发觉和教师的启导各方面获得明了，明了需要出于自觉者，激动学习的逐力最强，出于被动者逐力较弱，但亦可为学习之动机，要视启导者之得法与否为断。我们学习职业知能固应明了需要，而学一事一物亦莫不应明了需要，譬如学习钢琴者愿割断拇指与食指间联络的肌肉，非激于需要怎肯忍受苦痛，学习炸药者常有意外的危险，非激于需要怎肯以生命去尝试，世界上人愿以相当代价学习某种事物，大半均出于需要的激动，激于需要的学习极易成功。唯需要有个别的差异，不能以大家或别人的需要为标准。

2．好奇的引起

鲜闻罕见的事物，每易引起人们探寻的欲望——不一定是职业上或生活上所必需的——这好奇心理大足以激发学习的动机。譬如学习摄影、游泳、骑马、乘自由车；小些的如魔术、悬赏、猜谜，以及九连环、七巧板等；大些的如航空、潜水、跑汽车，以及荒岛南北极旅行等大冒险，除专业者外，一般人参加学习，大半激于好奇的心理。不过好奇心既起于鲜闻罕见，可知必受个人闻见广狭的影响。我们随时接触事物，随时增进闻见。此地有两个问题必须注意：第一是对于事物学习的程度要有取舍，凡属职业上生活上所必需的，要做高深的学习，使能获得透彻的知能；否则，只要做粗浅的探究，使具一般的常识便行了。如文学家对于天文地理的学术，有一般的了解就可以了，地理学家则非彻底的学习不可，要不然，世界上事物太多，人生寿命有限，哪能件件学得到家，社会上有职业的划分，正因为人类文化遗产过于繁复，非分门别类的求继承应用和发挥，则必因贪求广博而失专精。青年对于事物的学习，应采取选择的态度，因唯选择才能达到分修以至专攻的目的，受中学、大学的教育，就该这样自省，如果事事好奇，物物深究，必至桩桩学习，件件无成，所以好奇心原可利用，但不能没有限制。第二是对于展现在我们面前的许多新旧事物，我们均须以求知怀疑的态度，除于自身非必要体认的事物，求得基本认识即罢以外，应该深究的，就必须抱穷理研几的热情，进求透彻的明了，瓦特见壶盖自开发明了蒸汽机，牛顿见苹果坠地发现了地心吸力，许多科学家只见我们习见的事物，所以能够发明科学上的大定理，可以说就出于好奇深究的结果，自然界相信还有许多事物原理，未被发明发现，譬如灵魂、鬼神、扶觇、巫觋、卜筮、骨相等流行社会上，人们或是惊奇，或是信服，或是宣传破除，或是阳违阴奉，终未加以深究；又如我国医术上，内科外科均有许多“单方”，时奏奇效，但病者医者均难解释其原理，变成公开秘密的东西；其他科学亦必有许多足资探究的地方，作者门外汉未能毕举。总之，怀疑穷几是求进步求新生的渊源，青年们切戒对一切事物均抱视若无睹、安之若素的惰性态度。

3. **旧兴趣的利用**

所谓利用旧兴趣，是指新学习的动机，取给于已有的兴趣——如对普通算术已有兴趣者，引导其学习代数，进而学习几何、三角——或利用原始趋势中的争胜心、模仿性，亦能增进新学习的兴趣，其动机必强烈，这是轻而易举的一个法则。原兴趣的产生，始于需要或好奇，一得效果或满足即生兴趣。既对某事物发生兴趣，则将来遇此同样事物自生兴趣，即遇相类似相关联的事物，这旧兴趣会伴着新事物刺激我们，使我们发生同样的反应，亦即新事物可由而发生兴趣了。所以兴趣可以激励学习，使学习发生效果，这效果并能引渡于将来相类似事物的学习，亦发生强烈的动机或兴趣，愈有兴趣愈有效果，愈有效果亦愈有兴趣，譬如学习篮球，愈肯学习愈有趣味即愈有效果，愈有效果即愈有趣味愈肯学习，其他事物之学习的进程亦莫不然；反之愈怕学习愈无兴趣则愈无效果，无效果愈无兴趣则愈怕学习。许多懒惰学生学习英文、数学失败，原因十之八九在于起初即遭失败，于是便无旧兴趣可以利用，愈弄愈糟，愈久愈坏，终至不可收拾，所以学习切宜慎其开始，使获效果而发生兴趣，为永远树下根基；切忌尚未尝试，尚未及苦，即认为没有兴趣，没有效果。

4. **成功的自信心**

学习有成功的自信心，就有强烈的开始和永恒进取的精神，而绝不顾虑过程中的失败。法人巴律西学制陶器，期以必成，虽然破产毁家，屡遭挫败，不甘罢休，终抵于成。孙中山解释革命力量，有革命的力量不发则已，发即不能复制的意思，我觉得学习如有成功的自信心为动机，即可喻以既发的革命力量。一般人学习失败，每因畏难苟安，一挫即折，或功亏一篑。有自信者遇困难或障碍时，必愿绞其脑汁想法克服，天下实少无可解决的僵局。不过成功的自信心的树立，也不是纯凭主观臆断、漫无限制的，他应该具备几个条件：一是学习者对于学习对象有无负担的可能？学校里的课程和教材，全凭一般学生应有的程度或能力，使每个人都做学习成功者，如果我们把大学的课程和教材，要中学生负担，那当然超出其学习成功的可能范围了。二是学习者自身的能力应有客观的估量——或由自己估量，或被一种量表估量，自己估量可参考已往的成就、今日之成绩、师友的批评等，自量过高容易失败，自量过低又容易卑视对象，所以应以适可为妥，不过适可难求，失之稍低者不如失之稍高，因自信能力稍高了些，可以努力于较艰深的学习，其成功必更满意，学习进步亦基于此。

（二）专注的心向

“天下无难事，只怕心不专。”学习有了强烈的动机，接着就要有专注的心向，许多人于学习既开始后，还是“一心以为鸿鹄将至”，把整个的时间，打成零碎的片段，这做做，那动动，都是开端，都无结束，这是相当浪费的一回事，所以心向的专注不容忽视，不过要做到专心，也有许多条件。

1. 明了学习目标

人们处事做工都要有目标，学习根本是种目的的行为，当然更需要有具体的目标。有了目标，使学习的进步迅速，计划明显，途径确定，成功亦较容易。不过目标可分终极的与切近的两种，终极的目标引导方向，启示最高理想，切近的目标造成阶梯，促进学习进步，这两种目标应否具备，须视学习的对象与范围为决，作者以为有无终极的目标不一定，但切近的目标似乎必须，如学科总目标虽是根据学校教育目标以至教育宗旨定出的，但当它作为本科的终极目标时，实需要每一阶段、每一单元，以至每一课文，都有一个目标，学习者唯有明了目标，才能专心一志，避免无谓的旁敲和侧击。还有，我们学得的知能，每有好坏两方面的作用，譬如接受高等教育可以研究高深学术，促进文化建设为目标，亦可以猎取身份，准备升官发财为目标，一念之差，利害悬殊，要在学者起初就有准备，就有抉择，教育者树立学习者学习的目标时，彼此对这一点应先有确切的明了！

2. 认识学习价值

人们做事每要估量价值，学习更是一种企求代价的活动，最有价值的学习，愿费全部的精神去对付。不过什么是有价值的学习，须先有确切的明了：原来知能可分直接应用和间接应用两类，前者如使用电灯、电话、电炉、电熨斗等的知能，因为这些都是生活上直接需要的；后者如了解物理学或其中电学，因为那是接受文明，资以研究发现或发明创造的。前后两类都有价值，没有前者我们即不能参加社会生活，没有后者我们即不能发扬文化遗产。青年要有广阔的心胸，学习不该局限于能获近效的事物，忽视隐藏于事物背后的价值，不然就是近视眼了。学校里的课程全是要学生尽力学习的，但其价值亦显然有直接的与间接的两类，直接价值有的已为多数人所利用者，如电，有的仅为少数人所利用者，如镭。时代变化，科学进步，利用某事物的人数常会变动，所以价值不能着眼于当前的应用。间接价值如许多具有效果转移性质的事物，如算术应用题的学习，其效果可能活用于学习其他事物的理解上，甲事物或蕴有学习乙事物时的价值，或又寄托其自身价值于乙事物上，如公民学的学习，价值寄托于生活行动上，军事训练的价值，又以达到公民道德为其一部分的价值，所以事物的价值常极繁杂错综，学习者不易分辨，此时或信赖课程的指示，对各课程均有学习的专心，或自以博大周延的眼光去推敲、判断或了解。

3. 诱乱情境的避免

诱乱情境可分外界的和内心的两方面，前一期拙作《控制学习的情境》中业已讲过，此地要特别提出者，除避免声响嘈杂，设法加强自己对于工作的心向，如朗诵、聚精会神等，以求补救外；更重要的一点是斩断内心里与本学习无关之任何“联念”。许多青年捧书在手，逐字都曾经过眼睛，但页复一页地看了许久，不知书中说些什么，所谓“憧憧往来”，“心不在焉，视而不见，听而不闻”是学习上浪费时间、精力，亟须避免的。

（三）进行的引导

学习有目标，有心向，大体已无困难，但要求进行顺利，过程中还要引导，如开了公路还要修路养路一般，才能竟学习的全功，现在请注意下列问题。

1. 迅速开始

学习须有相当严谨的态度，要有百公尺赛跑一闻枪声即发步的敏捷，布置用具、展开书本、端坐身子、举起用笔等都要快，似乎有人期待你的完成一般。“这工作太难”“这一课太长”“我现在不高兴用功”“那有什么用处”“将来再做吧”等心理习性，全要痛革。许多人于开始学习时即无精打采，东弄西翻，畏难苟安，自暴自弃，学习时间过完了，结果只留空白，和能迅速开始者，相差不可以道里计，所以最好养成定地定时学习的习惯，使一到规定时地，即兴迅速学习之自动要求。

2. **切实持恒**

学习的效果有赖于时间的累积，但时间能否切实利用影响很大，我们不要让学习时间因开始迟缓，结束凌乱而打折扣，尤应要求所经过的时间，达到如一般学习曲线所呈现（中央高突，两端稍降）的情状。学习可以绘成曲线，可见其时间利用是前后关联的，每一段都有成就，都有利于其他一段的承接。因此要求持恒的努力，注意下列各点。

（1）学习时间的久暂，应根据自身生理心理的可能限度，勿因干涩弃置，勿因困难中辍，这即使时间跑过，徒有距离而无内容，但达到限度而生疲倦时，亦切忌强勉。不过所谓生理心理的限度，应自立相当的标准，不可先存"我近来容易疲倦"之心，或"再用功下去对身体有害了"等的自己掩饰的解释。

（2）学习时避免无谓与浪费的动作，如忙乱无章，东捡西寻，同时学习两事，临时转向学习他事，任意离席散步，闲眺，喝茶，小便，答谈闲话，躺卧床上等不相干的动作。

（3）学习成熟的程度，宁使太过，勿容不及，因为学习固然应用理解与记忆的能力，但有很大的遗忘作用，学习过度，固多耗时间精力，但可以减少遗忘，备遗忘的减除，学习成熟程度不及，必无深刻印象，难以抵敌遗忘的力量，最后效果必至毁灭。

（4）学习的开始与结束，均宜留下记号，以察进度，以备接续，这一点与学习进步、兴趣，以及开始迅速都有关系。

3. **要求进步**

学习早已说过是种进步，则学习过程中无疑的要求其进步。学习进步，至少要基于下列三方面。

（1）坚持进度：有连续性的学习，必须有个计划，把学习材料分成段节，配上时间，这便成为学习预定进度表，进度表的编制目的应根据自己实力，编了以后，每一进度，切须极力求其务期达到，学习最忌积压，因这对成功的雄心与继续的学习都有妨碍，学校中学习的成功者，每是有"今日事今日毕"的决心与习惯的好学生。

（2）明了错误：尝试法的学习不能破除，学习中的错误总难全免，要在随时发觉，随时纠正，纠正愈多，将来的错误可能愈少。唯错误每不自觉，通常靠他人的指点，或自己反复的检查。常见许多作文，错误连篇，教师为他指示改正，他拿了来，置之不顾，这种学生作文永远不通，因为别人为他指正错误，尚且不理，怎能自己检查错误呢？事实上错误之属于偶然者，肯反复检查，可自明了，如写过一篇文字之后，肯自己再看一遍，常有许多错误，可由自己发现纠正，一般青年不察，自属无可救药。

(3) 明了进步：学习明了进步，有几种好处。第一可使学习者发生兴趣，激励其努力。第二可使学习者鉴定其所用学习方法与步骤是否正确有效，所以能使试验性的学习变成最高级极有正确性的学习。使学习者明了进步，可用记载比较方法，把自己的成绩和他人比，和团体常模比，和理想标准比，或和自己以往的成绩比，可见明了进步，又是利用竞争心理，促进学习的好方法。

五、 学习成功的要诀

要求学习成功，需要若干条件配合，这条件就逻辑的分析的说法，至少有主要的在学习活动中达到学习成功的要诀的获得，和连带的学习主客观情境的布置和整个学习过程的控制两方面。后者作者已在前面两篇拙作中有了详尽的讲解，那就是为了安排学习成功的连带的条件，好让现在提出学习成功的主要的问题。读者注意：我们希望这一篇能讨论最贴切、最直接指导各种学习的法则。

（一） 学习的基本原理

法则应根据于原理，也可以说应由原理演绎出许多法则，一个原理可能演绎出几种法则，一种法则也许要包含几个原理，所以由原理化出法则，其情形是参差错综的，很难分解哪种法则必定发挥于某一原理，但我们可以说所有的法则越不出所有原理的范畴，各种学习所用的法则不同，但原理总是它们的共同基础，因为原理是基础，所以我们不能不先说，学者也不能不先懂，俾于运用法则时能融会贯通于原理。

学习的基本原理不外两大部门：第一是根据生理的基础，解释有机体生成的各种学习因素，如神经的组织、神经元的功用和刺激反应造成的联结等；第二是根据心理的基础，说明利用这有机体生成的学习因素以造成学习事实的各种公例或定律，这里面有很多的学说。前者所谓造成联结，是学习的任务，发展生来的联结，充实不足或造成应有的联结，和消除违反社会的联结，改变未尽适当的联结，即所谓本性的改变。由于开展、形成，或改变人类的本性，以开发人类的观察力、记忆力、推理力、组织力、想象力和创造力等心理富藏，便是学习的目的。后者所谓利用因素，是学习的构成，学习既要造成联结，而这造成并非自然的，必须激起学习的事实，产生学习的活动，然后才能完成使命。由于尝试错误，交替反应，或观察理解，以达造成联结的任务，可以说是学习的过程。所以简约地说，前者是生成的，静止的，属于学习目的问题；后者是人为的，活动的，属于学习过程的问题。

关于学习是造成联结，以达开发心理富藏的目的问题，已于前几篇分别讨论，这里先研究学习过程中构成学习的原理。这问题非常重要，因为它是学习的动力，机器没有动力不会转动，不能完成其工作，同样的，不能激起学习，就没有学习的事实，哪谈得到联结的造成呢？

1．学习的定律

由论学习构成产生学说，由学说产生定律。

（1）桑代克的尝试错误学说。桑氏研究动物心理，创立“学习的尝试错误的过程”的基本理论。他实验把猫关在笼里，起初由偶尔触到开门机关满足地得到食物，经过多次练习，最后是很快的就有有效的动作。他又做小鸡的实验，方法和结果和猫的实验相若，桑氏认为人类学习，除了利用语言，亦是由于尝试错误，因此他定出三个学习定律。

一是练习律。其定义是：“假使其他情形相等，则一个刺激与一个反应间的一个可变的联结，一经练习，则该联结的力量，便因之增加；如在若干时期内不加以运用练习，则该联结的力量便要减少。”简洁地说，就是造成联结，用则存，不用则废。

二是效果律。其定义是：“假使其他情形相等，若某种刺激与反应间，已经养成可以改变的联结，而同时或随时能得到一种相当的满足，则其联结的力量便愈增加，反是，若得到一种烦恼，则原来联结的力量，便因而减少。”简洁地说，就是联结伴以满足则强，伴以烦恼则弱。

三是预备律。其定义是：“如对某项刺激正准备反应，动作便实现出来，便感到满足，万一尚未准备充分而被外界强使之动作，则不但无从满足，亦徒有烦恼而已；或对某种刺激，正预备反应，而被外界阻挠，使动作不能实现，则也是感到烦恼。”简洁地说：有准备的反应结果满足，无准备而反应或有准备而不能反应，则结果烦恼。

（2）巴甫洛夫的交替反应学说。巴甫洛夫亦研究动物心理，创立“学习是交替反应的过程”的学说。他实验拿食物喂狗的时候，同时摇铃，狗本只对食物垂涎，但食物常伴以铃声的刺激，反复多次以后，狗只闻铃声未见食物亦会垂涎，这证明铃声变成交替刺激，同样的能引起原有反应。巴甫洛夫认为人类学习也是这样，华生赞扬其说，建立“同时刺激原理”，以为只要“多因律”和“近因律”已足解释学习过程。

（3）苛勒的理解顿悟学说。苛勒亦研究动物心理，创立“学习是运用理解力补足学习条件的缺憾的过程”的学说。他实验猩猩怎样取得悬在屋上的香蕉，起初猩猩随便拿一根短竹竿去击香蕉，却无效果，后来顿悟把两竹竿接了起来，得到了香蕉。苛勒又使别个猩猩看了这个做法，然后让它进去，这第二个猩猩会立刻模仿把竹竿接起来，得到了香蕉。苛勒以为人类或动物在其整个的生活环境中，遇到困难或问题，仿佛是一个忽然发现了罅缺一样，而设法求其补足，这补足作用便是学习过程。

由此我们知道解释学习事实的构成，有了三种不同的主张，晚近桑氏以为刺激与反应仅是时间上的衔续，而无相属性质，或有相属性质而形成学习的力量仍然薄弱，要构成学习，主要力量在于"效果"，因此他提出"相属原则"，同时放弃练习律，只保存效果律。（预备律实是效果律的附律）偏偏的华生以根据交替反应实验，提出多因律与近因律，承认练习律，又因满足与烦恼还在假定意识作用而反对效果律。苛勒又以完形学说，反对尝试或交替之分析地解释学习。因此在今日的心理学界里，形成三角式的争辩，其实在那三种实验中，显有共通的发现，狗闻铃声而垂涎实系对交替刺激的一种顿悟，反复多次实系练习，猩猩初弄短竿自属尝试错误。交替里含有顿悟与练习，顿悟里含有尝试，那么我们未可诟病尝试错误是盲目的学习。证以我们生活常理：属于运动技能一类的学习，如工作、体操、运动、跳舞、音乐、游泳、骑马、乘自由车、演说、拼音、雕刻、图画等，都含有很多的尝试错误的学习成分，人类医药的发明、伟大文化的创始，也含有很长的试误过程。属于符号与意义联络一类的学习，如认识人名、尊敬国旗、了解文字、体会暗示等，都含有大量的交替反应的学习成分，如果没有交替反应，人类便不能做抽象事物的学习，驾驭空间和时间。属于观察及观念一类的学习，如运用原理解决问题，运用理智发明创造，智识之普遍化应用、融会贯通，以至组织事物，想象现象，抽象的思考推理，观察、判断等，都含有极大的顿悟理解的学习成分，如果没有顿悟学习，人类文化不易发扬光大。所以学习的构成，该是试误，交替和顿悟各种方式都有，不过人类应侧重于顿悟，三种学说各执一面，都不能解释学习事实的全体。我们最后对于学习学说或学习定律之解释、学习的构成，可以总括地说：学习必定要把学习的情境，适当地组织或控制起来，使学习者能有多量的顿悟和少量的尝试错误。

学习学说和定律，还不止上述的这么简单，读者要求更深一层的认识，应阅读教育心理学专著。

2. **学习的方法**

根据构成学习的学说和定律探究的结果，归纳起来，一般学习的方法不外四种，兹述于下。

（1）试误法。这是一种最普通的学习方法，前已提及，动物用之尤多，人类对于动物的训练全用此法。人类自己做事，一试再试，再接再厉，西药"六〇六”“九一四”，即以试误的次数而命名，凡长期或艰巨的学习或奋斗，每经过无数的试误。说来很有趣味，人类学习有一辈子试误而没有成功的，如许多人学习国语、外国语，某些字音总是说不准确，一至盖棺还没有学成。也有一试便成的，如饮食中的咀嚼吞咽，幼儿即已学会，这样的事例颇多，读者试一思索，试误法的学习，“行”可在“知”之先，孙中山所谓知亦能行，不知亦能行，故这法有勉人实践的作用。我们做一般探索或试验的工作，实可采用试误的方法。

（2）模仿法。模仿有如“拷贝”，分有意与无意的两类，有意地模仿，出于愿望，如模仿他人的动作、言语、姿态、工作方法、作业成绩等都是，习字临帖，唱歌弹琴是更明显的模仿；无意的模仿，不受意识的支配，而受情境的支配，每于不知不觉间学会某些事物，如亲属兄弟间每有类似的行为，社会行为每有趋向统一于多数的倾向，通俗所谓“时髦”，模仿对于他大有造成及扩大的力量。我们的生活情境中，时刻有足为模仿的范本，模仿的学习也极易有逐渐成熟逐渐孵化的成功，人类具有极大的模仿性，所以模仿法大可利用于学习。

（3）反省法。此法是利用旧经验以适应新情境的学习方法，含有智识之普遍化应用，和转移理解或领悟的意思，如我们学开一种“暗锁”，获得秘诀后，能用以应付开别种复杂的暗锁。此法于高深的学习极其重要，学习者要对所学得的融会贯通，使知识做普遍化的利用，学习才能精进，否则便是所谓“书痴”。

（4）接受指示法。接受指示有如套取学习要诀，许多需要练习的学习，获得前人指示，即能事半功倍，如学习运动技能，解答数学难题，从师即有所获，学者不宜枉费探索的精力。

这些学习方法与学习定律的关涉也是错综的，应做一般学习共同的基本法则，以下我们可以研究各项学习的经济法则了。

（二）学习的经济法则

“经济”两字用到学习上，应做节省或效率的解释，学习过程中，如何减少消费，增进成就，不但在数量上的增加，且求在品质上的优异，这些正是“经济”的要求，世界事物无穷，人生寿命有限，学习不求经济，不但所得的不及九牛一毛，沧海一粟，也就是浪费生命而无成就的事体，我要求读者先明了经济的意义和重要。

要论学习的经济的法则，仍应先提所要学习的事项，使经济法则有所附着，然后分别检讨。作者以学习是要造成刺激与反应间的联结，所谓刺激必先及于受纳器官，如耳目，达于中枢神经——大脑，然后由动作器官，如口、手，发生反应，可见有机体之感官乃学习之所自，所以特就与各种感官有关的听讲、笔记、阅读、理解、记忆、观察、练习和运动技能等问题，列为所要学习的事项，从而分别讲论经济的法则。

1. **怎样听讲?**

听讲包括听演讲、听报告和听老师教学上的讲解等，学生当以上课听讲的机会为多。听讲可以获取人家精彩或经过提炼的意见，可以提醒学习材料的要点或难点，所以能于短时间内获得广博精选的智识，时常比阅读来得有趣而有效，其重要法则为：①明了讲者所用的方法，以便跟从听取或应付其过程；②明了全篇的布局，俾获有系统有组织的知识；③抓住材料的要点和难点，并鉴别其层次，使不遗漏重要的意见，或混乱其上下或广狭；④注意各要点间联络的线索，明了其相互的关联，俾获得有黏性而非破碎的整个概观；⑤对讲者所提的要点和难点，凡是比较新奇的，立刻搜索自己的意见，以备与讲者的意见比较，撷取其优胜于自己的地方，这在上课听讲上更易预先准备；⑥注意结论或整理，以把握全篇的总纲；⑦注意所举的事例，以备事后回味要点的考证，使能透彻了解，并为自己设例的模仿对象；⑧运用笔记撷取要点，匡扶注意，补救遗忘，并获得多感官同时协助学习的效能；⑨设讲者或听者间有语言领会上的问题，须集中注意解索，根据上下文贯联而概括融会之，或于听讲毕询问解决，嗣后排除此种困难；⑩注意讲者的表情，可以增加领会的能力。

2. **怎样笔记?**

笔记系于听讲，所以笔记必须注意听讲的法则。笔记有匡扶注意、补救遗忘、同时学习等效能，在学习各种事物上均有价值，兹述学习笔记本身应有的法则：①笔记以撷取要点，做列举式的登录为最妥；②笔记既重在列举要点，则必须顾到其完全与均衡，切不可对某一点摘记冗长，而同时遗漏他点；③笔记须注意意见之层次，并宜自订分别层次之符号而熟练之，使能脱手而出，不须检阅或至错误；④笔记与速写能力有关，应多训练速写，自订常用字简写符号；⑤讲者速度非速写能力所能应付时，须注意听讲，同时要以一二字代表一二要点，先弃详尽而求完全（不遗漏要点意），然后于材料轻松阶段或事后，凭回忆予以整理补充，注意代表要点之一二字要是概念中之重要部分，以免错误；⑥须训练听写感官并时并用，在写“前一点”，能听“下一点”，一般学生顾写不顾听、顾听不顾写，实由于缺乏训练的缘故；⑦笔记整理最好即在听讲之后，因可利用未易之心向，写下自己之反应，并免时久遗忘，不能补充缺漏；⑧笔记重抄有点浪费时间，记得稍为像样的均可不必。

3. **怎样阅读?**

人类智识的增进赖于阅读者实多，故其学习法则至为重要：阅读方法依目的分为略读和精读两种，前者求广，后者求深。又因材料性质分为默读与朗读两种，前者求认识会意，后者求细味欣赏。大体上，略读的材料多用默读，精读材料多用朗读，但有不少例外的。①略读应先从“书皮”读起，书名、著者、凡例、序言、目录、索引等，先要阅过，藉明全书的轮廓和结构，由而自己试行思考一书，然后安顿自己的心，去接受书中的启示，次即全部迅速地读过，立取大意，现今的书籍大都有明显的逻辑组织，注意读标题、提纲、结论、其他细节，虽然不能一目十行，确该用浏览的方法，不过读到自己认为新颖，或要由而解决问题的地方，则应细读，甚不紧要处可以跳读。读时对重要地方应该划线作记，最好能以簿子做摘要，或以卡片摘录精警常用的材料，唯此卡片每张应以事项或问题为单位，以便分类保存备用，借来的书更应做这功夫。阅读杂志报纸，应随时趁新，亦应用略读的方法，以求多方涉猎，登录卡片更是要图，此项卡片除列材料要点外，当须写下书名、题目、作者、卷期、出版年月、发行处所等，以便检查。对略读书籍除要同时参考者外，勿同时兼读他书，而抽空去读及时的杂志报纸，那是例外。略读能攫取大意，熟悉该书，用时能一检即得，可算完成大部分的任务。②精读应抱要求心得的观念或目的进行，每读完一段掩卷回味其要义，重要或繁难之处，穷极咀嚼推敲，非弄清楚不前进，对书中事实意见和学说假设等，要有衡量批判及怀疑考究的态度，多做分析综合等功夫，以求举一隅反以三隅。③默读有效的法则，最要紧在喉头不要有声，声带亦不做发音的准备与趋势，一面扩大视阈，眼球周顾较广大的篇幅，当注视某一距离，同时已兼顾这距离外的若干地方，做接续注视的准备，这样一定可以增进速度。一般人默读，每因视阈太狭，所以眼球移动成跳动而非连续，喉头轻轻发声，变成符号与意义的联结，必须经过声音的转译，这细声的默读等于朗读，所以笨了。④朗读可保精读的精神，注意音节、声韵、辞藻、巧妙，由而获得欣赏、模仿、示范等。

4. **怎样理解？**

理解是保留学习印象强有力的保证，但在学习中是高深的问题。理解的法则：①根据完形心理，将困难问题作为完形中的罅缺，由周顾全部情境，利用已有条件，求其完成解决。②学习者对自己的弱点缺点要力求补偿，特别注重困难地方的推敲。③增加观察的方面，以求全般的认识。④设身处地，以求体会。⑤运用旧知识对付新环境、新问题，心理做概括或普遍化的适应，活用能力与智识，融会贯通。⑥多做困难部分分析的工作，如表列图解等。⑦运用归纳、演绎、类比等推理，由特例推定理，由定理判特例，或由同类项的对比，求其余项的差异。⑧时抱怀疑态度，反躬穷诘，或请教老师。

5. **怎样记忆？**

记忆为学习欲有所获得或进步所不可缺的条件，未可遽认为呆板机械或枯燥的苦工，人类习得的知能赖记忆为其保存应用者不知凡几。记忆的法则有八条。①先求对材料透彻的明了，因为实验昭示我们有意义的记忆较纯符号的记忆容易得多；②分解材料所包含的若干方面、段落、概念或要点，提其纲而挈其领，便能有很周延的记忆，散漫的材料最难记忆，列举的条文记忆就比较容易，有时条文多了还易遗漏，这时应该设法简约条文，用几个字甚至一个主要字代表一个条文，把最简约的主要字连接起来，只剩一个句子，可以概括所有条文及其次序，这样以简字代表条文，以条文代表散漫的材料，一简一结，纲举目张，可以记得许多的材料，这方法于应付考试上大有功效；③要记忆材料的各部分如乏自然的关联，无妨创造人为的关联，或将要点编成韵语，以助记忆，这人为关联的造成，要在各个人利用想象、假借和机巧等能力，不能有固定的法则，非至愚者当知运用；④对较长而有连贯的材料可用朗读，借耳眼喉各方面的合作，使记忆容易成功；⑤要记忆长久，须求背诵材料，背诵亦以明了全局意义为基础，以朗读为过程，中途可常用尝试回忆方法，借以促进注意集中，并特别注重材料互相衔接之处；⑥先采全部学习法，求得轮廓，然后分段累积，最后仍归全部学习法，以免记忆断片破碎；⑦如记忆材料预备公开表演，记忆时当想象群众即在面前，以免因环境变异而忙乱遗忘，此节预备演讲者必须注意。⑧记忆印象的保持，须靠时常温习与遇机应用，最好是解答问题及向他人讲解等。

6. **怎样观察？**

严密的观察是发现事物真相，获得正确知识的第一要素，合理的观察，应该根据下列法则：①须平心静气，不可稍动感情；②须观察事物的天然状况，不可挟持成见；③观察要用正当的感官，最好能用仪器帮助；④观察范围须求广大周到，不可挂漏偏概；⑤须向一定的目标进步，疑难处无妨徘徊探索；⑥须用相当的思考辅助观察。

7. **怎样练习？**

练习占学习过程极大的部分，影响学习的成败至巨，其法则：①普通的练习，每次以二十分钟左右为较适宜，过短与过长同样不好，因短到十分钟以内，学习历程支配不来，长到三十分钟以上，若系儿童则效力不易发生；②练习的时间，“分布”较优于“集中”，但学习开始的几次，集中练习较分布练习容易收效，数次以后，分布练习最好，至习惯将成熟时，集中练习失效，分布练习时间远些亦无碍于效率；③集中练习每天可两次以上而多至十次，分布练习可两天一次而达到每星期一次，除照上述在学习过程的迟早阶段分别求适应外，再依材料的性质决定之；④肌肉运动及无意义材料之学习可用分段法，成绩可较全部法为优，思考及有意义材料之学习，似以全部法优于分段法，因全部法对材料各部分所用力量比较均匀，注意易于集中，易于注重意思，不失于机械，每次学习印象与他次印象时间相隔较长。

8. **怎样运动？**

所谓的运动，指肌肉方面运动技能的学习，其法则：①应用所应熟习的事实；②取用最便利的学习方式；③少用呆板的练习和假借；④留心检查错误；⑤应用各种方法引起回忆；⑥于材料完全明了后开始记忆。

学习的经济法则，实不仅上面所述，积细地方，我们还要在分科研究学习方法讨论。读者能明了而且运用本篇所提一般重要的经济法则，打好为学习立下正确、迅速和节省的经济基础。

六、 学习效率的增进与迁移

“学习方法”写过了前面的五篇，似乎可以把学习者摆渡到学习有效的境界，但学习者不可自满，因为还有两个高深的问题。第一，学习一种事物，每不是一次即能完结，我们在学习过程中要求每次能够成功，还要求逐次能够进步，这样才能排除所有的困难，才能达到所预期的目的。不过许多学习心理实验告诉我们，学习的进步每不凭直线上升，试以学习成绩为“纵坐标”，学习次数为“横坐标”，做起某种学习实验，从中画起学习曲线来，你可以很容易地发现：劈头进步较慢，那是因为学习没有获得适应，稍后则曲线直升，那是因为学习开端时的起劲，再后进步又忽然转缓，或停滞不进，或起伏不定，甚或反见退步，这叫作进步的高原，原因不止一个，末后曲线又稍上升，那是因为学习结束时重复起劲。这里在学习者心目中的问题，显然是在怎样能够维持进步，克服高原，好像百尺竿头，要求再进一步。第二，自然环境和社会环境中的事物，每有其完整的体系，每一事物是整体中的一部分，和他事物常有牵连的关系，不过有的关联业经寻获，有的关联尚待发现。我们的生命有限，学习的事物无穷，所以我们学习每一事物，除要求本身的成功外，最好要求了解它与其他事物的关联，好把从甲事物中所学得的，移为学习乙事物的基础，因之增加了后来学习的能力，或即据甲事物所学得者，去推论了解乙事物。这就是我国所谓“闻一知十”或“旁征博引”，在学习心理学上叫作学习的迁移。这问题非常重要，因为学习如果能够迁移，不但是学习上的经济，简直是我们生命的经济了。上面这两个问题，可以说是学习上相当微妙的问题，要求学习精进者，不能不加以探究。

（一） 学习效率的增进

学习效率的增进以一般学习曲线所显示的事实为根据，讨论怎样增进学习的效率，似乎不外三个问题：①维持进步，这是要求先实现一般所谓开端的起劲的现象；②克服高原，这是要求于曲线停滞起伏或倒退时更能进步的问题；③避免高原，这是要求学习根本不生高原而曲线跃升的问题。以下分别加以讨论。

1. **怎样维持进步？**

比较复杂的学习，必须经过多次然后完成目的，在各次的学习中，要求后一次优于前一次，这里所谓“优”是指每次成绩的最高点较胜的意思。一般学习于获得工作的适应后，遭遇特殊的困难前，进步是不成问题的，但若万一不能进步，那就赶快讲求下列各点。①保持并增进身心的健康，这在《控制学习的情境》一篇中说过了。②利用每日最好的时间，如利用上午九时至十一时半，和下午二时至三时这两个阶段，因为根据 Winch 和 Gates 二氏的研究，证明这两段时间在一日中为最佳，清晨因为在睡眠时器官作用完全停止，没有相当时间不能恢复其最大活动效能，所以这时间并不算好，这是与通俗观念相悖的一点，但我们仍然要早起，因为起得早器官效能也恢复得早，否则待器官恢复时又将睡眠了，且或来不及利用上下午最好的时间。③逐日养成良好的学习态度，如学习慎重的开始，重学或重习昨天的所学，回忆过去所学与今天有关的事实，要求每一反应的正确等。因为学习前后有一贯的线索，过去的良好态度，可以累积为以后获得进步的辅助，所以要求学习继续不断地进步，即不容任何一次学习有不良的态度。④效率如仍降低亟须合理的调剂，如睡眠休息和进优美食物等，其中尤以休息为最要紧，因为学习进步的一个大敌就是疲劳，疲劳发生曲线即趋低降，休息即是截止这低降的趋势，且使再学习时又可以获得一个进步的高峰，所以学习效率过于低劣时，直可放置一切，专事休息，以免白费工夫，并贻后来学习以恶影响。⑤设法防止遗忘，因遗忘是进步的反面，与疲乏同样的为进步之敌。我们要防止遗忘，必须使学习纯熟，有较长的练习分布，材料尽量与意义相连接，因为实验告诉我们学习愈纯熟，分布愈长久，材料愈有意义，遗忘愈少。学习过的材料无妨重行学习，或做过分的学习，或专就失用、损失，及最易遗忘的地方加以学习，均与防止遗忘有效。最后声明一点，就是维持学习进步，还要控制许多主客观的情境，因为作者已在第三篇中讲过，此处自然毋庸赘述。

2. **怎样克服高原？**

要想克服高原，要先分析高原现象发生的原因。作者归纳多种研究，寻得发生高原不外三种原因。①低级习惯的延存有时阻碍高级习惯的发展——原来所谓学习的进步，无非是习惯的养成，一种学习的成功，其间需要养成许多习惯，而这些习惯的养成是有不相等的难度的，克服高原便需要养成艰难养成的高级习惯，但它每受容易养成的低级习惯的干扰。譬如学习跳高，一向是用东方式的

“剪跳”，成绩达到相当程度时，发现跳竿每为臀部所碰落，以致失败，现要改学西方式的“滚跳”，以求再进，但姿势中每易渗入剪跳的倾向，使难成功。又如学习算术加法，养成了两数相加划记进位的习惯，后来对于学习速加——尤其是要求速度时，是个妨碍。像这类同样的情形，我们要于学习顺利的时期，特别出力练习新的方法，防止旧习惯的使用，并使对新方法有切要的了解，俾生有效的反应。如跳高学习中，要于身心健康成绩特好日子，特别出力练习滚跳，分析其动作，排除不相干的姿势，使动作益臻正确，同时不再练习剪跳。②高级习惯的养成缺乏巩固的低级习惯为基础——这是就低级习惯有助于高级习惯者言，因为高低级习惯可能相悖，亦极可能相助，只视其性质之相背与相随为断。高级习惯以低级习惯为基础的学习事例极多，譬如读法，“句”的学习必以认得句中的“字”为基础，“段”的学习必以了解段中的“句”为基础。在这样情形之下，问题本很简单，即设法训练低级习惯使臻巩固罢了。但使低级习惯巩固，有时可以迁就当时情势，不必单独拆出练习，即可在养成高级习惯的过程中积极行之，如读法即在学习“段”中了解“句”，学习“句”中认识“字”。如果感觉工作加重，可以暂减学习“分量”而以“速度”弥补之，因低级习惯原已养成相当程度，当可迅速练习使其巩固。③学习态度与兴趣之降低与进步停滞之高原现象互为因果——据研究以学习曲线上高原期呈现时，学习者对于学习的态度与兴趣必同时减低，学习进步原有赖于兴趣的维持，令兴趣既因进步停滞而减低，则兴趣减低自又影响进步的停滞，彼此互为因果，所以许多人便不能越过高原，而高原在曲线上也每只有一次而没有机会达到最后的高原了。其实，学习者应该明了高原有因刺激时久，致影响渐微，或学习时久，学习者感觉疲劳，或于作业的许多阶段中，有某一阶段做得不好……而生，并非一般人所误认为达到了生理或天赋的限度，况且学习曲线有时表面上没有进步，而实际上还在进步，如书法笔力的进步不易判别或测量，所以不能呈现在学习进步曲线上；有时学习方法的改良，可以做后来学习进步的保证，但在本项学习的表现上不易看出，如篮球投篮既已准确，再加熟练，使手法姿势优美，后来可于困难情境中仍能投中，但于此次的成绩上不会看出进步。因此，我们学习必须维持兴趣的最高度，切勿一见停滞，即以为达到限度，因为那是划地自限呀！

3. **怎样避免高原？**

学习进步的高原，如果能够避免，使曲线一直升进，那自比发现高原后加以克服者为尤妙。要避免高原，明显的是把发生高原的原因全都消除了就行。这里提出避免高原中较重要的几点意见。①布置最适当的刺激情境——因为学习活动起于刺激，同一刺激的力量对于学习者有逐渐减弱的趋势，所以原始刺激要求给予学习者以极大的“逐力”，使有不达目的不止的愿望，然后次次附以鼓励的刺激，或变换刺激的方式，或强调刺激的意义，使学习者时时感觉为新奇有味的动境而努力。这原则实还可应用于教学及人类的互相感召上。②指导学习者明了解决问题所应有的工作——因为应有工作的明了，一使学习者产生做完有限的应有工作即可成功的信心，二使学习者相信自己所费的全部力量，都是获得成功的有力因子，不是浪费或碰巧的，三使学习能够按部就班，顺序进行迅速的紧要的工作，这比让学习者自行尝试摸索，因而发生迟疑馁丧者，大不相同。③利用旧有知能的类化或概括作用——学习在开端的进步阶段，所靠的多是努力，到遭遇困难后的进步，各人的差异便在聪明智力的运用上。所谓聪明智力，不管是先天或后天的，在截止于某时地上总是决定的知能，能利用已有的知能，闻一知十，举一反三，旁征博引，每获格外的成功，学习进步停止于第一高原上的，恐怕十之八九都非达到了生理的限度，能超越的也恐怕多靠知能类化或机巧的应用，所以高原期可以说是一个智慧的鉴别期，只容优秀者获得卓越而满足。

（二）学习效率的迁移

学习迁移既有伟大的作用，我们要问怎样才能迁移？迁移后影响怎样？学习者怎样才能获得迁移的效益？以下分别讨论。

1. 学习迁移的缘由

学习效果固然可以迁移，但不是漫无限制的，说明迁移的缘由，现有三种不同的学说。①共同因子说——这是桑代克的主张，他以为一种心理功用所以能使他种进步者，因两者间有共同的因子，而所使进步的程度，也以共同因子的多寡为断，如获得拉丁文的知识，能增进读法文的能力，因读拉丁文时所学得的事实，不少为读法文所必需者。同理，我们可以举例说：学会了打乒乓球，当有助于学打网球，因为乒乓球就是小型的网球。②类化或概括说——这是贾德的主张，他以为同一教材因教学方式不同，可能有优良的迁移作用，亦可能毫无迁移作用，要在教法能否引起学习者的想象为断，他实验水中打靶，在水深十二英寸①及四英寸中前后练习，因有共同的因子，但以懂得“屈折律”者成绩较佳，因他们能于水深十二英寸时所得的事实，类化推理应用于水深四英寸时，所以学习迁移实赖类化能力。此说相当有理，因为我们学习实多靠已得的知能变化活用于新情境上，然后获得效果的。③观念发展说——这是斐葛莱的主张，他实验学生对于卷纸清洁的习惯，发觉必先养成学生整洁的观念，然后可以对任何科的卷纸保持清洁，否则不行。

① 1英寸≈2.54厘米。

2. **学习迁移的现象**

学习既会迁移，则相随的事物的学习，可获迁移的相助，但若相背的事物的学习，则反受迁移的干涉。相助，如前节所述的单字的学习于句子的学习有益。干涉，如读算速度的陡进，每于确度有妨碍。因此学习者要避免干涉，祈求相助的必要，那就要于学习时，先选择学习对象的优劣、价值的高低，大约反教育的学习，总是于正当有益的学习发生干扰的，最宜避免。

3. **迁移效益的攫取**

根据上列两段的叙述，我们知道：①学习的材料总须在实际的生活中去寻求，各种材料俱须依照难易顺序排列，使有横的配合相助，拟迁移与被迁移的事物，均须有相当的价值，以免干扰，学习方法须与实际生活上的应用相同……以适应共同因子的迁移。②一种学习事物可供共同应用，迁移性最大者应多选择，方法与习惯可供应用于各方面，迁移价值最大者应多采择，方法与观念时存脑海中，遇新学习情境及其困难，即搜索应用，以求克服完成，并能养成习惯……以适应类化或概括的迁移。总之，学习事物愈切近实际生活，于生活之各方面，于新学习之种种，愈多效益者，愈有价值，学习者最宜学习，以求迁移；否则无学习之价值者，须当避免，以免干涉。

“学习方法”写到本篇，应该总结一下：我们晓得学习有伟大的作用，其终极目的是在开发心理的富藏。人类文化靠教育传递发扬，教育则赖学习成功而完成其任务。这关联要先明了。我们知道学习作用的伟大，自然要从事于学习，但学习是严谨的活动，我们要求排除困难有所获得的进步的学习，因此，还要控制主观和客观的情境，使先安排基本的条件，到学习发动后，我们要造成良好的过程，使学习得按学理进行无碍，在学习活动中，我们要以最少的精力和时间，换取最高的代价，因此我们要讲求原理方法和秘诀，俟学习有相当的成效，我们要加速其进步，要免除其停滞，还要使所学得的普通应用于有关的各方面，以求融会贯通，发展学习效能于极限，所以作者写了本卷的六篇文字。但是只因每次迁就篇幅，容有讨论不周之处！或有论断错误之处，甚盼读者仍抱怀疑态度，研究，指教！

此文系作者任大学讲师时，应邀向青少年学生做学习问题的讲解时所撰，在福建的《现代青年》月刊1943年6期连载。它是作者长期从事教学的指导思想和实践经验的总结。现在收入本书，旨在温故知新，供初、高中同学参考采择。

略谈我国学校课程的改革

一、改革的原则

（一）学校课程要以培养全面发展的人为目标

马克思主义关于人的全面发展的学说指出：大工业生产中劳动变换是不可克服的自然规律，人的全面发展就是社会生产的一般规律；把生产劳动与智育、体育结合起来，不仅是增加社会生产的一种方法，而且是培养全面发展的人的唯一方法；人的全面发展是社会主义过渡到共产主义的必要条件之一。共产主义社会需要生产力的极大发展，也就是需要有全面发展的人。因此我们必须坚持以培养全面发展的人作为我国一切学校教育的总目的，并据以制订各级各类学校的培养目标。学校课程是实现教育目标的手段，当然要以培养全面发展的人为目标。

（二）要实现人的全面发展就必须有全面完整的教育计划

这个教育计划应当包括教学、生产劳动、课外与校外活动、思想品德教育工作，和学校、家庭、社会大协作等相辅相成、殊途同归的计划。过去，只讲狭义的课程，不能实现上述教育目标，必须有广义的课程，即全面完整的教育计划，才能实现教育目标。

（三）教育内容必须适应社会的现实需要，并随社会的发展而发展

我们认为学制是社会生产分工中所需各级各类人才纵剖面的反映，而课程则是社会生产分工中所需各级各类人才的德才标准的反映。因此，改革教育内容不能单凭主观臆想而必须强调客观需求。这就要组织各科专家、教育学者、各级教师和各行业的科技人员，调查我国生产发展情况和引进了外国的设备和技术以来，各级各类人才所必需的品德修养、知识结构和领导管理能力等，进行分析概括。建立各级各类人才的德才模型，然后据以改革教育内容，做到保留必要的课程，废除不必要的课程，克服用非所学、学非所用的现象。往后还要按照新旧知识更替的周期，不断地进行这样的调查研究，借以保证课程、教材的客观性和先进性。

二、 具体措施

（一）编制教学计划

首先，普通学校的学科设置，都要保证德、智、技、体、美五育并施，为人的全面发展打好基础。我们知道读、写、算、自然、社会、劳、美、体、音等科，几乎已成为全世界各国中小学一致的课程，因为这些都是人类生活所必需的起码知识和技能。所有教师都必须明确认识它们在教学计划中的地位和作用。读、写、算叫作“三艺”，是参与社会生活和学习其他各科的基础。自然学科是使人类能通过工农业生产劳动变自然物质为生活资料，并用人类的聪明才智继续开发自然富藏的知识。社会学科要使学生认识人总是站在历史和社会的交叉点上，都负有承先启后、造福社会的责任。人民群众是历史的创造者，杰出人物对推动历史发展的进程也起重大的作用，从而树立正确的人生观和世界观。马克思指出：“为了要吃饭，就应当劳动。”这是有劳动能力的成人所必须遵循的自然规律。儿童、少年也应该及早参加力所能及的劳动。体育是为了学生的正常发育，增强体质；健全的精神寓于健全的身体，多病就会增加社会负担。图画、音乐就像语言、文字那样，也是人们交流思想感情的工具。通过对这些工具的感知、联想、共鸣，人们可以培养审美的情感、判断美丑和创造美的能力，把生活提高到美好崇高的境界。

其次，要按照以普通教育为基础，以职业技术教育为归宿的原理，来统筹各级各类学校所设学科的衔接。因为传统的普通教育都不注意职业训练，学生没有一技之长就不能参加生产。所以普通教育是自身不完全的教育，普通中学的双重

任务——培养高一级学校所需的合格新生和生产战线所需的后备劳动力——就不能完成。要改变这种情况，一面要明确规定各级普通学校的特殊职能：小学是基础教育；初中要试探学生才能；高中要发展学生特长，设置各种文、理选修学科和职业技术学科。另一面要使小学、初中、高中与初、中、高三级职业技术学校衔接起来，以利学生升学或就业。

再次，要按学科的内在联系，安排好各级各类学校各门学科开设的程序。

最后，要把每个学校的教学总时数，按各科在教学计划中的地位和作用，分配于各年级、各学科，并随各年级学生自学能力的提高，逐步增加学生的自学时数，借以培养学生学习的主动性、独立性，发展其智力和能力。这是科技革命时代的要求，必须高度重视。

（二）制订教学大纲和选编教材

制订教学大纲的基本要求是说明学科的目的任务、教学内容范围和教学原则等。值得注意的问题，一是教学内容的排列应是直线式的还是螺旋式的？实践证明，在每一级学校中，史地教材可采由古到今、由中到外的直线式排列；数理化等由于受各级学校的培养目标、学生的接受能力和各科之间的相互关系等因素的制约，宜采螺旋式排列。二是教学内容的下放原是现代教学的要求，但必须根据教师业务水平和学生接受能力的提高去掌握其分寸。三是教学大纲是选编教材的根据。它能执简御繁，故应作为学生升级和毕业的考试标准。

教科书是把科学知识，按学校的培养目标和学生的接受能力，经教学法改造而编成的基本教材。选择这种教材的原则各科有别，但总的说来，要适应知识的自然淘汰规律和科技革命形势，精简传统知识，吸收科学的最新成就。精简的标准，就中学理科来说，就要保留参加工农业生产和进一步学习所必需的基本知识、技能、基本原理、规律，以及有利于发展智力、进行思想品德教育、培养科学世界观的材料。如数学上的概念、公理、定理、公式等，物理学上的概念、能量的变换和守恒定律等，化学上的概念、元素、化合物、物质结构理论、元素周期表、化学平衡和电离等。淘汰过时少用的旧知识，同时补上科技革命的新成果，如数学上的集合、对应、逻辑代数、概率统计等，物理学上的原子能、半导体、激光等，化学上充实合成有机高分子化合物等。随后还要继续充实提高。组织这种教材就要把上述的精简、吸收所得，做到主干明显、重点突出、纵横联系、理论结合实际。组织教材早有论理体系（或称逻辑体系）和心理体系两种办法。现在看来，论理体系是基本的，因为科学认识与学生认识有许多共同点。但学生认识因有教师的引导，可以节省许多时间和精力。因此，美、苏等国正在试验用科学家的发明创造过程——搜集材料，分析比较，发现问题，深入思考，开展实验，提出假说，验证假说，发现真理等来锻炼学生，以利于学生掌握知识，发展智能。至于所谓心理体系，是就学生认识过程的特点说的。组织教材如能做到：由生活实例或典型例题引入新教材，加强新旧知识的联系，通过对事物的分析、比较、抽象、概括去掌握概念、原理，又用典型应用题、思考题引导学生把知识应用于生产、生活，即可满足学生认识的特殊需要。

我国幅员辽阔，除国家统编教材外，应由地方自编乡土补充教材。为适应学生的个别差异，可用活页形式编些弹性教材。

为使教师能够掌握教材的精神实质，按照各学科的目的要求进行教学，编辑教学参考书是需要的。为了适应科技发展的新形势，很有必要编出供学生自学的各科指导书。这要根据学习心理学原理，指导学生端正学习目的、态度，弄通教材重点、难点，讲求学习方法，习惯；介绍著名科学家勤奋努力、发明创造的事迹，介绍特优学生和自学成才者先进的学习经验；推荐各门学科的课外读物等，都是很有意义的，

编写上述各种教材，既有科学要求，又有教育要求，最好能组织各门科学工作者、教育科学工作者和优秀教师合编，借以保证政治与业务统一，理论与实践统一，适合教学的教育任务和学生的身心发展。

（三）促进教学与生产劳动相结合

大家知道，马克思和列宁对教育和生产劳动相结合是非常重视的。在科技革命的现代，教育与生产劳动相结合更显得有重大的意义。我们应当根据中央领导同志的要求，“在教育与生产劳动结合的内容上、方法上不断有新的发展”①。

根据一个科学原理可以用于许多生产场合和一个生产项目往往需要综合应用几个科学原理的道理，笔者认为要促进教学与劳动内容上的结合，宜先编出科学知识与生产项目相结合的对照表。前广州第六十一中学（现华南师范大学附属中学）的化学科教研组就曾制订《校办工厂教学与生产实践相结合的纲目》。现在节录一小段为例（见表1）：

表1　校办工厂教学与生产实践相结合的纲目示例

生产实践项目	可结合的化工教材内容
（1）废硫酸浓度的测定、搬运和安全使用	硫酸的性质，应用酸的通性
（2）反应过程，废硫酸和铝灰（或炉渣）的重量比	化学方程式，原料和产品的计算

① 邓小平. 邓小平文选：第2卷［M］. 北京：人民出版社，1994：104.

续上表

生产实践项目	可结合的化工教材内容
(3) 加料的顺序（包括灰酸水）和操作的要求	放热反应和吸热反应
(4) 反应池里反应液温度的控制和酸度、浓度的调节和测定	溶液的浓度，pH 值及其在化工上的应用
(5) 反应池生成的产品和副产品： 硫酸铝的生成 铵明矾的生成 气态生成物的释出	化学反应的特点，反应条件和反应速度的关系，化学方程式，无机盐的制取原理，复盐的生成

上例是从生产实践找教材内容。为了不打乱学科教材的体系，我们认为更需要的是从教材内容找生产项目。这个结合各学科都可以做。对比较复杂的问题，宜由教师会同技术人员共同制订。

在劳动过程诸环节中，都有进行适当教育的机会，只要有意识有目的地去做就行。例如：制订生产劳动计划时，让学生参加，出谋献策，就可以培养学生利用现有条件，改造自然，创造财富的理想抱负。分配生产任务时，用集体讨论办法，就可以培养学生勇挑重担的风格，克服挑肥拣瘦的作风。检查劳动出勤，可培养学生的组织性、纪律性和社会主义的劳动态度。克服自然灾害可培养学生利用知识、创造条件、战天斗地、百折不挠的气概。庆祝丰收可使学生认识群众的力量和领导的作用。分配劳动果实可以培养学生兼顾国家利益、集体利益和个人利益的思想，认识艰苦奋斗、自力更生的意义。

（四）促进教学与课外、校外活动相配合

学校中课内教学与课外活动的划分是随历史的发展和学校的培养目标而变化的。最早的学校只有“三艺”教学；自然、社会等科都是以后逐渐加上去的。现在小学初中的图画、音乐，到高中就放入课外，到美术、音乐学院又变成主要学科。课外活动也要教师指导，只是方式方法上与课内教学不同。课外校外活动都是学生自愿参加的，它是个广阔的天地，设立政治、时事、科学、技术、体育、文艺等集体和个人的活动组织，可以满足学生的兴趣，发挥其智力、能力和创造才能。它是课内教学的补充，可以促进理论与实践的统一，促进人的全面发展。校外活动是课外活动的扩大，社会上有许多儿童、青少年的教育机关，如少年宫、青年宫、科学技术馆等。使学生参加社会实践，就可以扩大他们对自然和社会的认识，培养改造大自然、改变社会风气的理想和抱负。所以教学与课外校

外活动也要有目的、有计划、有组织地配合起来，并适当地分配教师加强对学生活动的指导。

（五）教学与思想品德教育工作互相促进

学校中党、团、队、会、级、班构成了一个思想品德的教育工作系统，全体教师都要参加这个系统的工作。做到人人负责，良好的校风学风就会形成。这些风气能使学生勤奋学习，为祖国的现代化准备力量。各科教学都要发掘教材的内在因素，进行思想、政治、品德以至观点、信念、世界观教育，这也有助于树立良好的校风。要特别强调爱国主义教育，以带动各种思想品德教育。因为热爱祖国就要参加生产劳动，现代劳动都要依靠集体，集体必须有组织纪律，还要靠坚强意志克服困难，完成生产任务。

（六）促进学校、家庭和社会的大协作

教育学生，学校固然应起主导作用，但学生不能不受家庭和社会的影响。所以要提高教育的效果，学校、家庭和社会必须通力协作。学校课程的改革也是一样。至于具体做法超出本文范围，这里不讲了。

最后要略谈执行上述完整的教育计划的必要条件。在所有条件当中，改革教学的方法和组织形式，充实教学设备特别是现代化教学手段，固然是不可少的，但是最重要的条件莫过于培养和提高教师。因为学校课程的实施，教育、教学计划的执行，处处都要依靠教师。没有合格的教师，学制、课程改来改去都是枉然的。所以培养和提高教师是执行教育、教学计划最主要的保证，也是学校课程改革能见成效的保证。我们决不可见物不见人，只在纸面上做文章。

原载《课程·教材·教法》1984 年第 1 期。

个别的、自动的程序教学模式

一、程序教学

程序教学（programmed instruction）原是根据学习是个有次序的过程的理论，依靠程序教材和教学机器，逐步向学生提出问题，要求学生回答，并把学生回答的正误情况反馈给学生，这三者相结合的一种个别的自动的教学模式。它的研究基础是工具的条件作用，所以它也是为创造有效的学习情境而设计的原则和技术，以期保证学生能够达到学习目的的一种教学手段。

二、发展过程

1924 年，美国心理学家普莱西根据美国桑代克学习定律中的练习律、效果律和近因律，设计了以练习材料进行自动教学的机器。它是逐步向学生提出一系列选答式的练习题，在学生选答的过程中，用奖励正确、惩罚错误、加深最后答对的印象的装置，引导学生自学。他认为机器能使学生消除错误而前进，避免浪费性的练习；能使教师从指导练习、批改作业的繁重劳动中解放出来，从事启发思维、促进领悟的真正的教学工作，所以不会使教学工作机械化。1954 年，美国实验心理学家斯金纳，以普莱西的练习机器为基础，并从动物实验中引出行为主义观点的操作条件反射和积极强化理论，发表了《学习的科学和教学的艺术》一文，设计了教学机器的程序教学，后又发展到只用程序教材的程序教学。行为主义心理学关于学习理论的核心是学习的强化学说，论述有机体的行为要受环境的制约；来自环境的刺激要引起有机体的反应；增加刺激与反应间的神经联结叫作强化；强化正确反应，消退错误反应，叫作分化性强化，能提高学习的效果；学习效果的即时反馈能加强学习的动机；所以控制学习行为要靠学习的效果律，并经多重强化和连续强化，把有效行为保持在一定的强度水平上。初期程序教学的主要特点是：小的步子，积极反应，即时反馈，自定步调，低的错误率。20 世纪 60 年代，苏联、英国、日本、中国及其他欧洲国家，先后开展了程序教学运动。近年来已把程序教学看作教学的方法、媒体和技术，以至系统方法论和哲学；程序教学的序列项目也由简单回答发展到思辨性回答，包括分析综合，写作短文，解答难题和绘制图表等。

三、 程序模式

可分直线式和分支式两大类。主要模式有四种。一是斯金纳的直线式程序。它把学习材料分成许多连续的小步子，逐步呈现问题，学生逐步解答。答对了，前进；答错了，用正确答案纠正后前进。二是普莱西的直线选答式程序。它也是逐步呈现问题，但学生要在预定的正误答案中选答。答对了，前进；答错了，要另选，直到答对了才前进。三是美国克劳德（N. A. Crowder）多重选择反应的衍支式程序或内在程序。它把学习材料分成内容较多、步子较大的逻辑单元，编成主干程序；又把学生学习时常犯的典型错误，编成分支程序。学生学完某单元后，即举行选答式的检查性测验，答对了，进入下一单元；答错了，就引入分支程序，经补充知识、纠正错误后，回到原单元重学重答，直到答对了才前进。四是英国凯（H. Kay）的直线式与分支式相结合的程序。它对各科知识、概念有不同水平的解释，学生学习主序列中的知识 n 时，答对了，即进而学习知识 $n+1$；答错了，则转而学习具有补充材料的子序列 nA 或 nB；直到答对了，再进而学习 $n+1$（不用回到 n）。此外，还有各种变式，从略。

四、 程序编制

它决定着教学机器和程序教学的成败，所以必须根据学习理论来编制，其基本要求是：①要熟悉教学大纲和教科书，并深入了解学生；②要根据教学的目的确定知识的质量；③要根据学科的特点和知识的内在联系，编定序列的项目（或框面），决定步子的大小，由易到难，由简到繁，逐步前进；④每一项目要有关键刺激，引导解答，并有标准答案，实现学习效果的即时反馈强化；⑤分支式程序，除主干序列外，要根据学生的常犯错误，编好分支序列；⑥程序的效度要经预试和实用的检验和修订。

五、 一般评论

程序教学的优点是：①学生学习的目的明确，循序渐进，能增强积极性和责任心；②学习时手脑并用，能培养学生的自学能力；③自定学习步调能适应各个人的学习速度，使后进生获得明显进步；④学习效果的即时反馈能加强学习的动力；⑤有关键刺激和构答引导，能减少错误反应，提高学习效率。其缺点是：①斯金纳由动物实验引出的学习理论不适应人类学习中关于理解、概括、迁移等的本质特征；②教学工作的机械化不能培养学生学习的灵活性、综合性和创造性；③夸大了人—机的对话关系，就会削弱师—生间的思想、品德和感情的交融关系；④编制序列项目或衍导课本的劳动是繁重的、艰巨的。但斯金纳申辩的文化惰性、课堂教学的传统和教室的机械化还不如一个厨房等对教学改革的障碍，还是引起了广大教育工作者的关注。

六、 相关条目

算法化教学是使学生尽量在算法化的过程中学习，程序教学就是它的一个表现形式。程序教学中，利用电子计算机装置叫作计算机辅助教学（Computer Assisted Instruction，简称 CAI），它是程序教学发展的新阶段。请参阅该条！

参考书目

1．普莱西，斯金纳，等著．程序教学和教学机器［M］．刘范，等译．北京：人民教育出版社，1980.

2．潘菽．教育心理学［M］．北京：人民教育出版社，1980.

3．大桥正夫．教育心理学［M］．钟启泉，译．上海：上海教育出版社，1980.

4．联合国教科文组织出版部．世界电化教育概况：第三部分［M］．傅统先，译．上海：上海教育出版社，1979.

原载《中国大百科全书·教育卷》1982年版。

中国教学论历史遗产的精华

我以中国的教育史实和时文为资料，以中华人民共和国成立前后，从教学问题的8个侧面（①时代、政治、哲学和教育的学说；②教育的目的、宗旨、任务、职能；③学生身心发展的年龄特征和学校教育制度；④学制与课程；⑤培养教育对象、实现教学教育目的的教学过程；⑥根据教学过程的规律性而提出的教学原则；⑦在教学原则的指导下，具体的学的方法和教的方法；⑧师生的教学关系）去探索事物演变的干枝脉络中继承、转折、矛盾斗争、量变质变，最后概括出前贤留给后代值得批判继承的教学论财富。

一、时代、政治、哲学和教育学说

我国东周的春秋战国时代，社会从奴隶制逐渐过渡到封建制，奴隶主封建主均以专制政治压榨平民，并互相杀伐吞并。但统治者需求治国良策，故有养士之风；而学者思想解放，故有百家争鸣，其中突出的有儒、墨、道、法四家学说，光芒四射。

儒家始祖孔丘建立以仁为主、忠恕行仁学说。墨家以墨翟为代表，建立兼爱非攻、尚同交利学说。道家由老聃创始，庄周继之，建立效法自然、虚静无为学说。法家由韩非集其大成，建立中央集权、厉行法治、以法为教、以吏为师学说。各家对后世多少都有影响。

在各家中，儒家最为突出，影响深远。孔丘被封为至圣、万世师表。继起人孟轲建立王道仁政学说，提出民贵君轻、劳心者治人、讲求仁义、反对杀伐等主张，被封为亚圣。他是孔丘孙子子思的学生，故形成思孟学派。荀况尊崇孔丘思想且有所发展，并吸收老聃的天道观，提出宇宙循环，终始相接，天是自然，天人有别，天命可制，人定胜天，承认环境有巨大的教育作用，故习俗可以移志，安居又可以移质，世上无永恒不变之物。相传思、孟、荀思想汇入六经中之《礼记》，内含：

《大学》提出教育的三纲领：明明德、亲民、止于至善；大学教育的八条目：格物、致知、诚意、正心、修身、齐家、治国、平天下等教育育才、贤能治国的至理。

《中庸》提出性、道、教关系：天命之谓性，率性之谓道，修道之谓教；教学过程是要求学生要博学之，审问之，慎思之，明辨之，笃行之。这是我国古代就已提出的完整的学习过程。

《乐记》阐明：乐是人心感外物而生，乐是人的德性的真实表现。礼乐刑政具有辅成作用：礼以道其志，乐以和其声，政以一其行，刑以妨其奸。

《学记》总结先圣前贤教学思想，堪称世界最早的教学论。它根据儒家的德治精神，指出：建国君民、教学为先；能为师然后能为长，能为长者然后能为君，故师也者，所以学为君也。这简直是政从教出的政教合一论。此外，还提出教育的分段、课内外相结合和十分精确的教学原则等，俱见后述。

先秦诸子百家所阐发的哲理政教思想光辉灿烂，典籍丰硕，故我国堪称文明古国。

秦以武力兼并六国，统一天下，建中央集权国家，以法家李斯为相，开展儒法斗争。在短暂的 14 年统治中，教育上的显著事件，只存焚书坑儒，以吏为师。

汉倡君权神授，以三纲（君臣、父子、夫妇）整治人民。董仲舒为相时，则罢黜百家，独尊儒术，又汲取道家法自然思想，创天人感应学说。但唯物主义者王充却与之对立，批判仲舒以至孔孟。他认为：天地是物质的；万物自生，并非天意；主张今胜于古，故反对信师复古，反对只诵章句，训校文义；主张极问，反对天人感质学说：指出人的智愚与祖先贵贱无关，高才见屈乃遭时而然。

唐重振儒术，尊儒至极，但异于汉者是儒、佛、道兼收。韩愈排佛学，复儒学，倡孔孟仁义道德之说，著《原性》《原道》《师说》《进学解》以实之。

宋倡理学，北宋的程颢、程颐与南宋的朱熹构成程朱派；南宋的陆九渊和明代的王守仁构成陆王派。两派尚有差别（如王守仁的心学与朱熹的理学形成对立，但同归于儒学），但其理学的主旨同是存天理、灭人欲。理学实是继承儒家孔孟仁义道德之说而有所发展。朱熹集儒家之大成，成为理学中的杰出人物，蔡元培誉之为宋代的孔子。南宋偏安，他政治上主张反霸、恤民、抗金，世界观是认为理只一个，但有等、差别，故理一气殊。天地之间有理有气，理是形而上之道，气是形而下之器。心性论则认为天人一贯，天道有元、亨、利、贞，人道有仁、义、礼、智，以仁爱，以义恶，以礼让，以智知。他设立书院，坚持讲学，论著为后世传诵，思想有久远影响。正当理学兴盛之时，即有反理学涌现。两派斗争历经宋、明，以至于清。反理学的代表人物有宋王安石，明陈亮、李贽，清王夫之等，都重视实际事功、经世学术，较诸理学的存天理、灭人欲，显有唯物与唯心的判别。王安石说：孟轲、荀况、韩愈讲的性都是情，性是情之本，情是性之用，改变人最重要的是“习”。李贽是反封建的，认为人必有私，故须反对理学的存天理、灭人欲。理学所说的读书明理，但还要考验。

元用汉法，仍然尊孔。明已略述如上。

清尚倡程朱理学，但顾炎武则批判理学空谈，不能抵御外侮，必须注重经世之学。徐光启则认为理学妨碍自然科学。王夫之确认物质是第一性的，说天下唯器，事在理先，天理即在人欲之中，教育可以改变人性，继善可以成性。颜元也批程朱陆王之学而主习行之学。戴震指出理是事物的规律，故要求理于物；理存于欲，故情理一致；食以养生，学以养良，教以补善，故后天可以改变先天。龚自珍生活在清朝内外交困、岌岌可危的时代，是在黑暗的专制统治制度下最早觉醒的一人。他把教育提到与政治、经济同等的高度来考虑，认为“一代之治即一代之学也”。①所以他倡导学习西方的近代教育，反对脱离实际的理学和训诂考据，指出八股取士不是培育而是摧残人才，渴望中国能以风雷般的威力来扫除阴霾，而赋诗：“九州生气恃风雷，万马齐喑究可哀，我劝天公重抖擞，不拘一格降人才。”②

清末1840年的鸦片战争使我国门户开放，资本主义的萌芽动摇了封建经济，帝国主义的炮舰威胁了专制政治，西学的输入也冲击了理学，使我国的封建社会变成半封建半殖民地社会。魏源参加过两江总督的幕府，鸦片战争失败后，他深感政治、军事的腐败，提倡兴办经世致用之学，在其所著《海国图志》中，提出“师夷之长技以制夷”的主张。在当时动荡的形势下，要求彻底抗洋灭清的有太平天国的崛起，洪秀全以拜上帝会为组织群众和发动革命的武器，以有田同耕、有饭同食、有衣同穿、有钱同使为号召，用教育创万年之根基，建非常之治绩，招贤纳

① 龚自珍．龚自珍全集［M］．上海：上海人民出版社，1975：5．
② 龚自珍．龚自珍全集［M］．上海：上海人民出版社，1975：521．

士，发展资本主义的政经文教。故前期的革命形势有飞跃的发展，取得节节的胜利。迨奠都南京后，因内讧、保守、图乐而失败。当时朝野图谋安内攘外，形成三派：顽固派慈禧和贵族仍图闭关自守，媚外求和；洋务派曾国藩、左宗棠、李鸿章国防上筹划制造炮舰，企图自强；维新派张之洞主张学术上中学为体、西学为用，创办洋务学堂，遣派留学生。但严复驳之曰：体用是对同一事物说的，牛能负重，马能致远，如马腿安在牛身上，则两失作用。维新派主张君主立宪，实是改良主义。

康有为的教育思想重点是：废除八股取士制度，建立类似资本主义的教育体系，根据学生年龄特征进行教育，提倡理论结合实际的实用学科，重视教师选拔和学校建设。①

梁启超认为中国落后的原因在于封建专制，学校不兴，人才缺乏，民智未开。他得结论说：世界之运，由乱而进于平，胜败之原，由力而趋于智，故言自强于今日，以开民智为第一义。② 康、梁的后期皆由维新派变成保皇派。

严复少时受国学熏染，毕业于船政学堂，后留英，深受西学西艺的影响，因而坚定西学图强的信念。在维新运动中，他的思想、言论、威信、效果，实比康、梁有过之而无不及。首先，他译述当时的世界名著，如赫胥黎的《天演论》、穆勒的《名学》、斯宾塞的《群学肄言》、亚当·斯密的《原富》、孟德斯鸠的《法意》等，在闭关自守的我国，能起启迪民智的作用，发生深远的影响。其中《天演论》论证了生物界物竞天择、进化无已的规律，深足激起国人救亡图存的热望。综合他《论世变之亟》《戊戌变法》《救亡决论》《原强》等几篇著名的论著，可得他对当时重大问题的宏论。③

1．分析中西学的区别，提倡西学图强论

表1　中西学的区别

项目	中学	西学
对待自然	委天数，听天由命，顺其自然	恃人力，自强竞存，人定胜天
对待社会	重三纲，尊主，亲亲，以孝治天下	明平等，隆民，尚贤，以公治天下

① 毛礼锐．沈灌群．中国教育通史：第4卷［M］．济南：山东教育出版社，1988：270.

② 毛礼锐．沈灌群．中国教育通史：第4卷［M］．济南：山东教育出版社，1988：274.

③ 以毛礼锐、沈灌群主编的《中国教育通史》中，由阎国华撰写的第14章第6节为素材，而加以节录和改组。

续上表

项目	中学	西学
对待人生	好古而忽今，因循旧章，不思变革；贵一道而同风	力今而胜古，改变现实，追求未来；喜党居而州处
用财	重节流，追淳朴	重开源，求欢娱
接物	尚节文，美谦屈	乐简易，务发舒
为学	务虚，夸多识	崇实，尊新知

据上分析，扼要而谈，不外于学术则黜伪而崇真，于刑政则屈私以为公而已。因而，他批判中国封建的文化教育说："周孔之教可自娱，但与世事无补，靠它救亡图强，无异于'蒸砂成饭'，永远不可能实现。"① 他又强调科学技术对国家富强的重大意义。他列举牛顿、瓦特、法拉第、培根等人的贡献，都在于从实际出发，所以他说"夫理之诚妄不以口舌争也，其证存乎事实"。② 最后，他得出的结论是：中学，"为祸也，始于学术，终于国家，固而，要想富强非开民智、非讲西学不可"③。严复对中西学的分析，道出他多年的体验，足以冲击封建传统，促人猛然醒悟，重视西学，寻求救亡图存的出路。

2. 主张"自由为体、民主为用"的教育救国论

严复认为中学与西学的差别很大，中学有中学的体、用，西学有西学的体、用，绝不可把中西学混合，并看作体、用或主、辅的关系。西政与西艺皆出于科学，如人之左右手，也不是本末的关系。中国的当政者于艺、学一无所通，当强敌入侵、国家危急时，一些文臣武将只能蚁附蜂集，一哄而散，以致一败再败，割地赔款。而按照西方模式办起了海军、学校、工矿、铁路、邮电等仍不能使国家强盛，其原因在于没有从根本上解决民力、民智、民德三大问题，亦即没有奠立发展资本主义的土壤。现在亟应以英国为榜样，从政治经济上探寻救国的理论，那就是以自由为体，民主为用，体用一致，抨击专制，强调民权，急从教育着手。他自己的一生贡献于西学译著和教育事业，所以他就是近代中国教育救国论的先驱。

3. 力倡以自强为本的人才教育论

严复推广生物进化论的理论，认为"弱者常为强肉，愚者常为智役"，也是人类社会常见的现象。西方各国的强盛是因他们的教育做到了濬智慧、练体力、厉德

---

① 《救亡决论》。

② 《原强》译书例言。

③ 《原强》。

行三者。他们重视科学教育，以名、数、力、质、天、地、群诸学，使民知治乱盛衰之故，而收修齐治平之功。反观我国长期施行封建教育，至今民力已荼，民智已卑，民德已薄，若仍不思改革，印度、波兰就是前车之鉴。如果要改变贫弱落后局面，只有提倡人才教育。所谓人才即民力、民智、民德三者之征验也。故他力倡的教育包括三方面。①鼓民力的体育。他认为国民的健康是国家强盛的基础，“有最胜的精神而后有最胜的智略”[①]。近代中国男子吸食鸦片、女子缠足陋俗使种以之弱、国以之贫、兵以之窳。他十分重视妇女健康，认为只有健康的妇女才能生育强壮的后代。要给妇女以“可强之权和不得不强之势”[②]，最好的办法就是禁缠足、立学堂。②开民智的智育。他说民智是富强之源，故必须提倡科学教育。西方近世之学是“以格物致知为学问本始”；研究学问之方法“则先物理而后文词，重达用而薄藻饰”；在学习时，“贵自得而贱因人，喜善疑而慎信古”[③]。无论是练军、从政、制造、开矿、通商或者是开民智、正人心，“则非西学格致皆不可”[④]。③新民德的德育。严复“新民德”的实质是企图以资产阶级的民主自由代替封建的伦理道德。他说：正是由于提倡平等，因而能够“以公治众”；正是由于崇尚自由，因而能够“贵信果”；正是西方各国“能使其民有深私至爱于其国与主，因而能够赴公战如私仇”[⑤]。他建议设议院于京师，而令天下郡县，各公举其守宰，以使人民爱国如家，赴公战如私仇，合天下之私以为公。若如此，则能使“吾民之德于以同心合志，联一气而御外仇”[⑥]。严复学贯中西，著译宏富，才识超伦，文笔雄健，实是评介近代西洋哲学思想和科学成就的第一人。相传他在英伦留学时，成绩超越日本的伊藤博文，但学成各自回国后，伊藤参加明治维新，起了显赫的作用；而严复参加戊戌变法，在封建思想意识的海洋中，历经拼搏，终于沉沦，令后人痛惜。郑州《名人传记》刊物1990年第5期有陈国清写的《风雨筹安会——严复与筹安会纪事》一文，为严复晚年参加筹安会变成保皇派辩解说：严复参加筹安会是筹安会理事长杨度背着严代签名的，严并不与会，林纾劝他写个启事声明，但严未执行，只怪杨度，且听之任之，后又拒绝袁世凯的赠金等。

王国维研究文、史、哲，兼攻教育学、心理学。他的学术观点卓越，认为对宇宙和人生的探索是人类共同的活动，知识应属于全人类，难分中国与西洋，以清末形势说，更应破中外之见，学习西方之长，提中学为体、西学为用，就不能培养完全的人才。学术的发展必须有学术的自由和独立，以官奖励学问实是剿灭学问。学

---

①③⑤⑥ 《原强》。

② 《论沪上创兴女学堂事》。

④ 《救亡决论》。

校管理应是人、法、物三结合，就是要有深究教育学理的管理人、统筹全局的计划和一定的物质条件。学校中心工作是教学，所以应以教师为主，淘汰其他冗员。国家应先办好高等教育，培养经国扶危的人才。王国维曾任末代皇帝溥仪的文学侍从，后又应聘任清华园国学研究院教授。他从辛亥革命起，思想就跟不上时代，因愤世悲观，1927 年投昆明湖自杀。一代学人也是在时代转变中丧生。

1911 年的辛亥革命是经过长期的酝酿成熟的。主要是孙中山一直宣传三民主义救国的道理。革命派办起百余种报刊向资产阶级、小资产阶级和工农兵群众宣传帝国主义的侵略本性和腐败朝廷的卖国投降，还在各地兴办新型学校，培养革命干部。著名的如孙中山在日本创办青山军事学校，蔡元培、章炳麟办起爱国学社、爱国女学，徐锡麟、秋瑾办起大通师范学堂，资产阶级革命派亦办起安徽公学，借以提高反帝反封建的思想觉悟。在革命目的明确、革命者惨痛牺牲的情况下，经武昌起义带动全国响应，才能推翻长达两千多年的封建专制统治。

南京临时政府成立，孙中山就任临时大总统，确定了教育宗旨，改革了学制和课程，使教育事业有了新的指望。但顽固的封建势力与帝国主义勾结，袁世凯复辟了洪宪帝制，并掀起一股复古教育逆流，引起了民主主义者与之展开了反帝制、反复古的斗争。袁世凯垮台后，继起的北洋军阀政府又是倒行逆施，所以 1919 年 5 月 4 日又爆发了反封建的新文化运动。1921 年中国共产党成立，领导全国人民开展反帝反封建的新民主主义革命。

在这期间必须提及的是蔡元培的教育思想。蔡元培幼读四书五经，崇拜宋儒，曾中进士，任翰林院编修，因对清廷失望，故弃官归里，从事教育工作。1901 年起任南洋公学特班总教习，宣传革新，创办了爱国学社和爱国女学。1907 年赴德研究心理学、美学、哲学等，并参加了孙中山领导的资产阶级民主革命。1911 年返国，立即参加了辛亥革命。南京临时政府成立，他任教育总长，提倡军国民教育、实利教育、公民道德教育和美育。后因不满袁世凯独裁，再次留德。1916—1922 年任北京大学校长，第一次国内革命战争末期，他任大学院院长、中央研究院院长。他的教育思想在行动上主要表现在三方面。（1）提出全面和谐发展的教育纲领，崇尚自然发展儿童个性，指出新教育应“深知儿童身心发展的程序，择种种适当的方法以助之”①。（2）重视劳动教育与平民教育。他认为劳动教育是使个性得到全面和谐发展的手段。劳心与劳力的对立是由教育的不平等造成的，所以“要使全国人民养成劳动习惯，劳心者亦出其力以分工农之劳，而劳力者亦可减少工作的时间，而得

① 高平叔．蔡元培教育文选［M］．北京：人民教育出版社，1980：48.

研求学识的机会”①。他又把平民教育看作改造社会的重要手段，不管脑劳体劳都是劳工，劳工神圣。1927 年他还创办劳动大学。（3）在北京大学时，他确认国家民族要在世界上立足，就应以学术为基础，大学就是“研究学术的机关”，“学为学理，术为应用”，“学必借术以应用，术必以学为基础，两者并进始可”②。继即调整科系，将北京大学办成文理科的综合性大学，成为学术中心，并要求文科兼习理科，理科亦兼习文科，以扩大知识领域，具有坚实基础，借得以从宏观和微观研究世界。事实证明这是符合科学发展趋势的。根据科系调整，整顿教师队伍，网罗有真才实学的教师，并“循思想自由原则，取兼容并包主义”③，聘得陈独秀、李大钊、鲁迅、胡适、黄侃、马寅初、陶孟和、夏元瑮、李四光、翁文灏和美国的葛利普等著名学者，使北京大学面貌焕然一新，形成完善的高等教育制度，成为五四新文化运动的中心，成为马克思主义在我国传播的阵地。蔡元培也成为旧知识分子在国家变革的关头做出了巨大贡献的典型。

名震中外的五四运动是我国现代史的开端。它反对封建的文化教育，促进了学校教育的改革。马克思主义的传播，导致中国共产党的成立；美国实用主义教育思想的输入，对我国的教育改革也有重大的影响。从 1921—1949 年，国共两党的合作与分裂，使我国的历史演变分成北伐、土革、抗日、解放四个阶段。国家的政治区域亦分为国民党统治区和革命根据地、老解放区，因此就有性质迥异的和敌对的两区的教育。

国共合作时期的教育改革，最明显的是 1922 年颁行了六三三学制，制订了课程标准，建立并发展了我国的师范教育，创办了工农群众和革命干部教育，如湖南自修大学、上海大学、农民讲习所和黄埔军官学校等，开展反帝反封建的教育斗争。

国共分裂后，在中共领导下的革命根据地和老解放区是随革命形势的发展，提出不同的教育方针。如土地革命时期的苏区提教育为革命战争和阶级斗争服务的方针；抗日民主根据地提教育为长期的抗战服务、教育与生产劳动结合的方针；解放区提教育为解放战争服务的方针。国民党统治区提三民主义的教育宗旨和实施方针，并按不同的历史时期颁行相应的教育政策和措施。如抗战时期的政策、复员时期的政策、应变时期的政策，及各级各类教育的措施，其中别具一格的是陶行知在

① 高平叔. 蔡元培教育文选［M］. 北京：人民教育出版社，1980：184.

② 高平叔. 蔡元培教育文选［M］. 北京：人民教育出版社，1980：135.

③ 高平叔. 蔡元培教育文选［M］. 北京：人民教育出版社，1980：64.

南京办的晓庄师范学校。①

从1919年的五四运动到1949年的新中国成立前夕，在由旧民主革命发展到新民主革命时期的30年间，我国出现过许多力图解决中国社会和教育问题的思想和学说，就教育方面说，大体可分改良与革命的两大派别，下面即就其代表人物进行论述。

（一）改良派方面

1. 胡适

胡适曾求学于上海中国公学，受梁启超和严复的思想影响。19岁考取留学美国攻农学、文学，毕业后又入哥伦比亚大学，受业于杜威，攻哲学，因而盛赞西方的个人主义，尤其是杜威的实用主义。26岁回国后，在北大讲中国哲学史，著《中国哲学史大纲》，参加五四运动，提倡白话文。47岁任我国驻美大使。55岁任北大校长，要求国家集中力量，办好5~10所大学，使成第一流学术中心。他主要的教育思想是：教育是接受人类遗产的重要途径，教育是提高社会生产力的重要源泉。

他借鉴欧美教育能对国家的政治、经济、文教做出重大贡献的经验，提出政府可对学校划拨教育经费，任免行政人员，但不应干涉学校的内部事务，学校是通过培养人才来实现国家富强的主张。这是他的教育独立论和救国论。②

2. 黄炎培

黄炎培出身于贫苦的知识分子家庭，早年父母双亡，20岁后连中秀才和举人。1901年考入上海南洋公学，受业于蔡元培，深受其影响，曾因鼓吹反清被捕。后加入同盟会，辛亥革命后在中学任教，又任江苏省教育司长，提倡教育与生活、学校与社会联系的实用主义。1915年游美，看到美国蓬勃的职业教育，1916年即建立江苏职教研究会，1917年在上海成立中华职业教育社，成为我国近代职业教育的倡始人。他的职业教育理论基本点包括四个方面。①职业教育的目的是使无业者有业、有业者乐业，并谋个性的发展。他解释说：人类最基本的需求是求得自身的生存和发展，但人不能孤生，要过社会生活。社会的纷扰是由于物质条件的限制。人类有求不得遂有争，争而不决遂有杀。所以人类社会的大问题是“全生去杀”，解决这一问题的办法“从客体言，在增进所以供给生活需求之分量与效用；从本体

① 毛礼锐，沈灌群．中国教育通史：第4卷［M］．济南：山东教育出版社，1988.

② 中国社会科学院近代史研究所中华民国史研究室．胡适的日记：下册［M］．北京：中华书局，1985：571.

言，在广其知而大其爱。二者之间，因果存焉。所求既给，则爱他心油然而生”①。职业教育就能适应这个需要。②职业教育的办学方针是社会化、科学化。所谓社会化是指通过社会调查，明确社会经济发展的趋势与应走的道路，“社会需要什么人才，即办什么学校。”② 这点，他看作人身的灵魂、职教的生命，“得之则生，弗得则死”③。所谓科学化是指用科学来解决职业教育问题。他把职教工作归为两类：物质方面，要使各专业的课程、教材，都因时地而制宜，经试验才推广；人事方面，要用科学管理方法搞好职教自身的机构建设，力争做到“人尽其才”，“事得其人”，“工作重效率”④。③职业教育的教学原则是“手脑并用”，“做学合一”。他说：过去“所谓实业教育，非教以农工商也，乃教其读农工商之书耳。”⑤ 敝在学校重理论、轻实习，学生富于欲望而贫于能力。故该注重理论，特重实习，学生半日上课、半日工作，修业期满，仅发修业证书，必须在工作单位实习一年，证明胜任工作者，才再发毕业证书。④职业道德教育的基本规范是“敬业乐群”。所谓“敬业”是指“对所习的职业具嗜好心，所任的事业具责任心”；所谓“乐群”是指“具优美和乐的情操及共同协作精神”⑥。黄炎培即以“敬业乐群”为中华职业学校的校训，双手万能的符号“”为校徽、“劳工神圣”为学校礼堂的横额。所有的教职员一律短装，能自由操作，校内一切事务皆由学生轮流担任，不设校役，这正是脑、体劳动在每个人身上的结合了。黄炎培曾以蜂、蚕各有特性和能力，故能采花酿蜜、嚼桑吐丝为例，说明他对近现代欧美的教育学说，都注重批判吸收和活用，而不胡乱地模仿或盲从。他的职业教育思想和设施就是采择杜威实用主义中做学合一的精神和裴斯泰洛齐生活教育中使学校教育与实际生活渐相接近的主张，结合我国的社会实际而创建出来，并随时代的变化而发展。他强调职教要面向中下层人民，并注重职业知能和道德两方面的培训，也具有鲜明的特色，所以它能经久而不衰。

3. **晏阳初**

晏阳初少读四书，有儒家思想，后入教会学校求西学。1916 年入美国耶鲁大学政经系。毕业后投笔从戎，乘美舰赴欧，抵法国布朗。时有 20 万华工在欧洲战场任筑路、挖壕和运输工作，但不识字，晏到华工营办华工识字班，他领导平民教

---

① 《我之人生观与吾人从事职业教育之基本理论》。

② 《河车记》，《断肠集》。

③ 《职业教育机关惟一的生命是什么?》。

④ 《中华职业学校成立三十周年告毕业和肄业诸同学》，该校 30 周年纪念特刊。

⑤ 《中华职业教育社宣言书》。

⑥ 潘文安．最近之中华职业学校［J］．新教育评论．第 3 卷 18 期．

育从此开始。1919 年再度赴美求学后返国，在上海基督教协会平教科工作，又赴各地宣传平教。1923 年又与朱其慧、陶行知、胡适等建立中华平民教育促进会于北京，他自己又选河北定县设乡村平教实验区，得美国捐款 50 万美元，使众多知识分子都来定县探索用平教改造社会的道路。1933 年，定县成立河北县政研究院，晏任院长，以政教合一试验县政改革。1937 年定县沦陷，1940 年中国乡村建设学院和研究院又成立于重庆，晏任院长。1943 年，世界在纽约举行哥白尼逝世四百周年纪念大会，晏应邀出席，会上有爱因斯坦、杜威等十名学者并列被授予“当代世界具有革命性贡献的伟人”称号，晏阳初是获得这一称号的唯一东方人。他也是个教育救国论者，但他感到多年来社会上所提倡的新教育，留日者主日本教育，留美者又主美国教育，他不理解在中国办外国教育有何意义？学习外国是必要的，但必须有自己的独立性和选择性，融合中西学应用于人民，抄袭、搬用外国的东西，要导致中国教育的破产。他认为他所倡导的平民教育，不是贫民教育、阶级教育、成人教育或社会教育，而是培养国民元气、改进国民生活、巩固国家基础、为全民所共有的新兴教育，是不仿古、不仿欧而有中国特色的教育革命。“平”字含有人格平等、教育机会平等的意义。社会制度不良，剥夺人受教育的机会，使本来平等的人格显出高低上下之分，唯有教育机会平等，才能使人蕴藏的无限潜力都有发展的机会，中国不是没有人才，而是民众的脑矿未开，平民教育正是开脑矿的工具。中国大部分的土地是乡村，若问中国乡村问题的病源在哪里？他通过社会调查，认为农村问题千头万绪，但可以概括为四个大字曰：“愚”“穷”“弱”“私”。因此，亟应倡行四大教育，即文艺教育、生计教育、卫生教育、公民教育。这些教育的方式，要用学校式、家庭式和社会式的大结合；最迫切需要的是培养知识力、科学生产力和组织能力，用来救亡图存。

4. **梁漱溟**

梁漱溟少年考入顺天府中学堂，关心政治，加入同盟会，参加辛亥革命，但鄙视功名利禄。研究西洋、印度、中国三大文化系统，而强调中国儒学的优越地位，著《东西文化及其哲学》。承蔡元培聘为北大教授。他敬佩陶行知的办学精神，考察了黄炎培的中华职教社在昆山的乡村改进事业和晏阳初在翟城村的自治事业。1931 年他在邹平创办山东乡村建设研究院，后任研究部主任和院长，1937 年出版《乡村建设理论》一书。后到西南各院校任教，参加发起中国民主政团同盟，并赴香港办报。中华人民共和国成立后，历任全国政协委员。“文化大革命”中多次受批判。1987 年，中外学者在北京举行梁漱溟思想国际学术讨论会，认为他的思想和教育思想应重新认识和评价。我们知道：山东乡村建设研究院设研究部、训练部及实验区；研究部不采取讲授方式，由大专毕业的研究人员，在导师指导下，自行研究乡建理论；训练部招中学程度的学生，设乡建理论和实践十几门课程，培养乡村服务人员。梁亲自掌握试验的村学乡学和乡农学校，从形式上看，都相当于清朝陆桴亭主张的“乡约”中的社学，但经他修改和补充后，变成包含社学、保甲、社仓等的政治、经济、教育和自卫四者的综合体。他还曾提出一个他所理想的教育体系方案，即“社会本位教育系统草案，主张全盘改造中国教育制度，使学校教育与社会教育合流；各种教育须造端于乡村而生长；纳社会运动于教育之中，学府与政府同等并列，新教育运动即乡村建设运动，而以教育系统为主力，做到以教统政”①。可是，他在山东的实践却遇到两大难处：“高谈社会改造而依附政权；号称乡村运动而乡村不动。”②

5. 陈鹤琴

陈鹤琴在中学读书时，即以孟轲的“富贵不能淫、贫贱不能移，威武不能屈”自勉。就读于以庚子赔款支付经费的清华学校时，认识到读书是倚赖民脂民膏的栽培，从而激发爱国爱民的思想。1914 年考取公费赴美留学，原系学医，因对儿童富有情感，故确立献身于儿童教育事业的宏愿，并师事哥伦比亚大学的克伯屈、孟禄和桑代克等名教授。1919 年应邀回国，在南京高等师范学校和东南大学任教。1920 年以其长子为对象，用发生法，从其出生开始，作长达 868 天的详细记载，写成《儿童心理研究》《家庭教育》两书。1923 年，在其住宅中，办起南京鼓楼幼稚园，自任园长。后经改建，成为东大教育科的实验幼稚园，并成我国第一个幼稚教育实验中心，制订出幼稚园课程规划，后成全国幼稚园课程标准。1937 年抗战爆发，他从事抗日救亡工作，又在江西办省立实验幼师。1943 年，省立幼师又成国立幼师，办起专科部、师范部、小学部、幼稚园、婴儿园，并附设实验区，形成一个完整的幼师体系。通过实验探讨儿童教育规律，做出贡献，所以他是我国现代著名的儿童教育家。他的幼儿教育思想很受颜之推的爱与教相结合的家庭教育思想，和高尔基所说“爱护子这是母鸡都会做的事，然而，会教育子女就是一件伟大事业了，它需要才能和广泛的生活知识”的影响，认为要办好儿童教育，首先要更新儿童教育的观念，反对封建的儿童观和教育观，主张儿童教育的民主化和科学化，要了解儿童的喜怒哀乐、成长和成熟、学习与思想、环境和生长的全过程的变化现象。父母的威望要建立在尊重儿童的基础上，不要把儿童看作小成人或任意摆弄。他又根据陶行知批判旧教育读死书、死读书、读书死的名言，提出教活书、活教书、教书活的口号，鲜明地竖起活教育的旗帜，与旧教育相抗衡。他的活教育理论体系是由目的论、课程论和方法论组成的，有待下面分述。

---

①② 《乡村建设理论》。

（二）革命派方面

1. 陈独秀

陈独秀出身于书香门第，是前清秀才、日本早稻田大学留学生。曾任北大文科学长，同李大钊合办《每周评论》，五四运动时站在斗争前列，反帝反封建，提倡民主与科学。后为中共发起人之一、曾任中共一大总书记。1926 年提国共合作，但思想右倾，北伐到武昌时，提限制工农。1927 年蒋介石于 4 月 12 日实行大屠杀，他伙同托派攻击党的六大，故被中共开除。1932 年又被捕，1937 年抗战时出狱，赞成中共的抗日主张。他认为教育有广狭二义，狭义的教育指学校师生的授受，广义的教育应包括贤哲的遗传、书报的论述、家庭的教导、交游的观感，意指学校、家庭、社会各方面的教育影响。他承认生性的力量不少，但智愚不是天生的，教育不是无效的，良材须经斧斤雕凿才成栋梁、器具，各国教育的优劣就影响人民的智愚就是铁证了。教育家整治教育要注重对象，抓其生理和心理特点；注重方针，如矢之的，如舟之舵；注重方法，要研究如何教授和陶冶，以实教育。教学工作要使学生了解人生的真相、国家之意义、个人与社会的经济关系，和未来责任的艰巨。故今日之教育应贯穿四个主义，即现实主义、唯民主义、职业主义和兽性主义（重体魄、意志、强身教育，取代弱民教育）。旧教育的缺点在于主观主义和形式主义，故必须改革，使新教育能造就新人才。他整顿北大的文科，主要是：整顿教师队伍，改革管理体制（设教授会、评议会、学生自治会），严格管理制度（考试、考核、升留级，重外语以求新知），改革教学内容（采学分制、选科制，男女同校），要以社会主义的方向改革教育（传播马克思主义教育思想，阐明教育不问政治是不可能的，教育独立是毫无政治常识的话）。陈独秀的致命弱点是认为：民主革命是资产阶级的事，社会主义革命才是无产阶级的事，所以民主革命应由资产阶级领导，无产阶级只要从旁赞助，到民主革命成功再来进行社会主义革命。这就是二次革命论，是无产阶级放弃对民主革命领导权的右倾机会主义路线。今天，我们对他的一生要是其所是，非其所非。

2. 李大钊

李大钊在辛亥革命后，目睹革命果实被袁世凯等军阀官僚所窃取，愤然挥笔批判专制主义。1913 年留学日本的早稻田大学，开始接触马克思主义。1916 年回国，投入新文化运动，主张思想解放，学习西方，提倡民主与科学，号召青年从封建束缚中解放出来，担负起青春中华的创造使命。十月革命胜利，他任北大图书馆主任，开辟十月革命经验专题展览室，号召学生到工农中去开展工作。1920 年，组织马克思学说研究会和共产主义小组，开展工运，自己也首先在北大、朝阳大、高师、女师大等校讲唯物史观、社会主义和社会运动，在五四运动中又起领导作用，使许多优秀同志走上革命道路。到中共北方区党委成立，他就辞教就党，培养人才，罢课游行，对党无限忠诚，故被军阀逮捕，于 1927 年 4 月 28 日从容就义，为共产主义理想献出宝贵的生命。他的教育思想的渊源是：鉴于辛亥革命未完成任务，又受进化论和日本改造民族性思潮的影响，深刻认识到国民的素质与国家存亡的关系，认为教育对社会改造的作用在于"培根固本"①。故要特重国民教育和社会教育。他搭击孔子是因为孔子成为帝王专制的护符，故教育必须"冲决过去历史之网罗，破坏陈腐学说之囹圄"②。在五四前夕，他已感到"东洋文明既衰颓于静止之中，而西洋文明又疲命于物质之下，为救世界之危机，非有第三种文明之崛起，不足以渡此危崖"③。所以他宣传了俄罗斯文化。当时杜威的实用主义的教育思想影响广泛，主张教育万能论、教育救国论者也大有人在，为使人们正确理解教育与社会改造的根本关系，他明确指出马克思主义的教育观点。"经济的生活是一切生活的根本条件。"④

"凡是精神上的构造，都是随着经济结构的变化而变化。"⑤ 孔子系统是适应中国二千年来未曾变动的农业经济组织反映出来的产物。⑥ 但在经济上已发生重大变化的中国社会里，封建教育的崩溃破灭是不可避免的，所以"孔子或其他古人，只是一代哲人，决不是万世师表"⑦。

教育是一种工具，在阶级社会里，它具有阶级性。反动统治阶级或革命者都可以利用它。要使中国社会得到彻底的改造，光靠教育的努力不行，必须有个根本的解决，"经济的解决是根本的解决"⑧。要用革命的方法来根本改变社会经济基础。他批评那些仅用举办教育、振兴实业来改造中国的改良主义思潮说："须知政治不好，提倡教育是空谈。"⑨ "不改造经济组织，单求改造人类精神，必致没有效果。不改造人类精神，单求改造经济组织，也怕不能成功。"⑩ 要使教育发挥在改造社会中的作用，则教育必须和政治结合，为革命服务；学校造就人才是为了改造社会；工农运动要密切结合工农教育，来提高工农的革命觉悟和文化水平。在城市，开办劳工夜校、半日学校，在农村，利用农闲，开办农民补习班；要强调教育在精

---

① 李大钊. 李大钊文集：上 [M]. 北京：人民出版社，1984：43.
② 李大钊. 李大钊文集：上 [M]. 北京：人民出版社，1984：204.
③ 李大钊. 李大钊文集：上 [M]. 北京：人民出版社，1984：560.
④⑤⑥ 李大钊. 李大钊文集：下 [M]. 北京：人民出版社，1984：360，59.
⑦ 李大钊. 李大钊文集：下 [M]. 北京：人民出版社，1984：179，188.
⑧ 李大钊. 李大钊文集：下 [M]. 北京：人民出版社，1984：37.
⑨ 李大钊. 李大钊文集：下 [M]. 北京：人民出版社，1984：575.
⑩ 李大钊. 李大钊文集：下 [M]. 北京：人民出版社，1984：68.

神改造中的重要作用。

他还强调“青年群众的运动就是社会革命的先锋”①，“一切新创造、新机运，乃吾青年独有之特权”②，但知识分子必须与劳动群众相结合，打破劳心者治人、劳力者治于人的旧观念，树立劳工神圣的新观念。

李大钊的思想和实践都为中国马克思主义的产生奠定了良好基础，也不愧为旧民主革命向新民主革命转变时期的伟大教育家。

3. **杨贤江**

杨贤江少年时期求学于杭州一师，1917 年应聘到南京高等师范学校任职，1920 年同李大钊等当选为少年中国学会第二届评议员，1921—1926 年任上海商务印书馆《学生杂志》编辑，论述宏富，获得赞誉。

1923 年加入中国共产党，协助恽代英编《中国青年》，又到复旦大学心理系学习。1924 年当选中共上海市党部青年部长，年底赴日本任留学生中共组织负责人，遭日警迫害。1929 年回上海写成《新教育大纲》，阐发马克思主义教育的本质理论。①教育起源于人类实际生活需要，不仅起源于劳动，因为还有军事、宗教和娱乐等需要。教育是以现实的社会经济生活为基础，随经济关系的变化而变化。自有人生，便有教育。②教育是社会的上层建筑，是观念形态的劳动领域之一。它的特点是：把单纯的劳动力培养成为特殊的劳动力，即各种人才；教育是以法制、宗教、道德、艺术、哲学、科学的内容为内容；阶级社会的教育是阶级的、对立的、不统一的，所以教育就质变为受阶级支配，做阶级斗争的工具。③教育为经济与政治所决定，又对经济、政治产生影响。他解释说：封建社会的小农经济、生产技术原始，可由经验学会，目不识丁者也能生产。封建社会是礼仪社会，故道德占全部内容，不对庶民施教育。资本主义社会的大工业生产、国际通商，要求劳动者有文化，故有强迫教育，授以生活技能，并以受教育的多寡来决定劳动者薪水的高低，这就是教育的商品化。政治也是上层建筑，也受制于经济，但在阶级社会中，政治支配一切社会生活，教育自不能例外，政治支配教育，就是教育的政治化。但教育又不是专做经济、政治的尾巴，教育可以促进生产，使资本增值。教育也可做宣传革命、获得政权的武器，获得政权后，又能起保卫政权、促进政权的作用。杨贤江还剀切地批判当时流行的各种错误的教育观点。如批“教育万能论”说：教育要受制于政治和经济，政治经济上有权者在教育上才有权，所以教育不是万能的，但取得政权后，教育可以改革政治和经济。批“教育救国论”说：这是教育万能论

---

① 李大钊. 李大钊文集：下［M］. 北京：人民出版社，1984：57 – 59.

② 李大钊. 李大钊文集：上［M］. 北京：人民出版社，1984：178.

的推衍，人民要饿死，提倡德育有什么用？不反封反帝、摆脱殖民地地位，提倡职业教育，怎能救国？法制和道德都是统治者维护自己的武器，在阶级统治的社会里，怎能实施革命教育？所以教育只能在革命的总纲领下实施，才能起作用。杨贤江论教师的地位和使命说：在资本主义社会中，教师施行资本主义教育，还是属于被支配阶级。教师与工人的共同点是都是依靠薪水维持生活，不同点是教师出卖脑力劳动，工人出卖体力劳动。在社会变革的过程中，教师要成为革命的教育工作者，要指导学生和民众去革命。杨贤江还主张对青年进行全人生的指导。据美国霍尔的研究，青年期可称人生的改造期，或是向上，或是堕落，所以要对他们进行全人生的指导。他认为当时的教育偏于知识的传授，不留意习惯、日常生活、交友、消闲、处世、发现并解决问题的指导。所谓全人生指导是指使他们在德、智、体诸方面都得到健康的成长，成为中国社会改进上适用的人才。青年的主要问题是求学、择业、交友、恋爱、婚姻、家庭、身体健康、道德修养等，核心问题是树立正确的人生观，应肯定人生，而谋改善，目的是对全人类有贡献，来促进人生的幸福。

4．**鲁迅**

鲁迅出身于一个破落的封建士大夫家庭，少读四书五经，长入南京水师学堂，后转矿路学堂，对学习自然科学极感兴趣，成绩优良。反复读严复译的《天演论》，形成唯物辩证思想，成为批判封建的思想武器。1902 年矿路学堂毕业后留日，先后入弘文学院和仙台医专，后赴东京从事文学活动，宣传民主革命思想。1909 年回国，在师范和中学任教，即在教学中批判封建文化和道德。辛亥革命后应蔡元培之邀到教育部任职。1919 年参加五四运动和《新青年》编辑部工作，发表《狂人日记》。1920—1926 年在北大、北师大、女师大任教，1924 年任女师大教授，常批判旧教育，教学生思想革命化。后到厦门大学任教，不久，转赴中山大学任文学系主任、教务主任、思想由进化论转向辩证唯物主义和共产主义。他认为青年应熬苦求学，必须博采众长，然后才能独立。学习要专也要博，文科青年学点理科，理科青年也学点文科，做到文、理兼通，还要学马列主义这门根本的社会科学，他说："以史的唯物论批评文艺……有许多暧昧难解的问题，都可以说明。"① 学马列主义要学原著，联系自己思想实际，树立科学的历史观。"新的阶级及其文化……大抵发达于和旧者的对立中"②，"不仅要择取自己的文化遗产，对外国的东西，也要根据中国的国情批判地吸收"③。鲁迅重

① 《鲁迅书信集·致韦素园》。

② 《集外集拾遗·〈浮士德与城〉后记》。

③ 《且介亭杂文·论"旧形式的采用"》。

视儿童教育，要求学校、家庭、社会都肩负重要的责任。他说：如果生物真会进化，人性就不能永久不变。要把儿童培养成后起新人，就要养成他们有耐劳作的体力，有生动活泼的精神，有顽强的敢作敢为的品格。驯良不是美德，而是没出息。① 鲁迅论工农教育时，首先是揭露国民党的愚民政策，竭力麻木他们的思索机关。中国有80%的文盲，就是愚民政策的结果。他提倡文字改革，认为汉字非常复杂，汉字与大众势不两立，改革汉字要与当前的民族解放运动同时进行，新文字应当拉丁化。他还号召革命的知识青年要为工农大众服务，要深入到民众的大层中，与大众一体，喜怒哀乐无不相通。鲁迅战斗的一生证明他是一位杰出的文学家、思想家、革命家和教育家。他自撰的两个诗句，就是他战斗一生的写照：横眉冷对千夫指，俯首甘为孺子牛。

5. **陶行知**

陶行知生长于安徽歙县贫苦的农村，接触劳动人民，幼在家乡就读，打下旧学基础。1906 年入教会学校，接受西方文教。1909 年 18 岁，考入南京汇文书院，后并入金陵大学。辛亥革命后，深受王守仁《知行合一论》和严复译《天演论》思想的影响，认为“共和者，人文进化必然之产物也”②。1914 年以优异成绩毕业于金陵大学，借款赴美攻读政治，得硕士学位，后转入哥伦比亚大学研究教育，师事杜威、孟禄等教授，深受其学说的影响。

1917 年获该校都市学务总监文凭后回国，先后任南京高等师范学校、东南大学教授、教务主任。1919 年杜威来华讲学，他主持并任部分翻译。五四运动，他主张改革旧教育，认为第一流教育家要有开辟和创造精神。1922 年中华教育改进社成立，他任主任干事，主持调查研究。1923—1926 年从事平民教育运动，与朱其慧、晏阳初等共组南京平民教育促进会，后成立中华平教促进会，认为“今日之平教即将来普及教育的先声”③。1930 年创办试验乡村师范学校，即晓庄师范学校，实施适合农村实际的生活教育，提出乡村教师必须有“农夫的身手，科学的头脑，改造社会的精神”，“成为改造乡村生活的灵魂”④。北伐时，他欢迎北伐军，拥护孙中山三大政策的三民主义。1930 年 2—4 月，他支持晓庄师生反对英、日舰侵入长江，支持下关工人反帝的大罢工游行，至国民党政府下令封闭晓庄师范，通缉陶行知，他写护校宣言抗议后，被迫流亡日本。这一时期他的

---

① 《且介亭杂文·从孩子的照相说起》。

② 华中师范学院教育科学研究所．陶行知全集：第 1 卷［M］．长沙：湖南教育出版社，1983：52.

③ 陶行知．陶行知教育文选［M］．北京：教育科学出版社，1981：23.

④ 陶行知．陶行知教育文选［M］．北京：教育科学出版社，1981：57.

生活教育理论全面形成，且发表了《行是知之始》《教学做合一》《在劳力上劳心》《生活即教育》等文章。晓庄被封后，他与同事总结经验说："中国革命要成功，非三万万四千万农民起来不可！""教育不过是达到农民解放的一个工具……但最重要的还是武器。"① 1931 年，陶行知自日本返中国，隐居于商务印书馆翻译世界名著，曾以何日平为笔名，发表《中华民族之出路与中国教育之出路》的文章。九一八事变后的 1933 年，他与蔡元培、李公朴等纪念马克思逝世 50 周年，并逐渐接受了新民主主义革命，与共产党合作。此时，他又在上海创办了山海工学团，提出"工以养生，学以明生，团以保生"的宗旨，实行军事、生产、科学、识字、运用民权、节制生育六大训练。

1934 年创办《生活教育》半月刊，将自己的名字"知行"改为"行知"，并大声疾呼"读死书、死读书、读书死"的时代已经过去，应去过民族革命的生活，并与宋庆龄、何香凝、马相伯、沈钧儒等发表《上海文化界救国运动宣言》，组织救国联合会，公开支持中国共产党告全国同胞书，赞成建立抗日统一战线。到抗战爆发，山海工学团即战地服务团，还办难童学校，1939 年又改育才学校。1946 年，又与李公朴等在重庆办社会大学，为反内战，发表了多次讲演。因劳累过度，患脑溢血，仅 55 岁即与世长辞，实践了他自己"鞠躬尽瘁，死而后已"的誓言。后人悼念陶行知先生，首先在于他为人民教育事业的献身精神和创造精神。他早年就舍弃教授的地位，奔向平民的道路，抒发了献身于教育的诗篇："人生天地间，各自有禀赋，为一大事来，做一大事去"②。他从事乡村教育时，书赠乡村教师的诗句："捧着一颗心来，不带半根草去。"他认为"真教育是心心相印的活动，唯独从心里发出来的，才能打到心的深处"③。一个人做的是大事，还是小事，不在职位的高下，"小人居高位如在厅堂里挂画像，挂得愈高，越见其小"④。他轻视"政客式"的教育家，也不高估"书生式"和"经验式"教育家，认为第一流的教育家要敢探未发明的新理，敢入未开化的边疆，有创造精神和开拓精神。创造时，目光要深，开辟时，目光要远，总起来说，创造、开拓都要有胆量⑤。他反对因袭陈法和老八股，也反对仪型他国和洋八股。他的事业的足迹，就是富有创造性和开拓性的晓庄师范→山海工学团→育才学校→社会大学。他的《创造宣言》中还写道："教师的成功是创造出值得自

---

① 戴伯韬. 陶行知的生平及其学说［M］. 北京：人民教育出版社，1982：49－50.
② 《行知诗歌集》，第 13 页。
③ 陶行知. 陶行知教育文选［M］. 北京：教育科学出版社，1981：107.
④ 《陶行知书信集》，第 134 页。
⑤ 陶行知. 陶行知教育文选［M］. 北京：教育科学出版社，1981：298.

己崇拜的学生"，"教育者也要创造出值得自己崇拜的理论和技术"①。陶行知生活教育的理论，早在20世纪40年代，通过《谈生活教育》的一封公开信，比较集中概括了几个基本论点。

（1）从定义上说，生活教育就是给生活以教育，用生活来教育，为生活向前向上的需要而教育。

（2）从生活与教育的关系上说，是生活决定教育。

（3）从效力上说，教育通过生活才能发出力量而成为真正的教育。

（4）教学做合一是生活法，亦即教育法。

（5）在劳力上劳心，以期理论与实践的统一。

（6）社会即学校是把教育从鸟笼中解放出来。

（7）即知即传是把学问从私人荷包里解放出来。

（8）行是知之始，知是行之成，是教人从源头上追求真理。

（9）工学团或集体主义的自我教育是在团体生活里争取自觉的进步。

（10）教育是民族解放、大众解放的武器，是把教育从游戏场、陈列室解放出来，输送到战场上去。……总之，生活教育理论是半殖民地半封建的中国争取自由平等的教育理论。

许多人认为陶行知的教育思想实是杜威的实用主义，但他却批评杜威"教育即生活，学校即社会"学说的虚假性：把社会上、生活中的东西搬一点到学校里，好比搬一些树枝到鸟笼里，但这"鸟笼毕竟是鸟笼，决不是鸟世界"，鸟在这样的笼里的生活，就不同于在大森林中的生活。所以他把杜威学说翻了半个筋斗说："生活即教育，社会即学校。"他认为"学校教育要伸张到大自然、大社会中去活动"，"生活与生活摩擦才能起教育作用，如果过的是少爷生活，虽天天读劳动的书，不算是受着劳动教育……我们要想受什么教育，便须过什么生活。"② 陶行知关于教育的目的与方法的主张，详见下面所述。

根据上述史实，且作如下概括。

1. 春秋战国时代，奴隶主、封建主均以专制政治压迫人民，但士有智慧才能，故列为四民（士、农、工、商）之首。统治者为求治国良策，故有养士之风，学者思想解放，故有百家争鸣：基于立身处世，论及伦理纲常，高士的学说方略为统治者所采择时，也能展布夙抱，风行遐迩。秦相李斯实行法治，以法为教，以吏为师，可以说是初次实现政教一致、权能结合的显例。

① 陶行知．陶行知教育文选［M］．北京：教育科学出版社，1981：267.

② 陶行知．陶行知教育文选［M］．北京：教育科学出版社，1981：164.

2. 在百家中，儒、墨、道、法四家各抒创见，光芒四射，影响当世，绝不下古希腊的三大哲人。儒家以仁为主，主张忠恕行仁，主张王道仁政，反对专制霸道。荀况汲取老聃的自然观，认为宇宙循环，天命可制，环境移人，已论及人类与自然、社会的关系。墨家的兼爱、非攻、尚国、交利思想，含有世界和平的光辉。道家主张效法自然、清净养性、无为而治的政治思想要比捷克夸美纽斯的适应自然的教育原则早出二千多年。法家主张中央集权、政教合一、用统治者的意志贯穿于教育，教育所培养的贤能亦能改变政治，就含有政教的辩证关系。

3. 在儒、墨、道、法四家中，又以儒家为主干，但又在干上分支，互相砥砺，以至对立、斗争。其中，一脉相承的主要人物有：春秋战国的孔丘、孟轲、荀况，汉董仲舒、王充，唐韩愈，宋朱熹，明王守仁，清王夫之。其代表论著则有诗、书、易、礼、乐、春秋、论、孟、学、庸，及四书章句集注、朱子语类等。儒家学说，至宋称为理学或道学，它以三纲五常、四维八德统治中国，以至民国，垂两千五百年。其间有几次的对立斗争。如战国时期即有儒法斗争；汉有董仲舒的唯心主义与王充的唯物主义斗争；唐有韩愈的复儒与维佛斗争；宋、明两代有朱熹理学与王守仁的心学斗争，程朱理学与王安石李贽反理学斗争；清魏源、龚自珍等的今文理学派则与宋程朱的古文理学派斗争，清王夫之、颜元、戴震、徐光启注重自然科学与以往轻视自然科学的斗争，清末的顽固派、洋务派与维新派的斗争。但儒家学说影响深远，到民国初年，仍以忠君、尊孔为教育宗旨。维护封建伦理的理学随着半封建半殖民地社会的结束、中华人民共和国成立后才逐渐衰亡。人类的认识总要受历史条件和社会实践的限制，故有时代性，一般表现为由片面到全面、由表面到深入、由主观到客观，逐渐扩展。事物的对立斗争就是发展的动力，真理愈辩则愈明。由于历代的统治者总是过问依靠教育培养什么样的接班人，故教育与政治早就发生密切的关系，但要妥善地解决教育问题，就要研究教育与政治、经济、文化、哲学的关系。后人要批判继承历史的文化遗产，就要运用唯物观点，透过历史事件去衡量，做出肯定或否定的判断，那才是历史唯物主义的真谛。

二、教育的目的、宗旨、任务、职能

教育是培养教育对象、实现教育目的的过程。教育目的应决定于社会，历代的教育家往往提出自己的主张。

孔丘的施教对象十分广泛，主张“有教无类”，其目的是为统治阶级培养人才或士、君子。由此他认为上智与下愚不移，故又主张“学而优则仕”。

墨翟要培养贤士、兼士，能够利爱万民。他重视环境的教育作用，以染丝为例说：染于苍则苍，染于黄则黄，所入者变，其色亦变。所以他要求君子择交，使自己成为仁人义士。

老聃要培养士或国士，主张人要重士而师有道，去培养理想人格。

孟轲要培养明人伦的君子或统治人才。人伦是指五伦（君臣、父子、夫妇、兄弟、朋友），其核心是孝悌。他推崇人的意志，说："富贵不能淫，贫贱不能移，威武不能屈，此之谓大丈夫。"他又估量教育的作用大于政治：善政不如善教之得民也；善政得民财，善教得民心。

荀况论教育目的说：应"始乎为士，终乎为圣人"，要培养大儒或雅儒。

王充说：人品可分俗人、儒生、通人、文人、鸿儒五种，教育目的要培养鸿儒。人性善恶可以互变，那就是教育的作用。

韩愈指出：学所以为道，其内容包括德、智、政三者。他又提倡文以载道，认为道之所存师之所存也。

张载认为，教学目的是复归于天地本善之性，以立人之性。

朱熹力主教育目的是"存天理、灭人欲"，学习过程就是为了复性。

王守仁说：教育目的是"明人伦、致良知"。所谓良知即指人人皆有的是非之心。

颜元别开生面，说教育要培养利济苍生的实用人才。

龚自珍生活在鸦片战争即将爆发的时代，主张要培养尊德性、道问学的人才，或经世致用人才。

魏源主张培养心正、身修、家齐、国治、天下平的人才，认为鸦片战争失败的原因在于内政不修，缺乏经邦治国的人才。

太平天国的《钦定士阶条例》提出：创万年之基业，建非常的治绩，必须有非常之贤才，以才德兼备者为尚。其教育方针是招贤纳士，反孔反封建，改革传统文学和科举制度。

鸦片战争后的洋务派主张"中学为体，西学为用"。故1906年所订的教育宗旨是"忠君、尊孔、尚公、尚武、尚实"。

维新派的梁启超主张培养新民，并界定新民是进取、自由、自立、有组织的，重公德，爱国家，有毅力，勇敢，尚武。①

王国维1906年提出以体、智、德、美四育，培养完全人格的教育宗旨。关于智育，认为今世知识分为：理论知识以满足人们的求知欲，实际知识以解决社

① 节录梁启超《论教育当定宗旨》。

会和人生的需要。关于德育，认为古今中外的哲人皆视道德重于知识，教育应以道德教育为中心。关于美育，认为美育不在德、智二育之下，应培养鉴赏美、创造美的能力。美育应成德育的手段。美育可以发展学生的聪明官及发生器。三育各自独立，又互相交错，相辅相成，再加以体育，才成完全的人物。①

辛亥革命及建立民国后，1912 年国家所定的教育宗旨则为："注重道德教育，以实利教育、军国民教育辅之，更以美感教育完成其道德。"② 这反映了蔡元培的教育观点。他说："何谓公民道德？曰：法兰西之革命也，所揭示者，曰自由、平等、亲（博）爱。"③

五四运动后，胡适宣扬美国杜威的实用主义，认为教育无目的。因此，1922 年，乃废教育宗旨，而以五项标准作为指导原则，即"适应社会进化的需要，发挥平民教育精神，谋个性的发展，注意生活教育，使教育易于普及"④ 等。

国民党掌握政权后，1928 年提出了三民主义的教育宗旨为："充实人民生活，扶植社会生存，发展国民生计，延续民族生命为目的。务期民族独立、民权普遍、民生发展，以促进世界大同。"⑤ 但自 1927—1937 年，我国已有共产党领导下的革命根据地，1934 年提出了苏维埃文化教育的总方针："在于以共产主义精神来教育广大的劳苦民众，在于使文化教育为革命战争与阶级斗争服务，在于使教育与劳动联系起来，在于使广大中国民众都成为享受文明幸福的人。"⑥ 抗日战争时期的 1940 年，国民党又制订了国民教育实施纲领，大力提倡"管、教、养、卫合一"⑦ 的国民教育制度，在国民党统治区中实施。但自 1937—1945 年，共产党在抗日民主根据地，也提出"教育为长期的抗战服务，教育与生产劳动结合"的教育方针，作为 1934 年苏区文教总方针在新形势下的发展。⑧

自 1921 年中国共产党成立，经历北伐、土地革命战争、抗日战争、解放战争四个革命阶段，我国文教界尚有著名教育思想家对教育目的等做重要的论述。

晏阳初认为 20 世纪是民族生存的知识竞争，故于 1923 年中华平民教育促进

---

① 节录王国维《论教育之宗旨》。

② 舒新城. 中国近代教育史资料：上册［M］. 北京：人民教育出版社，1961：226.

③ 蔡元培《对于教育方针之意见》。

④ 毛礼锐，沈灌群. 中国教育通史：第 5 卷［M］. 济南：山东教育出版社，1988：24.

⑤ 毛礼锐，沈灌群. 中国教育通史：第 5 卷［M］. 济南：山东教育出版社，1988：252.

⑥ 毛礼锐，沈灌群. 中国教育通史：第 5 卷［M］. 济南：山东教育出版社，1988：161.

⑦ 上海师范大学《教育发展史资料》，第 411 页。

⑧ 毛礼锐，沈灌群. 中国教育通史：第 5 卷［M］. 济南：山东教育出版社，1988：186.

会成立时，宣布平教是以“除文盲，作新民”为其根本宗旨。① 他还认为救亡图存的教育最迫切需要的是：第一，培养知识力，最低限度须培养农民的民族意识和国家观念；第二，培养科学的生产力，更换那些老农、老圃的旧习惯、旧技术，使他们明白人定胜天，一切均可自己创造的道理，养成自给自养的能力；第三，培养组织能力，克服自私散漫，养成纪律生活，做到自卫自保。②

梁漱溟认为：教育应当看人的全生活，而身体活泼和心理活泼两点为根本重要。教育要促进文化的改造。两千年来的中国社会是伦理本位和职业分途，形成阶级对立的形势很少，故对社会问题不再用暴力革命，而用教育去修缮改正即可。从他的言论中，可以理解他心目中的教育目的是：培养明人生而敦伦理、能自爱爱人、自新新民的儒者。

而教育内容则是包括知识教育、人生行谊教育、体育、美育和综合性教育等项。③

陈鹤琴主张：“活教育的目的就是在做人，做中国人，做现代中国人。”④ 做人的基本要求是：“第一，他必须爱人，不论国界、种族、阶级或宗教的关系；第二，他确是最爱真理，不为富贵所淫；第三，他有人类崇高的精神、天下一家的观念。”⑤ 做中国人就是要培养每一个国民，使其具有热爱祖国、热爱人民、保卫祖国、建设祖国的爱国主义品质，体现出教育目的的民族性。做现代中国人则必须具备五个条件：一要有健全的身体；二要有建设的能力；三要有创造的能力；四要能够合作；五要服务。⑥

鲁迅认为教育要为社会革命培养“新战士”。因为社会改革首先在于立人。培养革命战士要重视革命品德：要有容纳时代新潮流的精神，要有彻底革命不怕牺牲的精神，要有远大目标和艰苦奋斗的精神，并要在参加社会实际斗争、与工农结合中培养革命战士。⑦

陶行知生活教育的根本目的是培养学生生活实践和创造的能力。他在《育才学校校歌》里即描写了教育和学习的任务是要“创造幸福的新中国、新世界”⑧。下面统整他的主张以便理解。

---

① 晏阳初《平民教育的宗旨、目的和最后使命》。

② 晏阳初. 中国农村教育与农村建设问题［J］. 民间，1935，1（23）.

③ 毛礼锐，沈灌群. 中国教育通史：第5卷［M］. 济南：山东教育出版社，1988：579－583.

④⑤⑥ 陈鹤琴《活教育·理论与实施》，第45、46、72页。

⑦ 毛礼锐，沈灌群. 中国教育通史：第5卷［M］. 济南：山东教育出版社，1988：626－630.

⑧ 陶行知. 陶行知教育文选［M］. 北京：教育科学出版社，1981：293.

1. **生活和创造能力的总题目是：征服自然改造社会的本领**

（1）随着历史和他思想的发展，又提出具体的目标，如为争取民族和人民大众的生存和解放而斗争所需的能力；为使中国从农业文明过渡到工业文明，建设自由幸福的新中国所需的能力。

（2）创造能力的特点。

第一，治学与治事能力并重：
- 治学能力——观察思考分析、综合判断、推理等思维能力。
- 治事能力——手脑并用、能言能行、掌握工具、善于待人的能力。

第二，发展创造才能和引导创造方向与动力相结合——有了真正信仰，才能产生力量，有了力量，才能救国。

2. **怎样培养创造能力？教学做合一是培养创造能力的理论和方法**

（1）手脑并用的教育，在劳力上劳心，教育与生产劳动结合。

（2）创造的环境与环境的创造——学校生活应有创造气氛，通过师生劳动，创造环境、学校与自然社会“血脉相通”。

（3）提出五个解放培养学生的创造力——解放头脑、双手、嘴、空间和时间。

（4）创造教育最重要的是必须有创造的教育者——敢探未发明的新理，敢入未开化的边疆，学而不厌，诲人不倦，自化化人，教学相长，创造真善美的活人。

陶行知生活教育的根本方法或教学理论（不是具体的教学原则或方法，所以接在生活教育的根本目的下面论述，而不归入下述教学原则或方法项内）是教学做合一。

1. **教学做的关系**

（1）“事（指实际生活）怎样做就怎样学，怎样学就怎样教，教的法子要根据学的法子，学的法子要根据做的法子。”①

（2）教学做合一“是以生活为中心的。”②　“做是学的中心，也是教的中心。”“做的定义便是在劳力上劳心。单纯的劳力只是蛮干，不能算做，单纯的劳心，只是空想，也不能算做，真正的做只是劳力上劳心。”③ 如种稻、游泳都要在田里、水里做、学、教。

---

① 陶行知．陶行知教育文选［M］．北京：教育科学出版社，1981：77.

② 陶行知．陶行知教育文选［M］．北京：教育科学出版社，1981：88.

③ 陶行知．陶行知教育文选［M］．北京：教育科学出版社，1981：95.

(3) 强调做、行是重视实践，因为“亲知为一切知识之根本”。但并非只求狭隘的个人经验，忽视间接的书本知识，而是要通过实践成为我们的真知识。①教法要根据学法，是要求两者“联络”起来，促进“教学相长”，也并非降低教师作用。“先生的责任不在教，而在教学，教学生学。”把学习中解决问题的方法和程序教给学生，使他们提高学习效果，并且举一反三。②

2. 教学做合一的含义

(1) 作为方法来说，是要解决“学非所用，用非所学”，达到“学用一致”。

(2) 作为生活的说明来说，即“一个活动对事说是做，对已说是学，对人说是教。”在实际生活中，做饭、练兵、研究、革命，都要教学做合一。③

3. 教学做合一的认识说根据

(1) 做的特别定义是在劳力上劳心，用心以制力。

(2) 教学生学，是培养他们独立观察、思考、分析、综合、判断、推理的能力，就是孟子所说“自得”，现今所说的“自动”。把王守仁所说“知是行之始，行是知之成”也翻了半个筋斗。④

面对上述史实，再做如下概括。

1. 教育目的问题是教育哲理中的首要问题，常用大量篇幅研讨，因为教育目的是一切教育工作的归趋，目的不明则工作就不免试误。

2. 教育目的总要随政治的变更而变更。春秋战国要靠士的出谋献策，来安内攘外，所以培养士成为教育目的，而且要求愈来愈高。封建社会的等级制，除公、侯、伯、子、男等勋爵外，下面就是大夫、士和庶民，士成为可以为师的一个阶层。韩愈提出的道是指封建社会的伦理纲常。程朱树立的理就是道，存天理并非指遵循自然规律，而是指天人合一、天命的封建伦理，要理存于人的内心，就是王守仁的心学。灭人欲是指封建道德规范以外的私欲。这一切都是为了维护封建统治，儒家学说是适应封建统治的需要，故能延续两千多年而不衰。迨鸦片战争，帝国主义的坚船利炮、开五口通商，资本主义的西学西艺纷至沓来，冲击了封建政体和儒家道统，才使朝廷觉醒，提出过渡式的中学为体、西学为用的国策，及忠君、尊孔、尚公、尚武、尚实的教育宗旨。再到辛亥革命，推翻清朝，建立民国，民国元年颁行的教育宗旨，除去忠君尊孔外，其余与清末的相差无

---

① 陶行知．陶行知教育文选［M］．北京：教育科学出版社，1981：65.

②③ 毛礼锐，沈灌群．中国教育通史：第5卷［M］．济南：山东教育出版社，1988：673－674.

④ 毛礼锐，沈灌群．中国教育通史：第5卷［M］．济南：山东教育出版社，1988：674－677.

几。所以如何弃旧迎新，一时颇感彷徨，于是杜威的教育无目的论在我国也找到市场。杜威主张教育即生长、即生活，教育是为了更多的教育。社会发展的方向要决定于未来人，我辈不应妄加预测而定出现在的教育目的。当时我国的教育学者多少亦受欧美教育思潮的影响：晏阳初将第一次世界大战后留在法国的华工所倡行的平民教育，移植于我国；陶行知受过实用主义的教育，但他对我国教育，则主张过滤孔孟，反对洋化，办起教劳结合，适合我国农村的生活；黄炎培重视国家的经济建设和当时学校学生毕业即失业的病症，锐意办起职业教育。延到1928年，国民党才确定三民主义的教育宗旨。

3. 在20世纪的最后10年，我国还是一个第三世界不够发达的国家，教育是国家的百年大计，是关系到子孙万代荣枯的事业。国家的决策者确是要使教育面向现代化、面向世界、面向未来，制定教育目的要兼顾教育与政治、经济、文化、哲学的关系，使受教育者能秉承最优哲理，汲取先进文化科学，成为我国精神文明和物质文明建设的建设者和开拓者，负起复兴中华民族的历史使命。但历代的决策者对事物的认识，往往受其实践的方向和范围的限制。故要调查研究，扩大眼光，高瞻远瞩，又采纳众议，方能克服缺点，以求大成。

三、 学生身心发展的年龄特征和学校教育制度

教育的对象是人，先秦以降，教育家就有人性善恶的看法和争论。

孔丘对人性的看法就像《三字经》所说：性相近，习相远。这是说人的本性是相似的，通过不同的学习会使差异变大。

孟轲提出天人合一学说，认为人性天赋，故天人一体，并由此产生人的性善论；人生来就有恻隐之心、羞耻之心、辞让之心、是非之心，由此发展可以形成仁、义、礼、智四德。

荀况反之，主张性恶论，认为人好利而恶害，禹、桀之所同，善者伪也，故对人要礼、法并用。

韩非亦主性恶论，认为人都有自为自利之心，父母对子女亦不免有计算之心。

董仲舒认为，性可比禾，善可比米，性分三品，应别善恶而教育之。

王充认为，人性善恶可以互变，重在教导，锻炼、渐渍，便能反情治性，尽材成德。如蓬生麻中，不扶自直，白纱入缁，不染自黑。

教育理论指出：教育应根据学生身心发展的年龄特征，建立相应的学校制度。可是我国古代在这方面的论述很少，人性善恶只是其中的一点端倪，但在学

校教育制度方面却有颇多论述。

魏晋南北朝时期就有时兴时废的官学。所谓九品中正的选士制度是将士分九等，但上品无寒门，下品无世族。门第观念很重。

唐有五门学，即国子学、太学、四门学、书学、算学。

宋的教育和科举制度，可分官学［包括国子学（贵族）、太学（庶人）和专门学］、私学（蒙馆、学塾、冬学）、书院（以私立为主，由私到公，主张自学与讲习相结合，重视儒学，讲明义理，修养道德，身体力行）、科举（这是教育后以考试取士制度）。

朱熹主张的教育制度分小学与大学。小学从 8 岁开始，以事为教，学生学伦常礼教、诗书礼乐。大学则以理为教，学生学格物致知，修己治人。

元有国学、地方学、书院和社学。

明有国子学、府学、州学、县学和乡村社学。科举则分郡小考、省乡试、京会试、皇帝殿试。中试者分一、二、三甲。

清袭明制，设国子监、皇族的宗学和觉罗官学；府、州、县、社学；书院，可分三类，分别以讲义理和经世之学为主，以考课举业为主，以倡导学术研究为主；科举，主要是进士科考试，分四级，初试由县、府、院举行，录取者称秀才，乡试在省城举行，录取者称举人，会试在京城举行，录取者称进士，殿试由皇帝举行，进士都可参加，通过者按成绩分三等（一等三人为进士及第，称状元、榜眼、探花；二等为进士出身；三等为同进士出身）。进士经过朝考，即可获得官职。明清两代的考试方法主要是作八股文。它规定一篇文章要由破题、承题、起讲、入手、起股、中股、后股、束股等部分和顺序组成，非常机械，使人思想僵化。

清末，根据洋务派宣扬的“中学为体、西学为用”思想，颁行了抄袭日本明治维新后的学制，称 1903 年的癸卯学制。它是中西混合，故科目多，内容杂，年限特长。当时还创办洋学堂（如外语学校、同文馆、算学馆、水师学校、武备学堂）并遣派许多留学生（学习科技、企管、海军、外交、政治等）。

辛亥革命后的学制，仍沿用日本的中小学的七四制（小学七年，中学四年），大学预科三年，本科四年，实业和师范学校都入学校系统。1919 年杜威来华宣扬实用主义教育，使我国学制于 1922 年转向美国的六三三四制，即小学六年，初高中各三年，大学四年，高中分普通科（文、理）和职业科（农、工、商、师范），小学高年级施职业预备教育，另设高中和大专程度的职业学校。1928 年制定三民主义的教育宗旨后，学制又有三次修改。1928 年，取消六年制师范学校，师范学校和高中师范科均收初中毕业生，学制三年。设立乡村师范学校，加强防共教育。又设二年制师专，补充培养初中教员。1932 年，国民党陆续制定中小学、师范、职业学校法和规程，因此学制上除六年制普通小学外，增设二年制简易小学、一年制短期小学，取消多科制中学，分别单独设立普通中学、师范学校和职业学校。1940 年，随着国民党制定国民学校法，宣扬管、教、养、卫合一，规定每保设国民学校，每乡镇设中心国民学校，乡镇长、中心学校校长、壮丁队队长均由一人兼任。

根据上述史实，可作如下概括。

1. 人的身心发展显然有各年龄阶段所表现出来的特征。如男女在发育期间（女 14 岁、男 16 岁开始）身心迅速增长，人人可见。近来心理学家发现五六岁、十一二岁和十四五岁是人身心发展的关键期，这更引起教育上的重视。在理，国家或群众办学都应该根据学生年龄特征的阶段性，分级办理教育，构成制度，使教育制度与年龄特征相适应。

我国古代教育家即已看到人性有善恶且可以互变，故应别善恶而教育之。但论善恶之由来，孟轲认为人性天赋，故本善，此说近于遗传决定论。荀况认为人皆好利恶害，故本恶，此说近于环境形成论。两者皆有片面性。其实，人类是由生物进化而来，又生长于社会，故兼具生物性与社会性。如孔丘所说食、色性也，那就是生物性，人类亦不例外。但人类与动物的差别在于要遵循社会规范，不伤害他人，这就是社会性。人是否放纵动物的欲求，而不受社会规范的约束？自有社会的评价，所谓善恶实是社会对各个人言行的褒贬，而不是先天所使然。现代教育科学已确认人有遗传素质上的差异，但这差异要靠后天的环境与教育去发展和形成，教育应起主导作用。上述我国古代教育家的见解各有其先见之明，但又都受到时代的局限。

2. 封建社会政治制度最明显的特征是等级制，等级最粗略的划分是贵族和平民。不论贵族和平民的内部再作如何细分，但贵族和平民的严格界限总不能逾越。封建社会的教育制度一定要与政治制度相适应，都笼统地按照儿童与成人的差别，分为初等和高等两级教育，虽然汉、唐、宋、元、明几朝有所不同，但概括地说：公学则有国学和地方学，私学则有书院和社学。到封建社会结束，中华民国成立，由于先仿日本的小学七年、中学四年、大学预科三年和大学本科四年的学制，后转美国的小学六年、初中三年、高中三年、大学基本四年的学制，才使原先的初高等两级教育变成初、中、高等三级教育。这就更具按照学生的年龄特征来制定学制的意味。因为学生年龄特征中，经过研究，分为儿童期（五六岁～十一二岁）、少年期（十一二岁～十四五岁）和青年的初期、中期和晚期三阶段（16 岁以上），都有明显的差别。科举不是教育制度，而是取士制度。但教育史上论学制时往往论及科举，因为科举实是学而优则仕的途径，含有教育、考试、铨叙一条鞭的意味。自隋唐至明清的科举均以四书五经为内容，又随时代政变其形式。明清要考经义、韵诗、时文、策论，束缚儒生思想。为害最烈是八股文，成为统治阶级驯服儒生的手段。

3. 考察教育史上关于年龄特征与学校制度的关系，其发展趋势将是以学生身心发展的年龄特征为纵坐标，各类教育（如年轻一代教育、工农成人教育）为横坐标，纵横坐标中构成的框图将是各类教育中与年龄特征相适应的各级教育，体现年轻一代教育与工农成人教育双管齐下，相随并进；以普通教育为基础，职业技术教育为归宿；全面实现教育的普及实施、试探才能、分修所好、进攻专业的各种职能。

四、 学制与课程

学制应适应学生身心发展的年龄特征，然后即应研究各级各类学校要有什么样的课程和教材去达成其特定的任务。这个问题非常复杂，先看前人已经走过的道路。

孔丘施教的内容主要是六经（诗、书、易、礼、乐、春秋）和六艺（礼、乐、射、御、书、数），兼有理论与实践。

汉的官学常使学生学政治，考策论，以备从政。私学皆由经师大儒私设、讲经，定诗、书、礼、乐为学生学习的主要内容。

唐设国子学、太学、四门学、书学、算学、律学。王通主张文以载道。

北宋以来皆重五经四书，南宋到清除五经增为十三经外，还有历史、诗词、医学、算学、武学；蒙养教材除朱熹的小学外，还有三字经、百家姓、千字文、千家诗、字课图说、地球韵言、格致之学等。明代则特重程朱理学。

元明清三代最典型的教学计划，可以程端礼家塾读书分年日程为例。①

八岁未入学前：读《性理字训》。

八岁入学后：先读《小学》。

次读《大学》《论语》《孟子》《中庸》《孝经》。

再次读《易》《书》《诗》《礼》《春秋》和《三传》。

再次读朱熹《四书注》《通鉴》《史记》《汉书》《韩文》《楚辞》。

兼温上列各书。

① 毛礼锐，等. 中国古代教育史［M］. 北京：人民教育出版社，1979：416.

终应科举。

其精神是：注重基本功夫，读书集中专一，注重温故知新，读书要有先后和考查，重视理义之学，即理学与举业，毕其于一，即读书明理。

清末，提倡中学为体、西学为用，使学校课程有急剧变化。兹以1903年的中学课程为例，它设置了修身、读经讲经、中国文学、外国语、历史、地理、算学、博物、图画、体操、理化、法制、理财等14门课程。

辛亥革命后，1912年的中学课程则取消了读经，改设修身、国文、外语、历史、地理、数学、博物、物理化学、法制经济、图画、手工（女子为家事园艺、缝纫）、乐歌、体操等15科，具有反封建、倾向于实利主义的特点。

北洋军阀统治时期，杜威、孟禄相继来华，故1922年的课程改革，是以实用主义的教育指导为指导，提出适应个性发展的原则。小学设国语（包括读、说、写、作四项）、算术、社会（包括地理、历史、公民、卫生四门）、自然（包括自然、园艺两门）、工用艺术、形象艺术、音乐、体育等，共8种12门，各科教学均改学时制为分钟制。初中重综合课，设社会科（包括公民、历史、地理三门）、语文科（包括国语、外国语两门）、算学科、自然科、艺术科（包括音乐、手工、图画三门）、体育科（包括体育、生理卫生两门），共6科12门。教学采学分制，重升学。高中课程更复杂，就高中普通科说，设公共必修、分科专修和纯粹选修三类。公共必修设国语、外国语、人生哲学、社会问题、文化史、科学概论、体育七门。分科专修分文、理两科。两科皆有必修科，文科设语文、心理学初步、伦理学初步、社会科学之一种，及自然科学或数学之一种等五门。理科设三角、高中几何、高中代数、解析几何、用器画，及物理、化学、生物三种选习一种等六门。此外，还有两科的选修科。纯粹选修所有普通科课程都是以升学为目的，分科是为了准备升入大学相应的科系。就职业科说，则分农、工、商、师范、家政等科，其课程除公共必修与普通科相同外，其他科目并无统一规定，可由各地因地制宜，分科制定。

国民党实行党化教育后，1932年颁行了中小学课程标准。小学设公民训练、卫生、体育、国语、社会、自然、算术、劳作、美术、音乐共10门。初中设公民、体育、卫生、语文、英语、算术、植物、动物、化学、物理、历史、地理、劳作、图画、音乐共15门。高中设公民、体育、卫生、军训、国文、英语、算术、生物、化学、物理、本国史、外国史、本国地理、外国地理、伦理、图画、音乐共17门。这个时期的中小学课程，较诸1922年，变化最明显的是取消了分科制、选修制和学分制，各级学校皆设置了公民课，高中设置了军训，语文中又提倡本位文化，尊孔读经，用课业的过重负担防止学生参加革命。

根据史实，做出如下概括。

1. 按照辩证法范畴论关于内容和形式的辩证关系，教育上原应由教育目的和学生年龄特征而设置的课程的总量来决定学制的短长，以保证达成所培养的人才的规格。如我国中小学仿日时采七四制，改仿美时变成六三三制；但既定的学制又限制着课程的门类和总量，否则就会发生过去已出现过的学生课业的过重负担。

2. 就我国历代学校课程的演变来看，自春秋至清末都以儒学为正宗，所以封建的伦理纲常的思想真是深入人心，影响久远。但也不是一无是处，当前的贪污、腐化、官倒、贿赂现象严重泛滥的时候，不是还在提倡廉政、肃贪、建设精神文明吗？在课程演变的长过程中，最急剧的质变都是来自外来的刺激及其所引起的政治、经济的变革。如鸦片战争，因帝国主义的炮舰轰开国门，乃开五口通商，于是商品经济冲击封建经济，西学西艺动摇传统儒学，只谈伦常纪纲不足以抵御外侮，不厉行变法维新，不足以救亡图存。教育上在中西学合渗的思潮下，由传统儒学转向实用主义，实是一时寻求出路的尝试。辛亥革命推翻帝制，建立民国，乃废弃两千多年的尊孔读经，改设自然、社会、艺术体育诸科，可以说是由量的渐变到质的突变。1932 年的党化教育实因国民党政府遭遇政权动摇，乃在全国实行教、管、养、卫成套的专制政治体制，教育上又终止实用主义的尝试，虽保留 1922 年的各科课程，但又以军事训练、公民训练来束缚学生的身心，却是一种倒退。

3. 教育在历史上的主要作用，实是传递知识，造成新老两代的继承性联系，所以教育在任何社会发展阶段中，它一直是生产斗争的工具，只有在阶级社会中，它才又是阶级斗争的工具。儒学流传我国两千多年，向来是我国人民的精神支柱和社会传统，但它偏重精神修养，轻视物质建设，故一旦败露，即趋衰亡。经得起长久考验的教育应当是社会的政治、经济、文化、哲学的正确反映，又能对社会的精神建设和物质建设起重大的促进作用。

五、 培养教育对象、 实现教学教育目的的教学过程

在教学论的历史遗产中，关于教学过程问题，由于世代的实践经验的继承发展或批判转折，故其论述特多，兼及知、情、意几方面，且有百家争鸣。兹依历史顺序，列述其梗概。

孔丘曾把人的天赋才能分为：生而知之，学而知之，困而学之，困而不学四等。但他论后天的学习时，则主张学者要博学、慎思、笃行，又指出学而时习

之。所以他主张的教学过程可分学、思、习、行四阶段。他对学与思的关系提出了“学而不思则罔，思而不学则殆”的名言。他又指出知后必须切实地实行，促进知行的联系；行时要有意志的坚持，要求为学要笃信好学，立志发愤。

墨翟认为知识可分视知、闻知与说知。中以视知为亲知。这是早已指出耳闻不如目击、百闻不如一见的道理。关于道德修养，墨翟指出节俭则昌、淫佚则亡、强力而行，这是教人恪遵道德规范，不可放纵逾越。墨家还主张志行的联系说：志行，为也。指出有志之行才是为，无志之行不称为。

老聃的学习论有比较深邃的见解，但在我国以儒学为主的封建社会里，对道家思想则较少宣扬。兹据专家的研究①扼要评介如下：老聃学习理论的哲学前提是人类是自然的一部分，要按照自然去发展就必须掌握自然发展的规律。（这比17世纪夸美纽斯提出的遵循自然原理，学习的目的在于回复自然的本性，要早两千两百多年。）因此学习可分为学与为道两条途径，但为道可以包括为学，为学的最终目的是为道。为学必须求知，“知不知尚矣，不知知病也”。这与孔丘所说的“知之为知之，不知为不知，是知也”如出一辙。但老聃主张学者要向内化知，以求有自知、有创见的程度。人为学，积累了知识，就要遵循社会伦理。但为道还要着重精神境界的升华，摆脱政治伦理的束缚。故为道可分三阶段：即观（直觉知现象）、明（明白四达知本质）和玄览（深观远虑知大道）。大道指规律，要求学者掌握自然规律，能够执一概百，能够以自然规律驾驭自然万物。这才是学习的真谛。现代心理学指出：教学过程中，知、情、意三者有密切的关系，因为学习知识常受情绪的影响，也需要意志的坚持。老聃早就指出：人有七情（喜、怒、哀、惧、爱、恶、欲）六欲（声、色、衣、香、味、室），放纵可致死，无欲则可治，故要见素抱朴，少私寡欲，知足常乐。②

韩非信奉唯物主义的认识论，否定先验和臆测。

孟轲继承孔丘，也承认人有天赋的良知良能。在学习上，则重学与思，而不重闻见之知。他说：耳目之官不思，心之官则思，思则得，不思则不得也。对书上已有的知识也要深思，尽信书则不如无书。他还重情与意的相互关系，而意志可以统帅感情。他说：志至焉，气次焉，故曰持其志，无暴其气。天将降大任于斯人也，必先苦其心志，劳其筋骨，饿其体肤，以培养大丈夫舍生取义的精神。

荀况兼重学、思、行三者，主张认识过程是闻、见、知、行，是器与道、事

---

① 丁钢．先秦道家的教育思想［J］．华东师范大学学报（教育科学版），1987（2）：21－36.

② 燕国材．老庄道家学派的心理思想探索［J］．心理科学通讯，1986（4）：3－11.

与理的关系。他说：君子生非异也，善假于物也。假舆马者非利足也，而致千里。知之曰知之，不知曰不知，内不以自诬，外不自以欺。吾尝终日而思，不如须臾之所学也。学要虚而静，专一有恒，锲而不舍。思维方法要解蔽，要兼陈中衡（兼陈万物，而中悬衡焉）。思与行要结合：著于心，布乎四体，形乎动静。礼是万变不乱，莫可损益的人道之极，人要做到能以公义胜私欲。志意修则骄（傲）富贵，道义重则轻王公。

儒家的《中庸》对教学过程做出了很中肯、完备的概括：博学之，审问之，慎思之，明辨之，笃行之。

王充认为知识来自感知经验，须任耳目以定情实。他又提出“效证”观点，说：“事莫明于有效，论莫定于有证。”① 故尽信书不如无书。学贵专，学以致用。

董仲舒重道德修养，以礼为规范，要自我修养，勉力行道，积小致巨。

朱熹认为学习的过程是习惯化的过程。少成若天性，习惯成自然。习与智长，化与心成。他对知行的关系说：要穷理以致其知，反躬以践其实。他在《读书法》中还有精辟见解：“知与行常相须，如目无足不行，足无目不见。论先后，知为先；论轻重，行为重。”②

王守仁倡知行合一学说，分析知行过程诸环节的联系和区别，认为：“知是行之始，行是知之成。”“以求能其事而言谓之学，以求解其惑而言谓之间，以求通其说而言谓之思，以求精其察而言谓之辨，以求履其实而言谓之行；盖析其功而言则有五，合其事而言则一而已。”③

王夫之认为学与思是致知的两途，知要统一于行。他说：君子之学，未尝离行以为知也必矣。

颜元批判程朱的理学与陆王的心学，而主张习行之学，认为学习不限于读书，读书愈多愈惑，审事愈无识，办经济愈无力，而强调习行的重要。

戴震主张教育过程要内资与外养合一。

我国尚有知行的先后与难易的长期争论，如《左传》中有“非知之实艰，将在行之”。《尚书》中有“非知之难，行之惟艰”。孙中山在《心理建设》中提出知难行易学说，认为“行先知后，不知亦能行”。陶知行赞同行先知后，故将自己的原名也颠倒过来叫行知。

---

① 《论衡·薄葬》。

② 《朱子全书》卷六《论读书法》。

③ 《传习录》中答顾东桥书。

据史实，可做如下概括。

1. 我们认为我国历代学者关于教学过程的阶段性的论述，基本上可谓《中庸》中的论述“博学、审问、慎思、明辨、笃行”最具代表性，它概括了历史遗产的精华，又为后世所信服。就教学过程的心理因素说，则指明知、情、意三者有密切的关系，如求知常受情绪的影响，行为要靠意志的坚持。孔丘所说：笃信就能好学，立志就能发愤。老聃所说：人有七情六欲在影响学习。孟轲所说：要有意志才能完成大任。

2. 关于教学过程阶段性的提法，则稍有差异。关于感性认识，孔丘提出圣贤是生而知之；荀况重视闻见；墨翟认为视知（亲知）重于闻知；王充主张感知（直接认识）重于书本（间接认识）；孟轲认为感官只能感知，要靠大脑才能思维；韩非反对先验和臆测。关于理性认识，孔丘最早提出学与思的依赖关系，并不可偏废；孟轲、荀况继之强调研究问题要锲而不舍，解蔽悬衡；王守仁所说知行过程诸环节的区别和联系，比《中庸》所说的更明确具体；朱熹所说从知长智，就有掌握知识发展智力的含义；颜元提倡习行之学；戴震所说教育要内资外养就有外因通过内因起作用的意味；老聃指出为学要向内化知，提出创见，为道要透过事物的现象，揭示其本质，探索其规律，这是至理名言。关于再实践，孔丘指出学思之后的习行；朱熹说要由习成惯；墨翟、董仲舒都主张道德要力行；荀况主张的思行结合要使公义战胜私欲。在知行的关系问题上，既承认实践是认识的来源，就应该坚持实践第一的观点。通过实践获得的感性认识和理性认识，绝不是直线式的手段，而是螺旋式的上升。相对真理是向绝对真理的无限接近，已知者则易，未知者犹难。新事物的使用者多不及该事物发明者的深知，前者所以能行是享受了后者的庇荫。在知识上，道德上，能以所知，不论时间地点和条件，坚持力行，也不容易，能行者要靠意志的坚持。所以对知与行之难易，也应采取相对观。

3. 根据上述先圣前贤的言论，可使我们觉察到：人的认识总要受历史时代的限制，对同一事物又从不同的侧面看问题，所以就有见仁见智的片面性。但人又总是站在历史与社会的交叉点上，既要承先启后，又受相互影响，所以在探索问题时，常会乘虚补缺，相辅相成，一个矛盾解决了，又会出现新的矛盾。

六、 根据教学过程的规律性而提出的教学原则

关于教与学原则，对历史遗产进行归纳，可在概括出来的标题下，列举其相近似的论述。

（一）学的原则

虚心好学——孔丘重视学习的态度和思维。他盛赞颜回的学习态度说：“吾与回言终日，不违，如愚。退而省其私，亦足以发，回也不愚。”他指出学习要虚心，要“不耻下问”，故有“子入太庙每事问”的虚心。他还提出学习要遵循“毋意、毋必、毋固、毋我”（勿臆度，勿独断，勿固执，勿自以为是）的思维原则（《论语》）。老聃提出的“虚静原则”，强调客观观察事物，先求主观心境清静。① 王夫之指出：“学者以去骄去惰为本，识自此充。”（《俟解》）

专心、致志、有恒——孔丘说：“譬如为山，未成一篑，止，吾止也。譬如平地，虽覆一篑，进，吾往也。”（《子罕》）“用志不分，乃凝于神。”② 孟轲重视学习中的专心与有恒，他说：“弈秋，通国之善弈者也。使弈秋诲二人弈，其一人专心致志，唯弈秋之为听；一人虽听之，一心以为有鸿鹄将至，思援弓缴而射之。虽与之俱学，弗若之矣。为是其智弗若欤？曰：非然也。”他又指出：“虽有天下易生之物也，一日暴之，十日寒之，未有能生者也。”（《告子上》）荀况的名言：“故不积跬步，无以至千里；不积小流，无以成江海。骐骥一跃，不能十步；驽马十驾，功在不舍。锲而舍之，朽木不折；锲而不舍，金石可镂。”（《劝学》）韩愈说：“业精于勤，荒于嬉；行成于思，毁于随。”“焚膏油以继晷，恒兀兀以穷年。”（《进学解》）朱熹指出：教学要专一。他以鸡抱卵为喻说：“须是莫断，若断了便不成。”③ 王夫之重视立志与自勉，他说：“人学之士，尚志为先，志立则学思从之，故才日益而聪明盛。”（《张子正蒙注》卷五）“学者不自勉，而欲教育之俯从，终其身于不知不能而已矣。”（《四书训义》卷二十五）

温故知新——孔丘说：“学而时习之，不亦说乎？”（《学而》）“温故而知新，可以为师矣。”（《为政》）宋张载说：“书须成诵，精思，多在夜中或静坐得之。不记则思不起，但贯通得大原后，书也易记。”（《经学理窟·义理篇》）

朱熹对学而时习之解说为：“学之为言效也。……时者，无时而不熟也；习者，重复温习也……”（《朱子全书·论语一》）颜元说：“思过读过总不如学过；一学便住也终殆，不如习过；习两三次，终不与我为一，总不如时习方能有得。”（《习斋言行录》卷下）

---

① 此处的“虚静原则”与下述的“辨异求同原则”“道观原则”，均转引自丁钢：《先秦道家的教育思想》，载《华东师范大学学报（教育科学版）》，1987（2）。

② 《庄子·达生》篇，转引自燕国材：《老庄道家学派的心理思想探索》，载《心理科学通讯》，1986（4）。

③ 毛礼锐，等. 中国古代教育史［M］. 北京：人民教育出版社，1979：397.

循序渐进——由于教材常有逻辑顺序，所以学习在心理上也要循序渐进，才易理解、巩固，这方面学者的体会特多。老聃说：图难于其易，为大于其细。天下难事必作于易，天下大事必作于细。[1] 合抱之木，生于毫末。九层之台，起于累土。千里之行，始于足下。[2] 孟轲早就提出学习是否循序渐进的利害。他说："其进锐者，其退速"。（《尽心上》）流水要"盈科而后进"。（《离娄下》）"学道则不成章不达。"（《告子上》）他反对拔苗助长，说："助之长者，揠苗者也，非徒无益而又害之。"（《公孙丑上》）朱熹的白鹿洞书院学规指出："学、问、思、辨四者，所以穷理也，若夫笃行之事，则自修身以至于处事、接物，亦各有要……"他对读书方法亦主张"循序而渐进，熟读而精思"，做到"意定理明，而无疏易凌躐之患"。（《文集·答陈师德》）王守仁说："为学须有本原，须从本原上用力，渐渐盈科而进。"（《传习录》上卷）王夫之认为教学要适时，要有程序步骤，"时"有有恒不息和循序而进两义；"序"亦有事理之序和为学之序两义。[3]

批判创新——王守仁把批判创新精神列为学习原则之一。[4] 他说："夫学贵得之心。求之于心而非也，虽其言之出于孔子，不敢以为是也，而况其未及孔子者乎！求之于心而是也。虽其言之出于庸常，不敢以为非也，而况其出于孔子者乎！"这是教人为学必须独立思考，批判创新，是真理就要赞许，非真理就不要苟同。

由博返约——孔丘博学，又能由博返约，提出一以贯之的治学方法。他对子贡说："赐也，汝以予多学而识之者乎？对曰：然，非与？曰：非也，予一以贯之。"（《卫灵公》）老聃认为学习有"为学"与"为道"两途：为学要积累知识，遵循社会伦理；为道则要重视精神境界的升华，掌握自然的规律。所以，以道观之，学习必须辨异求同，秉要执本，握一知多。一者道之本，即自然规律也。[5] 孟轲继承孔丘，说："博学而详说之，将以反说约也。"（《离娄下》）荀况要求博学而更贵精深，他说："君子博学而日参省乎己。""百发失一，不足谓善射；千里跬步不至，不足谓善御；伦类不通，仁义不一，不足谓善学。学也者，固学一之也。"（《劝学》）王充主张要贯通古今，兼取百家之言，做到源于百家而高于百家。（《效力》）宋代尚有朱、陆博约之争，朱熹主张"令人博览而后归

①② 燕国材. 老庄道家学派的心理思想探索［J］. 心理科学通讯，1986（4）：3－11.

③ 毛礼锐，等. 中国古代教育史［M］. 北京：人民教育出版社，1979：494－496.

④ 燕国材. 评王守仁的学习心理思想［J］. 现代教育论丛，1986（3）：5－9.

⑤ 丁钢. 先秦道家的教育思想［J］. 华东师范大学学报（教育科学版），1987（2）：21－36.

之约”。(《学规类编》)陆九渊主张:“先发明人之本心而后促之博览。”(王懋竑:《朱子年谱》卷二上附《象山年谱》)王守仁认为:学者要博学多识,但若留滞胸中,则患伤食之病,故务须消化自得,既要靠教师的“点化”,更要靠经过自己独立思考的“解化”。[①]

学以致用——荀况认为,学习不仅要增长知识,而贵在付诸应用。他说:“不闻不若闻之,闻之不若见之,见之不若知之,知之不若行之,学至于行而止矣。”(《儒效》)韩非说:“夫言行者,以功用为之的彀者也……不以功用为之彀,言虽至察,行虽至坚,则妄发之说也。”(《问辩》)王充抨击汉代那种“皓首穷经”、死守章句的腐朽学风,指出:“为世用者,百篇无害;不为用者,一章无补。”(《自纪》)王安石要改革科举制度,提倡学以致用的“实学”,主张选拔官吏“要试以律令、刑法大义”,要设立武学、律学、医学等。(《宋史·选举志》等)颜元批判自汉至宋崇尚诗文不务政事之流毒,他在漳南书院提出的教育计划则分设文事、武备、经史、艺能、理学、帖括诸斋,并主张采用习行主动的教学方法。(《存治篇·学校》)

(二)教的原则

教师引路——朱熹说:“指引者,师之功也。”教师“只做得个引路的人,做得个证明的人,有疑难一同商量”。教师只能“示之于始而正之于终”。(《朱子全书》卷五《教人》)

因材施教——教师要了解学生的个性特征以进行教育,在这方面我国的历史遗产相当丰富。如孔丘能根据学生的禀赋、特长和优缺点,进行教育。他说:“柴也愚,参也鲁,师也辟,由也喭。”[②]“德行:颜渊、闵子骞、冉伯牛、仲弓。言语:宰我、子贡。政事:冉有、季路。文学:子游、子夏。”[③]“由也果,赐也达,求也艺。”[④]“求也退,故进之,由也兼人,故退之。”[⑤]

孔丘还有观察人的方法,他说:“视其所以,观其所由,察其所安。人焉廋哉?人焉廋哉?”(《为政》)老聃早感知人需要方法,不能单凭其言论而信其内心。他说:“知人者智。”(《老子》三十三章)“信言不美,美言不信。”(《老子》八十一章)庄周深感知人之难,难在人们往往表里不一,应设置情境以考验之。因此,他有非常精彩的言论:“凡人心险于山川,难于知天。天犹有春秋冬夏旦暮之期,人者厚貌深情。”“故有貌愿而益,有长若不肖,有慎怀而达,

---

① 燕国材. 评王守仁的学习心理思想[J]. 现代教育论丛,1986(3):5-9.

②③⑤ 均见《先进》。

④ 见《雍也》。

有坚而缓，有缓而钎。故其就义若渴者，其去义若热。”“故君子远使之而观其忠，近使之而观其敬，烦使之而观其能，卒然问焉而观其知，急与之期而观其信，委之以财而观其仁，告之以危而观其节，醉之以酒而观其则，杂之以处而观其色。九征至，不肖人得矣。”（《列御寇》）[①] 孟轲说：“君子之所以教者五：有如时雨化之者；有成德者；有达财者；有答问者；有私淑艾者。”（《尽心上》）朱熹认为十五岁之前为小学阶段，十五岁之后为大学阶段。小学特点是以事教，所谓“学其事”；大学特点是以理教，所谓“穷其理”。打好基础，进而说理，点化出精彩，基础不好，则难填补。[②] 王守仁说：治病要因病发药，教学亦必须与治病一样，要注意到因人施教。[③] 王夫之指出：要教以教人之学，使教者了解受教者而因材施教。他说：“夫智仁各成其德，则其情殊也……故教者顺其性之所近以深造之，各如其量而可矣。”又说：“教思之无穷也，必知其人德性之长而利导之，尤必知其人气质之偏而变化之。”（《四书训义》卷15）这点可称顺性量力，导长化偏。

启发诱导——这是教的重要原则，发掘遗产应该力求近于全面。孔丘执教以循循善诱、竭人之才称著。颜渊赞孔丘说：“夫子循循然善诱人，博我以文，约我以礼，欲罢不能。既竭吾才，如有所立卓尔。虽欲从之，末由也已。”（《子罕》）他诱导学生时的启发原则或方法有：“不愤（心求通而未得）不启，不悱（口欲言而不能）不发”（《述而》）；“切问而近思”（联系自己，就近取譬思索问题）（《子张》）；“扣两端”（从事物矛盾的对立面去求问题的解决办法）（《子罕》）；“举一反三”（《述而》）；“闻一知十”（《公冶长》）。老聃与孔丘的“扣两端”相似，提出用反原则，他说：“反者道之动。”（《老子》四十章）这就是说，道自身就包含着内在矛盾，因此，万物也体现了道的相反相成、终极复始的规律。如“物或损之而益，或益之而损”（《老子》四十二章）。学道必须掌握辩证法则，将它运用到教学中，就叫作用反。

用反原则包括双观（从两方面辩证地看问题）、微明（看不见的、深沉的聪明，如明道似暗，进道如退）、有疑（指学习中的存疑精神，疑思问，要求和培养积极思考能力）和寓言（寄托外人来论说，言在此而意在彼）。[④] 上述的“扣

---

① 上述老庄言论，皆摘引自燕国材：《老庄道家学派的心理思想探索》，载《心理科学通讯》，1986（4）。

② 《理性精义》，卷七《小学》大意。

③ 毛礼锐，等. 中国古代教育史［M］. 北京：人民教育出版社，1979：447.

④ 丁钢. 先秦道家的教育思想［J］. 华东师范大学学报（教育科学版），1987（2）：21－36.

两端”和“用反”原则都有丰富的辩证法思想。孟轲重视学生学习的主动性，他说：“君子引而不发，跃如也；中道而立，能者从之。”（《尽心上》）这就是说，教师要像射箭时拉弓不放矢、跃跃欲试的样子，去激发学生自己来尝试。他也重视读书时的怀疑精神，说：“尽信书，则不如无书。”（《尽心下》）促进疑与思的联系。荀况反对孟轲宣扬良知良能的先验和墨翟强调感性认识的狭隘的经验论，较早谈及人的智力发展论。他把人的感觉器官称为“天官”，把人的“心”（实是大脑）称为“天君”。认为人认识客观事物是通过天官，获得感觉印象，再通过“天君”的“征知”来验证印象，如“缘耳而知声，缘目而知形”。（《正名》）但事物是千差万别的，事理是不可穷尽的，故认识主要不在获得具体的知识，而在掌握事物的共性和规律。掌握共性叫作“知类”，然后以“类”去衡量同类的个别事物，达到“以类行杂”，“以一持万”（《王制》）。比“类”更高的便是“道”，兼指自然运行规律的“天道”和治理国家原则的“人道”。人的理性认识不仅要“知类”，而且要“知道”。他更重视人道，说“礼者，人道之极也”（《礼论》），所以“知道”实是“知礼”。荀况所说的发展智力即指在感知的基础上的“知类”和“知道”，他说：“所以知之在人者谓之知，知有所合谓之智；所以能之在人者谓之能，能有所合谓之能。”（《正名》）[①] 他在先秦时代就论及智力发展问题，真是个先知先觉的学者。

长善救失——《学记》上说：“学者有四失，教者必知之。人之学也，或失则多，或失则寡，或失则易，或失则止。此四者，心之莫同也。知其心，然后能救其失也。教也者，长善而救其失者也。”这四者实是两个矛盾的对立面：贪多与狭窄，不知难与畏难（知难而止），但对立面可以转化，救失是为了长善。王夫之说：“多、寡、易、止虽各有失，而多者便于博，寡者易以专，易者勇于行，止者安其序，亦各有善焉。救其失，则善长矣。”运用之妙在于懂得教学过程的辩证法。[②]

课内外结合——《学记》上说：“大学之教也，时教必有正业，退息必有居学。”意思是说：大学教学，按时进行的必有正课教学，课内还必须从事家庭作业。

培养品德——我国自古重视读书明理，教学必须培养学生品德。孔丘进行道德修养的途径和方法主要是：立志学道、守道，孝悌、忠恕行仁，自省、克己复

① 关于荀况的智力发展论所述的大意均摘自张瑞璠：《全面评价荀况的教育思想》，载《华东师范大学学报（教育科学版）》，1985（1）。

② 王夫之的辩证解释转引自高时良：《学记评注》，人民教育出版社，1982。

礼，改过迁善，乐道安仁。① 他说："弟子入则孝，出则悌，谨而信，泛爱众而亲仁，行有余力则以学文。"（《学而》）这说明学道比学文更为重要。道家的人格品德论由法自然出发，对人格的要求，老聃是无为、贵柔、不争、知足；庄周是至人、无己、无功、无名，归结为清静无为，成为道德的特色，但都是比较消极的。②

孟轲所谈的道德修养是从人性生来本善，但又被感官的欲望所戕贼，故形成性与欲、仁义与利的矛盾，道德修养的主要任务在于克制欲望，其途径与方法则是：持志养气，反求诸己，改过迁善，锻炼意志。③ 荀况与孔孟相似，且认为礼是人道之极，但公义与私欲有矛盾，故人的道德修养，应从"知道"到"从道"，针对品格上的缺点，补偏就中，道德修养的目的在于培养德操。他说："百发失一，不足为善射……仁义不一，不足为善学……目好之五色，耳好之五声，口好之五味，心利之者有天下。是故权利不能倾也，群众不能移也，天下不能荡也。生乎由是，死乎由是，夫是之谓德操。"（《劝学》）但他对人的私欲，又主张"导欲""节欲"，这与孟轲的"克欲""去欲"不同。④ 朱熹继承、发展孟轲、荀况的思想，主张人性本善，恶者是为嗜欲所迷，故应以"存天理、灭人欲"为教育目的，来恢复人的天性，复性过程便是学习知识、修养道德的过程。小学须从洒扫、应对进退上将伦常礼教教导儿童，进而教他诗、书、礼乐之文。大学要使学生做格物致知的工夫，教穷理正心、修己治人的道理。他曾提出自己平生为学的总结："为学之道莫先于穷理；穷理之要必在于读书；读书之法莫贵于循序而致精，而致精之本则又在于居敬而持志；此不易之理也。"（《性理精义》卷七《总论为学之方》）⑤朱熹的德育思想对宋、元、明、清诸代均有重大深远的影响。

综观上述，可见我们对于教学原则的遗产，经过繁难的统整，可得学的原则七条、教的原则七条的主要论点，并将其两两对应，依次排列于下（见表2）。

---

① 毛礼锐，等. 中国古代教育史［M］. 北京：人民教育出版社，1979：59－65.

② 丁钢. 先秦道家的教育思想［J］. 华东师范大学学报（教育科学版），1987（2）：21－36.

③⑤ 毛礼锐，等. 中国古代教育史［M］. 北京：人民教育出版社，1979：387－391.

④ 毛礼锐，等. 中国古代教育史［M］. 北京：人民教育出版社，1979：120－124.

表2

学的原则	教的原则
（1）虚心好学（切戒主观，内心虚静，去骄去惰）	（1）教师引路（指示方向，示始正终，师生商讨）
（2）专注持恒（立志坚定，全神贯注，勤学不辍） （3）温故知新（时常温习，熟读精思，依靠旧知获得新知）	（2）（3）因材施教（深入了解学生的秉赋、勤惰、才能等个性特征；设置情境考验学生言行表现；针对个性特征及时施教，由具体到抽象；对症下“药”，导长化偏）
（4）循序渐进（按照事理之序、学习之序进行学习，不得踏等，不可违反自然，揠苗助长）	（4）启发诱导（在学生前进的过程中，要循循善诱；不愤不启，不悱不发；及时激发学生学习的主动性；切问近思，举一反三，闻一知十；运用扣两端和用反原则，使学生有存疑精神，疑思联系，从正反两方面看问题，揭露事物的内在矛盾，理解事物的相反相成、终极复始的辩证法则，去寻求问题的解决；使学生通过感官获得感知，通过天君加以检验，不仅“知类”，而且“知道”，掌握事物的共性和规律，同时发展知识和智力）
（5）批判创新（敢于批判前人，树立自己创见）	（5）长善救失（克服学习上的贪多、狭窄、不知难、畏难等缺点，变成博学、专精、力行、依序，借以救失、长善）
（6）由博返约（博学多识，更贵精深，源于百家，高于百家；以一贯之，消化自得。“为学”积累知识，辨异求同，秉要执本，握一知多，遵循社会伦理；“为道”要求精神境界的升华，掌握自然规律）	（6）课内外结合（正课教学为主，课外自修为辅，主辅结合，博专兼备）
（7）学以致用（真知灼见，至行为止，死守章句，不如提倡实学）	（7）培养品德（立志学道守道，孝悌忠恕行仁，克己复礼，改过迁善。知道从道，克制欲望，补偏就中，坚守德操。存天理，灭人欲。小学教以伦常礼教，诗书礼乐；大学要格物致知，穷理正心，修己治人）

上列教的原则与学的原则的关系，有的两两对应，有的不完全对应，这是历史的无预期、不自觉地形成的，无法更改。要使它们完全对应，有赖于后人继续研究。

七、在教学原则指导下，具体的学的方法和教的方法

（一）学的方法

历史上，荀况、王充、朱熹论述学的方法较多。荀况在论述“知类”与“知道”问题时说：道是事物的普遍性，故要知“道”就要对事物全面地考察，但人们认识上的通病就在于考察事物的片面性，常常“蔽于一曲而暗于大理”。他指出当时的六个著名学派，就是各有所蔽：“墨子蔽于用而不知文，宋子蔽于欲而不知得，慎子蔽于法而不知贤，申子蔽于势而不知知（智），惠子蔽于辞（判断、命题）而不知实，庄子蔽于天而不知人。”故要“知道”就必须“解蔽”，解蔽的心理条件是“虚一而静”。（《解蔽》）“虚一而静”的意义，简言之，“虚”是虚中博采，“一”是万端归一，“静”是排忧而静。①

王充则重视为学的切磋琢磨。他说：“骨曰切，象曰磋，玉曰琢，石曰磨，切磋琢磨，乃成宝器。人之学问，知能成就，犹骨象玉石，切磋琢磨也。”（《量知》）他对人的思维方法也有名言，叫作“按兆察迹”（按照先兆，考察事迹）、“由微见较”（由隐微，见显著）、“揆端推类”（概括共性，推出种属类型）、“原始见终”（追溯前因，预测后果）（《实知》）②。王充还主张用比较方法来分辨不同理论的虚实是非，然后加以订正。他说：“两刃相割，利钝乃知；二论相订，是非乃见。”（《案书》）③ 简称相较，判定是非。

朱熹主张学习由易到难、“先易徐理”。他说：“如攻坚木，先易者而后其节目，如解乱绳，有所不通，则姑置而徐理之，此读书之法也。”（《朱子大全·读书之要》）他死后，他的学生将他所述的读书法，归纳为六条：①循序渐进，②熟读精思，③虚心涵泳，④切己体察，⑤着紧用力，⑥居敬持志。④

---

① 张瑞璠．全面评价荀况的教育思想［J］．华东师范大学学报（教育科学版），1985（1）：71-82．略有修改简约。

② 周德昌．中国古代教育思想的批判继承［M］．北京：教育科学出版社，1982：56．解释略有简约变更。

③ 毛礼锐，沈冠群．中国教育通史：第2卷［M］．济南：山东教育出版社，1986：233．

④ 毛礼锐，等．中国古代教育史［M］．北京：人民教育出版社，1979：398-399．

（二）教的方法

教学方法是教师在传授教材时，善于启发或讲解，使学生易于接受和理解，借以完成教学任务的方法。在我国的教学论遗产中，论述教学的原则和方法易于混淆。本文参阅各种资料，认为是教学原则的已如上述，认为是教学方法的则如下述。

《学记》上说，教学要善喻、博喻。“故君子之教，喻也：道而弗牵，强而弗抑，开而弗达，道而弗牵则和，强而弗抑则易，开而弗达则思，和易以思，可谓善喻矣。”“善歌者，使人继其声。善教者，使人继其志。其言也，约而达，微而臧，罕譬而喻，可谓继志矣。”“君子知至学之难易，而知其美恶，然后能博喻；能博喻，然后能为师；能为师，然后能为长；能为长，然后能为君。故师也者，所以学为君也。”

韩愈的《师说》指出：“师者，所以传道受业解惑也。”王守仁认为教学如医病：“夫良医之治病，随其疾的虚实、强弱、寒热、内外，而斟酌加减，调理补泄之，要在去病而已。无一定之方，不问症候之如何，而必使人人服之也？君子养心之学，亦何异乎于是。”（王守仁养心之学《与刘元道书》）陶行知则主张教学要教学做合一。

属于大学的教学方法，《学记》上指出大学教学兴废之由。“大学之法，禁于未发之谓豫，当其可之谓时，不陵节而施之谓孙，相观而善之谓摩。此四者，教之所由兴也。”“发然后禁，则扞格而不胜；过时然后学，则勤学而难成；杂施而不孙，则坏乱而不修；独学而无友，则孤陋而寡闻；燕朋逆其师；燕辟废其学。此六者，教之所由废也。”

上述学的方法是按历史顺序论述，有必要再按思维程序整理。教的方法较少，但亦尽可能按它与学的方法的对应关系列入表3。

表3

学的方法	教的方法①
（1）居敬持志（恭敬读书，静求真理）——这是首要的学习态度问题	（1）继志：语言简练，说理微妙，举例得体，坚定学生的学习兴趣； 废学：结伴违师，交朋废学
（2）循序渐进（这点应是学习原则，已见上述）——包括由易到难、先易徐理、着紧用力（宽时限、紧用功）	（2）兴学：豫（预防犯规），时（及时利导），孙（勿越顺序），摩（见下）； 废学：发然后禁，过时才学，胡乱学习（余三点，归入上、下）

① 关于《学记》的解释，多参照高时良《学记评注》一书。

续上表

学的方法	教的方法
（3）熟读精思——包括按兆察迹、由微见较、原始见终、虚心涵泳（客观衡量前贤言论）、虚静解蔽	（3）善喻：和易以思，善于诱导。博喻：多方诱导
（4）切磋琢磨——重在与人商讨，包括二论相订	（4）兴学——摩（互相观摩）； 废学——独学无助，则孤陋寡闻
（5）揆端推类——实是分析、比较、抽象概括的思维过程	
（6）身体力行——包括切己体察	

八、师生的教学关系

前贤的言论颇多，这里予以分项，依次论列。

担任教师的条件——孔丘提出教师要“学而不厌，诲人不倦”（《述而》）；“温故而知新，可以为师矣”（《为政》）；子贡说孔子学无常师，因为他认为“三人行，必有我师焉。择其善者而从之，其不善者而改之”（《述而》），故“不耻下问”。当了教师，要以身作则，他说：“其身正，不令而行；其身不正，虽令不从。”（《子路》）老聃提出教学上的“贵师”原则，指出要善按自然规律行事的有道之人为师，此人是“善行，无辙迹；善言，无瑕谪；善数，不用筹策；善闭，无关楗而不可开；善结，无绳约而不开解。”（《老子》二十七章）①《学记》上说：“记问之学，不足以为人师，必也其听语乎。力不能问，然后语之，语之而不知，虽舍之可也。”（意思是：教师不能以浅学应付学生发问，要在学生提出问题又说不出究竟的时候，才进行讲解，讲解后还不理解，则可暂搁。）

提倡尊敬老师——荀况说：“国将兴，必贵师而重傅；贵师而重傅，则法度存。国将衰，必贱师而轻傅；贱师而轻傅，则人有快（放纵）；人有快，则法度坏。”（《大略》）可见荀况是把是否尊敬教师看作影响国家兴衰的大事，所以他把教师的地位提高到与天、地、君、亲并列，并且宣称天、地是生物之本，先祖是族类之本，君、师是统治人民之本。

① 丁钢．先秦道家的教育思想［J］．华东师范大学学报（教育科学版），1987（2）：21－36.

教师的任务和方术——韩愈说："师者，所以传道受业解惑也。"(《师说》)。荀况说："师术有四……尊严而惮，可以为师；耆艾而信，可以为师；诵说而不陵不犯，可以为师；知微而论，可以为师。"(《致仕》)（意思是：教师要尊严而有威信，老练可靠，讲解有系统有层次，据隐微而论至理。）

学生可择师受教——《学记》上说："故师也者，所以学为君也。是故择师不可不慎也。《记》曰：'三王四代唯其师'，此之谓乎！"

学生要善学——《学记》上说："善学者，师逸而功倍，又从而庸之。不善学者，师勤而功半，又从而怨之。善问者如攻坚木，先其易者，后其节目，及其久也，相说以解。不善问者反此。善待问者如撞钟，叩之以小者则鸣，叩之以大者则大鸣，待其从容，然后尽其声。不善答问者反此。此皆进学之道也。"

学生当仁不让于师——孔丘重视年青一代的发展，认为学生也可能在某些问题上超越教师。所以他说"后生可畏"（《子罕》），主张他们"当仁不让于师"（《卫灵公》）。

师生相交以道——王夫之指出："师、弟子以道相交……相扶以正。"（《四书训义》卷三十二）

最重要的教学关系在于教学相长，本节可以概括如下：

《学记》上说："虽有嘉肴，弗食不知其旨；虽有至道，弗学不知其善也。是故学然后知不足，教然后知困。知不足，然后能自反也；知困，然后能自强也。故曰：教学相长也。《兑命》曰：'学学半'，其此之谓乎！"这段话，以嘉肴、至道为引，是阐明各种事物只有经过亲自实践，才能获得体会，而教学何尝不是这样？学而不足，便能使反思自己，加紧学习，教而知困，便能鞭策自己，努力进修。但《学记》这里说的是自己学后、教后的感受与补救办法，但历史名言相传到现在则发展为师生教学之间的相互影响和作用：学的不足，会在教中暴露出来，教的困难，又要在再学中来解决。用现代语来说，就是要重视教与学之间的不断"反馈"，来改进教与学，提高教学质量。"兑"本作"说"，"兑命"即"说命"，如《易传》中的《说卦》。"学学半"中，上字"学"，在《古文尚书》中作学文，音：效，义：教也；下字"学"是习的意思；"学学半"是说效教师半，自习亦半。教学是师生双边活动，有区别，亦有联系，教与学互相影响，导致教学相长，这在教学上是非常重要的。①

要使教学相长，要善于解决各种矛盾，如教与学、师与生、学与思、知与行、德与智、性与习、博与约、述与作。②

---

① 教学相长问题的解释多参照高时良：《学记评注》，人民教育出版社。

② 王炳照. 试论孔子教学思想中的辩证法因素［J］. 华南师范大学学报（社会科学版），1985（2）：88－93.

外国教学论历史遗产的荟萃

世界各国的教育史，自不能按我国的朝代来做分期的论述，而必须按公共的纪元和世界性的变革来做分期的论述，以便互相比较。一般可以分为：①古代教育，历时公元前13世纪—公元4世纪，在原始社会和奴隶社会阶段，东西方各古国的教育，如埃及、印度、希腊、罗马等；②中世纪教育，历时公元5—15世纪，在封建社会阶段，各国在宗教盛衰、人神争权的影响下的宗教教育、贵族教育和世俗的庶民教育；③近代教育，历时公元15—18世纪，在封建社会和资本主义初期社会阶段，各国在文艺复兴、人文主义、宗教改革和启蒙运动的影响下的人文主义教育、厄斯伊达（Jesuits）派教育、自然唯实主义教育和泛爱主义教育；④晚近教育，历时公元19世纪，在资本主义社会发展到帝国主义阶段、马克思主义诞生和欧洲革命的影响下，涌现出新人文主义教育、理想道德教育、社会人道教育、国家社会主义教育、科学功利主义教育和实证主义教育等。

下面也像分析我国教育史那样，从八个方面来归纳各个时期各国的教学论著。

一、时代、政治、哲学和教育学说

世界上的古代国家，历史上多以希腊、罗马为典型。公元前5世纪—前4世纪为希腊全盛的古典时期，其后的民族时期则逐渐衰落。希腊社会分自由民、平民与奴隶三个阶级，而以自由民为主。他们的生活倡团体本位与现世主义。教育上突出体育、竞技，要求身强、气旺，军队威武，所以成为世界奥林匹克运动的策源地。希腊同时兼重真、善、美：真主要是指智者派所说的“三艺”教育，即文法、修辞和辩证法；善是指理性、伦理、道德；美是指人体事物和生活的审美。希腊拥有世界著名的三大哲人：苏格拉底（Socrates，公元前470—前399）重道德和规矩，提出有识即有德的智德合一论。柏拉图（Platon，公元前427—前347）著《理想国》和《法律篇》，重人生的优美和快乐。亚里士多德（Aristotle，公元前384—前322）认为人类活动的目的在于善，在于幸福的获得，在于理性本体的实现，国家应使教育谋国民的道德生活。希腊的教育又可分为两大体系：斯巴达重国家、军队与伦理道德，雅典重文雅公民与发挥个性。希腊早有诡辩派人物，如雅典的普罗塔哥拉（Protagoras，公元前485—前415）和哥尔基亚（Gorgias，公元前440—不详）等，主张世界万物流转，没有悠久不变之物，所谓真理只是各人各以其信仰为批判万物的尺度。此说与现代美国的实用主义有相契之处。

罗马原是意大利中部的一个都市，后统一全国，征服地中海沿岸各国，推柯克乌士为帝，建成大罗马帝国。公元前753年为罗马国元年，长期隆盛，到公元395年国势衰落，遂分裂为东西罗马。罗马社会分自由民（包括贵族与细民）和非自由民（包括移民和奴隶）两大阶级，行家族制度，家长兼僧侣任务。罗马教育史可分：上古时期，发挥罗马特有文化，以家庭与社会为教育场所，由无正式学校到有私立学校；到古典时期希腊文化大量输入，使罗马家庭教育衰落，主智学校发达，重视雄辩家的养成。罗马无杰出的教育家，但塞尼卡（L. A. Seneca）的教育思想认为人性善良，有如我国的孟轲；人有由神而来的理性，应以道德控制情欲而成万物之灵，有如我国的朱熹。

古代后的中世纪，从政治史上言，是指公元476年西罗马灭亡到1453年东罗马灭亡，约一千年的漫长时期；从文化史上言，是自529年雅典学院被封至15世纪欧洲的人文主义兴起止。其后即属于近代时期，由日耳曼（条顿）民族征服欧洲后，分为英、法、德诸国。现在我们先谈中世纪时期。中世纪的社会状态与希腊、罗马不同，它是宗教的天下，以僧侣为最高阶层，其思想倾向是由人本变为神本，自由变为神权，现实变为来世，贵族均次于僧侣。基督教传播于西欧始自公元1世纪，但其盛行却在中世纪开始之后的公元5、6世纪。

基督原名耶稣（Jesus），公元前4年生于犹太国的耶路撒冷，尊之为基督具有救世主意义。他天才卓越，只随父到寺院受宗教教育，靠自修而成完人，年三十即反犹太的旧教（上帝教）而宣传新教，变国家主义为世界主义，说上帝之爱人类如父母之爱子女，故世人要深体此意，诚心敬神。他就是上帝之子，降生是为了替世人赎罪。他传教具有极大的感化力，但被犹太旧教认为是触犯了国家主义的异端邪说，磔之于十字架而死，但耶稣却具有教育家的品格。

中世纪前半期的教育主要是基督教教育，其根本思想是：神为万物之源而又寓于万物之中，故神人同一；在神之前只有父子关系而无贵贱之分；人类一面要敬神，一面要博爱；耶稣替世人赎罪，要信仰耶稣才能得到神的恩惠；总之是神、耶稣与人三位一体的世界观和人生观。中世纪前半期的世俗教育，是8世纪庶民阶级抬头所需要的教育。中世纪后半期的教育，因受十字军战争的影响、宗教权威的废弛和封建制度的发达，使宗教的盲目信仰变为批判信仰，乃兴起经院哲学；又由于东方的阿拉伯、犹太，希腊的数学、法律、天文、法学等传入欧洲，导致欧洲的世俗教育、武士教育和大学教育的涌现。

经院哲学是10世纪至中世纪末叶的哲学。因日耳曼民族重自然、现世与肉体，与基督教讲求神祇彼岸与精神等教义不相容，要以希腊哲学来解释教义，使其理论化，使经院哲学成为大学学科，当时的神学家皆兼哲学家，如安息廉（Anslem）、亚利亚那（Erigina）等。但后来流于烦琐考证和专权独断而逐渐为世人所诟病。

中世纪也有一些教育家，但其主张多限于神人关系。如奥古斯丁（Augustinus，354—430，非洲人）认为："无精神的肉体可谓死尸，无精神的人可谓死人。"亚尔坤（Alcium，735—804，英国人）认为："人要循一定阶段以得睿智，得睿智以扬道德。"这说明了精神和睿智的重要。

近代的教育是指16—18世纪的教育。前面说过，中世纪的思想倾向是从古代的人本走向神本的质变，那么近代思想倾向就是由神本走向人本的回归，但有新的发展，必须指出的是文艺复兴、人文主义、宗教改革和启蒙运动。

文艺复兴的思潮首先产生于15世纪至16世纪初的意大利。它要复兴的是希腊民族时代和罗马古典时代的文学、艺术、学问、道德的主情、审美、讲理性的文化遗产，但它提出的不叫人本主义而称人文主义。

人文主义的特点是：反对未来天国的理想，要求现世生活的完成；不偏重灵魂、精神和情操，而要兼顾精神、肉体和文艺；反对教权、他律、禁欲、厌世，要求人权、自律、幸福、乐观。人文主义的教育也就要求复活希腊、罗马的文化，使人获得精神与肉体的调和发展，提倡人道主义以实现个人的完成。这一时期的教育家魏乌斯（Vegius，1406—1458，意大利人）曾著《儿童教育论》6册（论述双亲的义务，儿童的教材、教法、学习、训练和择业等，大有可观）。

宗教改革是指16世纪欧洲以德国和瑞士为中心的基督教改革。改革僧侣对人们信仰的专制和他们在宗教外衣下的劣迹。这显然是受文艺复兴和人文主义的影响，表现人类理性和人格上的自觉。宗教改革者可以德国的马丁·路德（Martin Luther，1483—1546，德国人）为代表。他们把基督教的教义焕新。改革后的基督教就分为新旧两派，旧教称天主教，信奉圣母玛利亚，新教仍称基督教，信奉上帝子耶稣。新教的特质是理性化、个人自由化和世俗化。主要的改革是：排斥教会而仍尊重圣经（新约），消灭文盲，使人能自读圣经，遵循自然，自由受教，自律行为。马丁·路德自己也肉食娶妻。新教主义的教育就是调和基督教主义与人文主义的教育。马丁·路德的教育思想是教子信神，注重家庭训育与学校的体育、精神教育，并重语文、数学、历史、博物等学科的教学。由教子、齐家而至治国，与我国《大学》的主旨有相似之处。米兰希顿（P. Melanchton，1497—1560，德国人）的教育思想是尊重教师的职责、地位和拉丁文的讲读，并编纂了中学教科书。阿斯卡姆（R. Ascham，1515—1568，英国人）著《学校教师》一册，主张鉴别儿童不可单凭现在的学力，因现在愚钝将来或可大放异彩；考验儿童的天性有七条标准，即健康、记忆力、求学心向、勤勉、好听他人所说的事物、肯复习、是否希望别人赞赏。说明作者颇有锐利眼光。16世纪，在文艺复兴和人文主义的影响下，还有由文转实的唯实主义教育，可称人文的唯实主义，其教育家如拉卑利（F. Rabelais，1483—1553，法国人），反对经院派的机械注入的学风，主张应以宗教、语言和实利来培养宗教、人文和实利的人才。孟丹尼（M. E. Montaigne，1533—1592，法国人）主张：人生的真正价值在于实行，知识应重质不重量，博闻不如卓见，知之多不如辨之审。这些见解也有一定的深度。总起来说，新教主义的教育显有基督教主义与人文主义的对峙，人文（唯文）主义与人文唯实主义的对峙，由空虚的理想变为现实的自然，由感情主义变为理性主义，实为17—18世纪启蒙运动的先声。

启蒙运动是资产阶级革命之前法国资产阶级的进步思想家所进行的文化教育运动，是怀疑和反对当时的教会权威和封建制度，把人类理性推崇为思想和行动的基础。其代表人物的言论，如孟德斯鸠（1689—1755）提倡立法、行政、司法三权分立学说；伏尔泰（1694—1778）主张保留上帝，反对教会，限制王权，实行“开明”君主制度；狄德罗（1713—1784）提出唯物论、无神论；卢梭（J. J. Rousseau，1712—1778）提出社会契约、人民主权、建立资产阶级民主共和国的学说；德国资产阶级思想家也提出人道主义、宗教“容忍”和政治自由。总之，启蒙思想家的理论核心是人性论，认为“人”是一切的中心，应以人道反对神道，人权反对王权，理性反对迷信，来建立理性王国。

上述近代文艺复兴后的思潮存在着基督教主义与人文主义的对峙，基督教内部也存在着新教与旧教的对峙。表现在教育上除已述的新教主义的教育和人文主义的教育外，还有17、18世纪以旧教反对新教的厄斯伊达派教育，由人文唯实主义发展到注重理性与知识的自然唯实主义教育和广泛爱护儿童的泛爱主义教育。

厄斯伊达派教育是由罗约拉（I. Loyola，1451—1556，西班牙人）征得罗马教皇的允许，组织“耶稣团”，由他自己任教长，挑选派中人员培训成师资，在各地设教区、教会；将教徒编成军队式组织，建立低级与上级学院，研究神学，以保护旧教、排斥新教、教化青年为目的，曾极盛一时。18世纪法国的中等教育，几乎尽落此派掌握之中。终因此派顽固保守，树敌过多，引起法兰西大学为首的反对，历经斗争，才将此派教徒逐出法国。

自然唯实主义教育是在17、18世纪理性主义主调的影响下，思想界考虑神、自然和人三者的关系，认为现实的自然要比空虚的理想更重要，人也是自然的一部分，也应该保全其自然的性能；16世纪法国已有拉卑利和孟丹尼的人文唯实主义也受英国培根（F. Bacon，1561—1626）感觉、经验论的影响而尊重实利和实学（自然科学）。这两者相结合而产生了自然唯实主义。它反映在教育上，则有客观自然主义教育，以捷克的夸美纽斯为代表；还有主观自然主义教育，以法国的卢梭为代表。下面介绍自然唯实主义的著名学者。

［英］培根著《新工具》一书，首倡自然科学的研究必须运用逻辑上的归纳法。他说：吾人要靠观察与思维始能认识和理解自然活动的方法和秩序，唯有顺从自然才能征服自然。所以后世尊之为自然科学研究法之父，并将归纳法运用于教育科学。培根自己即用此法于《教育论》中，论教师与教学，指出：社会要尊重教师，教师要抱园丁的态度教育儿童，教学要以儿童的自学心为基础，不可要求速成。

从［德］拉德开（W. Ratke，1571—1635）所著的教育书籍中可以概括出新教学论的十条原则：①无论男女均应施以国民教育；②教学开始应用记诵法，兼授谈法与书法；③教材排列应用单行法，一时只教一科；④一切教学须依自然的顺序和过程，由简至繁，由已知到未知；⑤教学要用归纳法，先举例，后原则；

⑥说明事物时，先概述全体，后细说部分；⑦语言教学要用同样形式，前后统一，使儿童易于理解；⑧教学要用本国语，熟悉后方可用外国语；⑨教育要用温和的方法，不可强迫，不施体罚；⑩在指导和训育上，宜由男教师教男生，女教师教女生。

［捷克］夸美纽斯（J. A. Comenius，1592—1670，有学者称他原是奥国人）著作甚丰，传世者有：①《语学入门》，译成各国文字，成为世界名著；②《大教授学》，尤其杰出，有一教授为之作序称：有朝世界大火，如能保全此书，即能保存人类教育遗产的精华；③《世界图解》，有系统连贯的插图151幅，有似中国的《益智图》。他是客观的自然主义者，但又带有浓厚的神学色彩，认为神赋予人有三大使命：人是理性的创造体（德性）；人是支配自己和万物的创造体（智能）；人是神的肖像体（信仰）。这三个种子可在人的社交上发达起来，但不完全，所以有教育的必要。他的教育理想除一切“遵循自然的学说”外，尚有“养护论”，指出精神寓于身体，养身之法在于选择饮食，节制作息；“训育论”主张培养正义勇敢的德性和宗教心；“学校论”提倡家校协作，学校为主，给男女儿童以多方陶冶，他所创立的教学原则等，容后再述。

［英］洛克（J. Locke，1632—1704）著《悟性研究》一书，提出与当时欧洲大陆“先验论”相反的“经验论”，认为人的感官是获得知识的五窗，感觉是外部的经验，内省是内部的经验，儿童的先天原无一物，如白纸，一切经验均后天的附加，如书字于白纸，因此教育大有可为，形成了“教育万能论”。他的《教育意见》一书的组成部分是养护论、道德教育论、知识论和家庭教育论。

［法］卢梭是个杰出自由思想家，著有《论人类不平等的起源》《民约论》《爱弥儿》等。他抨击资本主义的私有制；主张国家政体的共和制；笃信人的本性都是善的，一入人手就变为恶的，所以教育应以儿童为本位，让儿童的天性获得自然、自由的发展，养成无习惯的习惯。卢梭的教育思想广泛地影响于后来的巴西多、裴斯泰洛齐、福禄贝尔和托尔斯泰等。

17、18世纪的教育，除厄斯伊达派的教育和自然唯实主义的教育外，还有泛爱主义的教育。它的特质是：理性主义，这是文艺复兴后主导的教育思想；幸福主义，重视实学与功利，教育上主张一面学习，一面游戏；博爱主义，要求泛爱人类，对人宽恕。泛爱主义的著名教育家有以下几位。

［德］巴西多（J. B. Basedow，1724—1790）所著《实践哲学》中包括教育论和教学法论文，批判以往的教学法，提倡实物主义和自然主义的教学法。又著《初等读本》四册，使学生在愉快的游戏中获得语言、自然事物和社会公民的知识。指出教学的任务在于启发蒙昧、祛除迷信，使理性敏锐。此书有许多插图，

与夸美纽斯的《世界图解》相似。他对儿童的养护法又与洛克、卢梭相似。他举办泛爱学校来实现上述的教育理想。故启蒙主义与理性主义的教育，在法国则表现为卢梭的自然主义，在德国则表现为巴西多的泛爱主义。

晚近教育是指19世纪的教育。当时的社会思潮是有机的社会本位思想的兴起，认为自然、生物、人类、社会是有机的整体、真正的实在，个人只是人群中抽象的多元。黑格尔、达尔文的思想就是对18世纪机械的理性主义的反动。因而国家的思想加强，通过法国革命和欧洲革命，形成了近代式的国家，资本主义国家也发展到帝国主义阶段。资本主义自由竞争的经济也变成资本家集团的垄断经济，掠夺工人劳动的剩余价值。科研方法的实证主义使自然科学发达，恩格斯指出：细胞学、进化论、能量守恒和转换定律就是19世纪自然科学的三大发现。① 国际的交通频繁，出现了国际交流的世界性文化。如此等等，反映到教育上就有下列众多的学说和派系。

1. **新人文主义教育**

文艺复兴时期的人文主义，对于新人文主义来说，应称旧人文主义。旧人文主义要恢复的是希腊民族时代和罗马古典时代的文艺。因希腊文艺传入罗马时已经不纯，故新人文主义就要恢复更远的希腊古典时代和罗马上古时代的典型文艺，来发展本国的文艺。旧人文主义所讲的理性主义主张人生是机械的、主智的、实利的，新人文主义所讲的理性主义则主张自然与精神是凌驾于法则之上的。

新人文主义的先驱有海涅、歌德等。这里着重提出新人文主义的教育家席勒(J. C. F. Schiller，1759—1805)。他著有《美的教育论》，阐明他的审美主义的教育思想是建立于两种观念的基础上。一是在文化价值的体系上，美的位置最高。因为“善”是根据个体的理念而成立，如“义务”是属于善的范畴，要人人必尽的义务则带压抑、穷屈的性质，而美则是自发、自由的祈求，故有更高的境界。“真”是科学上认识真理的目的，但认识真理同是科学与艺术（美）的目的，而艺术则以人在体验中获得事物形神兼备的真美为上乘，故有更高的企求。“美”在各种文化中能包摄“善”与“真”而显出其最大的价值。二是在人性观上，美的感情是人性的基本，它比意志与知识都深奥。人性中可分感性与理性两部分。道德生活是以理性压抑感性，使生活变为严肃和酷烈的。但艺术生活是融合理性与感性，使生活变成自由的、不是尽义务的，应称“美魂的生活”。总之，席勒提出美的人文主义、“善即美论”就是古希腊的价值观在19世纪的再

---

① 恩格斯. 自然辩证法［M］. 北京：人民出版社，1971：175.

现；所谓“教育即美育”若是指德、智、美各育的调和统一，也不无道理。

2. **理性的道德的教育**

前面说过，理性主义产生新、旧人文主义，新人文主义是广义的理性主义，可特称为理性的新人文主义。这个学派认定：理性主义是教育立论的依据，而道德的完成是教育的理想，故合称理性的道德的教育，其先驱为德国的黎锡特（J. P. F. Richter，1763—?），著《教育论》首倡理性的新人文主义教育，认为教育是正当制造理想人物的工作，儿童具有本善的理性，游戏是人类最初之诗，若能启发和陶冶之，使之快乐调和地发展，即可成为理想的人物。理性道德教育的继起者，则有著名的康德和赫尔巴特。

［德］康德（L. Kant，1724—1804）是世界著名的哲学家，他的理性主义是将希腊苏格拉底和柏拉图的理性主义近代化，调和历来的经验论和唯理论而成批判的先验的观念论。他写的《康德的教育学》体裁严整，包括身体的陶冶、德性的涵养、技能的精炼和才智的启发，但注重道德教育。他认为教育为人类所独有，教育是使人完成所以为人的使命。人有理性的存在，但又受本能的束缚，故有教育的必要。人有理性和自觉性，种族的文化可影响于子孙。要达成教育四大任务的方法有四种。一是养护。要顺从自然，借游戏与运动，锻炼感官，使身体强壮、坚实、机警、敏捷。二是训育。要训练儿童服从师长，使离兽性而达于人性，遵守今日的学校规章，预备将来服从国家法律；要陶冶道德，实践理性，养成择善猛进的意志，臻于自律自由的境地。三是教学。要教化，促技能的精熟；要文明化，重磨炼才智，适应社会的需要。四是管理。康德的教育学说对赫尔巴特等有重大的影响。

［德］赫尔巴特（J. F. Herbart，1776—1841）也是哲学家和教育学者，著有《实践哲学》《一般教育学》和《教育学纲要》。他认为教育学应与有关科学结合，故以心理学为教育学的基础，伦理学为教育学的归趋，而建成为科学的教育学，其中所论述的教育目的是道德品性的确立，重意志上的善良（后详），论述教育方法则分：①管理论，阐述儿童的自制力弱，易发情欲和暴性，故必先管理而后才能施以训育和教学。②训育论，阐述训育方法有示范、命令、教训、赏罚等，使学生由他律进入自律。③教学论，是他有独创性的主张，要以充实儿童的智能来扩大其思想圈，故教学可分非教育的教学，重智能的传授；为教育的教学，重智、情、意的结合，促道德性格的形成。要实现教育性的教学，首先要引起学生的学习兴趣，教材当然是采自科学，但必须适应儿童的兴趣，并用分析与综合的教法，先分析事物的特征，再综合局部为整体，其过程是明了、联合、系统和方法。所以赫氏的教育学体系可简约为：一个目的是道德品性的陶冶；两个

基础学科是心理学和伦理学；三个方法是管理、训育、教学；四个阶段是明了、联合、系统、方法；五个道念是自由、完全、好意、正义、报偿；六个兴趣是经验、推究、审美、同情、社会、宗教。

赫氏的教育学创建了系统严谨、理论深邃的科学体系，故后来有不少教育学者继承和发展之，而成赫尔巴特学派，兹举其称著的两人。

［德］启尔拉（T. Ziller，1817—1882）的成就有三。一是文化史的阶段说。因在启氏之前即有“复现说”和“回顾说”，指出人的胚胎发育犹如一部生物进化史，人的成长犹如一部社会发展史。前者大意是说，动物总是由单细胞、多细胞、软体、脊椎、腮呼吸、肺呼吸，逐渐形成完备的人；后者大意是说，人的出生后要经历野蛮、半开化、渔猎、游牧，逐渐形成现代人。① 以后霍尔（Hall）的《现代心理学》即根据“复现说”以解释人的本能。安诺德（Arnold）也根据“回顾说”提出“文化乃古代的思想与知识的最好部分的熟谙”，故教育的任务是使学生成为人类文化财产的继承者。而启尔拉则又发展赫尔巴特的教育目的和兴趣的理论，指出：“人类文化发展阶段与儿童心理发展的程序相当，故教材的选择与排列，应能陶冶儿童的情操。”② 就是后世称为教材的心理组织的来源。二是中心统合法，即各科教材不能各自为政，漫散无章，而应以历史、宗教、道德等科为中心统合之，才能养成学生道德的性格。三是五段教学法。这是把赫氏四阶段的教学过程，修改为分解、综合、联合、系统、方法五段。

［德］莱因（W. Reine，1847—?，启尔拉的高足）继承启氏的思想，但又把五段教学法修改为预备、提示、联合（或比较）、总括、应用。后世所说的赫氏的五段教学法大半是指莱氏的修正。赫氏的教育学说影响之广及于欧美、日本和中国，所以他在教育史上占有重要的地位。

3．社会的人道的教育

这种教育是渊源于社会本位和团体主义的思潮（下述的国家社会主义教育也是渊源于此），并与新人文主义思想相结合，重视社会上个人人格的调和与发展，也重视道德与文化。其杰出的代表是裴斯泰洛齐、福禄贝尔。

［瑞士］裴斯泰洛齐（J. H. Pestalozzi，1746—1827）毕业于文科和神科大学。在瑞士抵抗法国的战争中，受命为孤儿学校校长，成绩卓著，被称为人道教育家，死后被立碑颂为“孤儿之父”。主要著述有《林哈德和葛笃德》，描写夫

① 恩格斯. 自然辩证法［M］. 北京：人民出版社，1971：158. 吴俊升. 教育概论［M］. 南京：正中书局，1935.

② 雷通群：《西洋教育通史》，266～267页。

妻的家庭生活、家庭教育和学校教育的改良，意在促进为政者保护良民，改革社会。他的教育学说提出五个重要原理。一是自发原理，阐明个人内部具有生命力，其表现初为天真状态，次为社交状态，终达道德的完全体。教育应利赖之。二是力之平衡原理，阐明人类天赋的性能有均衡发展的必要。三是直观原理，指出认识的根源在于直观，故教学必须贯彻直观原则。四是方法原理，认为精神的发展要遵循分解与综合的理法，教育不得不由之。五是团体原理。这就是社会本位思想，他认为社会与团体是教育的最高原理。这些思想多继承夸美纽斯、卢梭、巴西多和波买尔（Bodmer）等，自己强调的是社会团体主义，但他是教育实际家，对教育的社会化、小学教育的改良、舍己为人的牺牲精神，树立了教师的模范，是不可磨灭的功绩。所以他的事业对后世有重大的影响，且形成了裴斯泰洛齐学派，传于德、俄、英、美等国。

［德］福禄贝尔（F. W. A. Froebel，1782—1852）曾入大学学数学和自然科学，从事农林和建筑事业，受劝改行搞教育。参观裴斯泰洛齐的学校后，1840年在德国布朗根堡办幼稚园。著《人类的教育》，主张心与物本质上是同一的“心物一元人性观”，教育理想含神性的发展和调和的发展。也主张社会团体本位主义，说人人都必须与他人结合，教育要注重身心结合的动作，使儿童早进于教育生活，向正当的途径发展。他受裴斯泰洛齐所创的直观教学要注重数、形、语三要素的影响，制造儿童恩物（关于恩物，以下再详）20种，使儿童了解自然事物的性质、形状、法则，以至真理。这是据心理法则制成的儿童玩具。游戏时注重构成作业、增加接触自然的机会，将直观教学推进到儿童自己的活动。因此，他成为世界闻名的少数幼儿教育家，思想影响及于意大利的蒙台梭利，美国的派克、杜威，及英国的公立学校。

4. 国家社会主义教育，可简称为国家主义教育

因“社会”的概念比“国家”的概念更广，包括家族社会至人类社会，国家社会只是其中的一种，是以政权为中心而构成的有机组织的社会。国家社会主义教育思想于19世纪兴起，是因为拿破仑战争引起欧洲各国间的战争，各国为维护自己的独立和主权，并谋帝国主义的发展，当然要提倡国家社会主义教育。德意志就是这种教育的先驱。斐希德、斐叶就是这种教育家的代表。

［德］斐希德（J. G. Fichte，1762—1814）曾求学于耶拿大学，得康德的优遇得任该校教授，后又受聘于爱兰坚大学。当时普鲁士为拿破仑所败，国家危险，他赴柏林作十四次公开讲演，题为《敬告德意志国民》，其中以自己的思想为经，以裴斯泰洛齐的教育法为纬，来振奋国民的爱国心，成为国家主义的教育论。这显见是出于实际的需要。他的教育思想是以爱为基础，认为人生有爱的冲

动，对于事物认知之爱，能引起学习上的愉快；与理性团体结合而生行动上的爱，则能产生道德生活；学习必须与作业相结合，如耕作、园艺、牧畜、手技等，使学生养成不赖他人而独立处世的自信力。

［法］斐叶（A. Fouillee，1838—?）历任中等学校教师，进至大学、高师教授。曾在法国教育会演说，题为《友爱之情与学校》。认为法国素以自由、平等、友爱见称于世，而现在却缺乏友爱之情，国家危险，故必须在学校中积极培养之。普法战争，法国战败，他著《国家教育论》指出战败的主因在于教育的缺陷，欲挽回国势，非改良教育不可。他的教育思想主要是：一切观念都具有现实倾向，生物界有竞争与淘汰，观念界也是强者、适者压倒弱者、不适者。儿童的精神界实是观念的竞争场，教育者要起观念的增殖与淘汰的作用。教育要使学生具有高尚的理想与坚固的情操，使国家适于生存竞争。这是进化论和心理学对教育的解释。

可见斐希德与斐叶皆因国家战败而提出国家主义教育，只是国别与时期不同而已。

5. 资产阶级民主主义教育

国家是以政治为中心的社会组织，自然需要为这政治服务的教育。但若政治上有专制与民主的斗争，那教育上也将有这种斗争。在资产阶级反封建革命的前夜，就产生了资产阶级民主教育家。

［德］第斯多惠（F. A. W. Diesterweg，1790—1866）就是一位卓越的资产阶级民主主义的教育家。他生活在普鲁士国王威廉三世在邦内实行军阀式的封建专制统治的时代，教育上已展开维护封建的等级学校与改设民主的统一学校的斗争。他在《莱因教育杂志》上发表四百多篇文章，坚决主张开设统一学校，办好师范教育和小学教育，反对宗教教育。他曾两次担任师范学校校长，并在附小任课，编著多科教科书和教学指导书，如《德国教师教育指南》和《教育年鉴》。担任全国教师联盟主席，因而当选德国众议院议员，获得“德国教师的教师”的光荣称号。他的教育思想是受卢梭和裴斯泰洛齐的影响，在上述的教育指南中难得地提出教学规律和规则 33 条（后详），把“遵循自然”放在首位，但也指出“遵循社会文化”在教育中的应有地位。他说：教学要适应学生的年龄特征和个性特征，讲授知识来充实儿童头脑，发展其智力才能，各科都有智育价值和德育意义，教学永远具有教育性，教法应该提倡发现法，来促进人的全面发展。我们从现代教育时常强调的讨论的重大课题中，就可以看到第斯多惠对后世的影响和裨益。

6. 科学功利主义的教育

前述的新人文主义思潮，在 19 世纪经历造极、衰落和颓废的原因，在于它是文哲领域的、理想思辨、主情、想象以至浪漫的，走到极端时成为武断的，它不敌自然科学实证方法的流行，于是16、17世纪已有的实学实利思潮再起，在教育上就形成了科学功利主义，且有其出色的教育家。

［英］斯宾塞（H. Spencer，1820—1903）是一位未经正式的学校教育、单靠独学而成的伟大学者。他的思想基础是进化论，由此广及生物学、心理学、社会学、伦理学。经40年的努力，完成《综合哲学》的巨著。他对教育很感兴趣，于1861年著《教育论》，内含知识、智育、德育、体育四个组成部分，名为“科学的功利教育”。书中，他分析人生活动如处于完备状态，则必须兼备五个要素。

五种活动都需要知识，否则就不能实现，故知识最有价值，这是主智主义；知识不重形式而重实用实益，这是功利主义；五种知识的轻重当以幸福（功利）为权衡之标准，这是个人主义。此书的第一篇就是知识的比较价值论，以后才是智、德、体三育。兹将人生完全的生活活动及其所需相应知识列下：

（1）直接保存自己的活动（简称生活的维持）——生理学、卫生学；

（2）间接保存自己的活动（简称生命的保全）——数学、物理学、化学、生物学、社会学；

（3）子孙教养的活动（简称种族的延续）——育儿法、心理学；

（4）维持社会的政治的活动（简称社会的义务）——历史、社会自然史；

（5）利用休闲时间的活动（简称兴趣的满足）——美术、绘画、音乐、文学。

他的智育论主张知识应以身体发育与健康为首要，陶冶对外的感觉为次要，赞美裴斯泰洛齐的实物教学、启发教育，依进化论的原则订教学顺序，减轻学生负担，使学生能愉快地学习。他的德育论是反对中世纪苛酷的干涉主义，主张自律、自由，这叫自然的德育主义；承认“自然惩罚”，如玩火自焚，反对有害无益的体罚。他的体育论指出要有精神劳作和身体劳作，应采用洛克的自然养护和锻炼的方法，儿童的饮食、衣服均随其所欲而与之，万物委于自然。综上所述，可见他的思想、主张都是切合科学和功利的，由人类必需的生活活动提出其所需的相应知识也是有创见的。所以英国、美国、中国等都有不少他的继承人。

7. 无产阶级社会主义教育

这是空前未有别树一帜的教育。因资本主义社会必然产生资产阶级及其敌对的无产阶级，无产阶级在革命前后都需要有自己的教育，它的先驱者和革命导师也都有独特的思想和光辉的业绩。

［英］欧文（R. Owen，1771—1858）是苏格兰一个大纱厂的厂主，有社会

主义理想。他批判了资本主义生产压榨工人并以低酬雇佣女工和童工的剥削制度，也攻击宗教把世界变成了巨大的疯人院，使劳动人民过着悲惨的生活。主张人的性格决定于不依人的意志为转移的周围环境的各种条件。因而于 1816 年在本厂办起形成性格的新学园，使智育、体育与生产劳动结合起来。规定 10 岁以下的儿童不许入工厂劳动，10 岁以上者白天做工，晚上进夜校，学习各科知识并发展思维。又为成年工人设俱乐部，进行文化教育活动。1825 年，他迁居美国，又办起新和谐村，实施智、德、劳、体四育相结合，教学跟工农生产劳动相结合；实行按劳取酬，使村里人的衣、食、住都得到改善。后来马克思对欧文的理想和实验给予高度的评价。后世说他是空想的社会主义者。

［德］马克思和恩格斯（K. Marx，1818—1883；F. Engels，1820—1895）都是无产阶级的革命导师，思想体系包括辩证唯物主义和历史唯物主义哲学、政治经济学和科学的社会主义三大组成部分。他们的教育学说，在论遗传、环境与教育的关系时说："人从自然得到的……仅仅是一种素质，这种素质提供了发展这些能力的前提。""人的本质……是一切社会关系的总和。""环境的改变和人的活动的一致，只能看作是并合理地理解为革命的实践。"人的全面发展的教育体系是形成新的性格的决定因素。教育是指三件事：智育、体育和技术教育。把有报酬的生产劳动、智育、体育和综合技术教育结合起来，就会把工人阶级提高到比贵族和资产阶级高得多的水平。

二、教育的目的、宗旨、任务、职能

上面所概述的时代、政治、哲学与教育学说问题，有时已涉及与本项难以分割的其他问题，所以下面各项只作扼要的列举，望读者自己前后参阅。这里论述的是教育目的及其类似的问题。

希腊、斯巴达的教育目的是培养勇敢、坚忍性和爱国主义精神。① 雅典的教育目的是培养善与美兼备、有教养、发挥个性的文雅公民。但苏格拉底说：教育要培养知之真、行之笃、智德合一的人。柏拉图说：教育之极致在于造就理想国家的公民，能在政治或军事上粉身报国。亚里士多德指出：教育要发展灵魂的高级部分，即理性和意志。②

罗马上古时期的男子教育着重培养谦逊、廉耻、忍耐、威严诸德，兼施智育

① 曹孚. 外国教育史［M］. 北京：人民教育出版社，1979：9.

② 曹孚. 外国教育史［M］. 北京：人民教育出版社，1979：28.

与体育。女子教育着重培养思虑周密、心性温和、志操高洁诸德。古典时期则重政治、军事、辩论的陶冶内容，并进行主智的教学。西塞罗则说：教育要养成雄辩家+著作家、政治家、经世家，具有广泛教养的人。

中世纪前半期的基督教教育是养成宗教的人格，在人性体现神性，以达到最高的道德状态；后半期的世俗教育则相反，各种市民学校都要使人由神本主义到人本主义。武士教育要养成高尚勇敢的人格，捍卫宗教、君主和贵妇人。大学教育也要以神学为主，培养神父牧师，而后才是数、理、法、医各种人才。中世纪的教育家克里门司（Clemens，150—215）说：教育是使人体认神的正义与爱。俄黎草尼斯（Origeines，185—254）说：教育目的是使人变为神的人。基利苏斯多姆士（Chrysostoms，347—407）说：基督以神之子，为谋人类之向上而下降人世，故世之为师者欲谋学生之向上，亦不可不置身于学生之地位。马拉（Maurus，776—856）说：教育的目的是养成高尚的基督教徒。诸家的说素总是说明教育目的的神化。

近世教育总的特征是由神本变为人本。文艺复兴时期要恢复希腊民族时代与罗马古典时代的文艺，包括语言、审美和思想三方面。人文主义教育就要培养人的新的世界观和人生观，使精神与肉体调和发展，实现个人完成主义和人道主义。教育家佛葛利乌斯（Vergerius，1349—1420）就指出：教育要培养知识、道德、身体调和发展的人。宗教改革时期，马丁·路德主张：父亲应该教子信神，从而齐家治国。人文唯实主义的孟丹尼提出，教育要使学生成为接物、待人、进退得宜，具有判断、情操、德性高尚的人。人生的真正价值在于实行方面；知识方面不重数量，而重质之精与力之健，以养成处权处变的经世家为主。夸美纽斯说：神赋予人三种使命（见前），故人的禀赋上即有德性、智能、信仰三种子；教育的目的即在培植这三种子以完成固有使命。洛克认为教育的理想目的为绅士，其条件是：心与神通，处理社会事务能力，平易近人，有实际技艺。卢梭认为，教育应以形成的一般陶冶为自然人与个人。巴西多指出教育目的是培养现世、有用、幸福的人。

晚近教育中，新人文主义教育家席勒认为：教育要培养以美为主、真善美兼备的高尚的人。理性的道德的教育家黎锡特说：教育的目的在使自我的本质，即多元的人性，获得调和的发展。康德说：教育的目的在于善，善是实践理性的使命、遵守一般的法则，个人不可不使其本性发展臻于完善，性能调和发展即成为道义世界的理想人物。赫尔巴特阐明：教育的目的应是道德品性的确立，重意志上的善，个人具有内心自由、意志完全、好意、正义和报偿五种道念。而社会上宗教社会、教化组织、行政组织、法律社会和报偿组织五种组织也要与个人的五种道念相当，以利于个人道德性格的陶冶。他除意志外，还论及智识、感情和身体，成为教育目的的组成部分。社会人道主义教育家裴斯泰洛齐说：教育目的是在培养理想的社会团体之每一市民具有多方调和的教养。他非常重视家庭教育，认为教师应以母亲之心为心，示范重于语言，技能与知识不可分离，身体要服从精神的命令，并能发表、实行，促进肉体与精神调和，成为活泼有为的人。国家社会主义教育家斐希德指出：教育目的应是养成具有自由意志、肯为国家社会服务、摒弃私欲和私利、促成宇宙之道德秩序的人。资产阶级民主主义教育家第斯多惠说：学校的任务是培养有博爱精神的人和自觉的公民，而不是培养道地的普鲁士人。爱人类的精神要跟爱自己人民的精神密切结合起来，他说："人是我的名字，德国人是我的别号。"① 科学功利的教育家斯宾塞分析出完全的人生生活应有五种活动及其应具备的各种知识，即是教育的目的。但他又说：教育是生活的准备，而不是生活本身。因而受到主张教育即生活的杜威等的批判。无产阶级革命导师指出，社会主义、共产主义的教育目的是人的全面发展。资本主义的劳动分工造成人的片面发展，牺牲了人的体力和智力。把教育和生产劳动结合起来，是培养全面发展的人的唯一方法。通晓现代生产的全部系统，就较易从一个劳动部门转到另一部门。如果劳动的变换和工人的流动是大工业生产的自然规律，那么，人的全面发展就是社会生产的一般规律。共产主义社会将是一个以各个人的自由发展为一切人的自由发展的条件的联合体。

三、 学生身心发展的年龄特征和学校教育制度

希腊柏拉图著《理想国》一书，阐述国家本位团体万能的思想说。理想国是由禀赋不同的三个阶级构成，他们可以金、银、铜三质为喻：具金质者为哲学的政治家，应居统治地位；具银质者为军警，应居辅治地位；具铜质者为农工商等劳务者，应居被治地位。

罗马古典时代的教育，因输入了希腊文化，亦按学生年龄办三级学校：初等学校，收6~12岁儿童；中等学校，收12~16岁少年；高等学校，收16~18岁青年。

中世纪前半期的基督教教育，设家庭教育，以圣母玛利亚保育基督为模范，教以3R、祈祷、赞美；问答学校，分预科、本科和高级候补生，使受洗礼，参加遁世生活，学读、写、算，并同化希腊、罗马文化；僧庵学校，是宗教家的修

① 曹孚. 外国教育史［M］. 北京：人民教育出版社，1979：207.

道场，主禁欲主义、独身主义、独居、过共产主义生活。另一方面则有世俗的庶民教育，查理士大帝就兴办宫廷学校、庶民教育，颁行强迫教育制度，奖励学术技艺。中世纪后半期，经11、12世纪十字军战争后，海陆交通渐开，工业贸易兴盛，欧洲人大开眼界，悟及基督教社会不是唯一的。因而宗教权威下降，封建势力代兴，勃起的新教育有：武士教育，7、8岁为家庭教育期，7～15岁为宫廷教育期，14～21岁为扈从时期，皆教以护主之礼及武士七艺，以显英雄本色；大学教育，多由学术研究所变成几何三角、物理天文、生物医学、伦理、法律、哲学等单科大学，著名者如意大利的萨拉尔诺大学，法国的巴黎大学，英国的牛津、剑桥大学，德国的莱比锡大学等；都市的世俗教育，主要是因工贸发达、市民财富增加，而办起工商业经营家的拉丁学校、文法学校、手工业子弟的德语学校、基尔特学校等。

近世文艺复兴后的人文主义教育，只重中学、大学，不重小学。宗教改革时期的教育，先由马丁·路德倡导普及小学教育。阿斯卡姆力主中等教育应在人文主义与新教主义的调和下发展。大学教育受新教主义的影响很大，如米兰希顿就在宗教改革的策源地执教了42年。此时基督教的僧庵学校衰退，大学教育权渐由教皇移到国王，但小学教育权则仍留教会手中。17、18世纪夸美纽斯则明确地把学龄分为四个时期，来办四级学校：婴儿期六年办母育学校；儿童期六年办国语学校；少年期六年办中学或拉丁学校；青年期六年办大学和旅行。

夸氏认为，在四个时期中，少年期是实施教育最适当的时期，因为少年性质不定，应及早教之；少年期为生活的准备，一纵即逝；有机体在柔软时期可以伸屈，到坚硬时，则不可伸屈，故少年期可教性最大；神与人的少年期，便于形成品性；少年期所得知识、习惯永续性最大，可保持于日后；少年期不陶冶则陷于劣性。

四、 课程与教材

希腊的智者派认为最基本的课程是三艺：文法、修辞、辩证法；柏拉图的《理想国》中说：社会可分三个阶级（见前），对第三阶级使其粗知通商之道即可，而对第一、二阶级则应施以如下的教育。①

（1）初生～6岁，重胎教、优生、公育、体育、运动、游戏、善良童话。

（2）7～16岁，为学校教育期，重体操与文艺，包括角力、舞蹈、猎狩、

① 雷通群：《西洋教育通史》，第41页。

读、写、算、音等道德陶冶。

（3）17～20岁，为军事教育期，重读、写、算、几何，不良者一律服役。

（4）20～30岁，为高等教育期，选有特才者从事科研，陶冶理性。

（5）30～35岁，为理念（最高之善）认识期，重学哲学，长理念德性，毕业后做官吏15年，至50岁止。

亚里士多德主张：要学习必需的知识，但要避免实用主义。天然的素质、习惯的发展和理性是德育的三源泉。希腊的欧几里得建立了平面与立体几何体系，阿基米德发现浮力原理，托勒密建立地理学，德谟克利特创建原子论，对当时和后世的课程影响巨大。

罗马古典时代的教育，因输入了希腊文化，亦按学生年龄办三级学校（见前）。

初等学校：教儿童以读、写、算。“读”是教以12铜标、法律、格言、诗文，“算”是从屈计到算盘，“写”是以铁笔书于蜡版。

中等学校：教少年以文法、文学、拉丁语、希腊语，称为文法学校，到帝政时期，则教以七艺（文法、修辞、哲学、算学、天文、几何、音乐）。

高等学校：教青年以修辞、哲学、法律，三科都毕业，则入社会。①

中世纪各国的小学多教三艺（3R，即读、写、算）和音乐唱歌，又教二重真理（哲学与宗教）。骑士学校多教七艺（骑马、游泳、投枪、击剑、行猎、下棋、吟诗），大学也教七艺（算术、几何、天文、乐理、文法、修辞、辩证法，辩证法为最高学科）。

近世肇始于文艺复兴，要恢复希腊、罗马后期的文学艺术。随后的人文主义教育是在中学里教拉丁文、希腊文及七艺中的雄辩、历史、翻译、舞蹈、角力、竞争等。在大学里则教授修辞学、诗学、雄辩术、锡西罗道德、亚里士多德伦理等。宗教改革后的新教主义教育则要调和基督教主义与人文主义，虽以圣经为最高学科，但尚兼重语文、数学、历史、博物、体育等科。这一时期，有杰出的科学家，如哥白尼（1473—1543）、伽利略（1564—1642）和开普勒（1571—1630）等都背叛了宗教而奠定了现代自然科学基础。17—18世纪自然唯实主义教育家有远超前人的表现。

夸美纽斯按前述的四级学校设置课程，并分其主次和修习程序等（见表1）。

① 雷通群：《西洋教育通史》，第55页。

表 1　课程名称表

时期	学校	设置课程
婴儿期六年	母育学校	练习体外感觉，教导分辨事物、图画、写字、数数、几何形体、唱歌、礼拜
儿童期六年	国语学校	阅读、书写、图画、唱歌、计数、测量，训练感觉、记忆、想象及其他
少年期六年	中学或拉丁学校	辩证、文法、修辞、科学和艺术的因果法则的领悟和判断
青年期六年	大学与旅行	重培养意志，学科学、哲学、生理、社会四个分科

课程种类
- 主要课程：语言、哲学、神学
- 次要课程：历史、各种练习
- 第三类课程：娱乐、游戏

修习程序
- 先初级后高级
  - 由感性到理性到神的启示——分析、综合
  - 由整体到部分——整体大于部分
  - 由简单到复杂——简单性结合多样性
- 先重要后次要
  - 上帝比人重要
  - 人比他物重要
  - 灵魂（精神）比肉体重要
  - 天上比地下重要
  - 永久比暂时重要
  - 笃信宗教比形成德性重要
  - 德性比学问重要
- 有联系的东西同时学习
  - 事物
  - 理智
  - 语言
  - （三结合）

洛克重视绅士教育，他主张的课程要比当时的教育内容广泛，有读、写、画、本族语、法语、拉丁语、地理、算术、几何、天文、年代学、历史、法律、簿记、骑术、舞蹈。而且认为，培养纯粹的学者应重文学和雄辩；培养通俗的绅士除上述外，应重博物、理化、解剖、修辞、伦理。各科教材的选择都要以利用厚生为本，反对经院主义的学风。

晚近的19世纪教育家论及教学内容比较明显的如下所述。

裴斯泰洛齐提出处理教材的原则：教材须从主观的见地排列；须巩固基础；由本及末；教材要合一定的阶段及小全体；待以后处理的教材，要预先告知学生；以前处理过的教材要使其再现；实质上有关系的教材要彼此联系；教材要就各方面讨论之；须由事物而后进入定理；先教实物，后教符号；教学内容须属于科学知识的范围。

福禄贝尔指出课程的宗教为了从小培养儿童的信仰；自然常识为了帮助儿童认识自然；数学为了促进儿童思维的发展；语言作为人与周围环境的媒介物。他对幼儿教育的突出贡献是创制了名为教具实即课程的恩物。恩物从广义言有20种，从狭义言仅10种，为儿童最喜爱者则只6种。

广义的恩物：①6球，②三体，③积木，④积木，⑤积木，⑥积木，⑦排板，⑧组板与连板，⑨排箸，⑩粒，⑪刺纸，⑫缝纸，⑬画法，⑭剪纸，⑮黏纸，⑯织纸，⑰组纸，⑱叠纸，⑲豆细工，⑳黏土细工。

狭义的恩物：上述的①～⑩种，⑪～⑳是作业或手工。

儿童最喜爱者：第①种，是用颜色的丝线包成6个球，复以丝线垂系之，展示于幼儿，使得形状、色彩与运动的知觉；

第②种，是由球体、立方体和圆柱体三者组成，可作种种处置，使儿童了解空间、形状和运动等法则；

第③种，虽是积木，但有利于儿童发明，例如将一个立方体从长、宽、高各二等分时则成八个小立方体，使儿童理解这样的小个体可以构成智识、事物和美的形体；

第④种，也是积木，作用也似第③种，如将一个立方体纵面二等分，横面四等分，即可得八个小长方体；

第⑤种，积木，是将一个立方体的长、宽、高各三等分，成27个小立方体，其中3个再以一对角线二分之，其他3个则以两对角线四分之；

第⑥种，积木，是将一个立方体分为27个小长方体，再将其中6个二等分，成12个短的长方体，其他3个均作二等分成6个柱形体，第⑤、⑥两种都是4岁以上儿童用，使儿童理解这样的小个体可以构成更复杂的几何、事物和美的形体。

斯宾塞是根据人生必要的生活活动，引出基本课程，这个理论很有科学价值，所以对后世有深远的影响。因前面已述，故此处不赘。

五、 教学过程

古代希腊苏格拉底在知行关系上，指出“知”的主导地位，即所谓“知之真则行之笃”，此语可推导出“行不笃”是由于“知不真”。亚里士多德认为：活动、发展是一切存在的基础，人有低级和高级活动，如思维、认识和意志的活动，德行是一种善于实现相应活动的能力。只有当人的全部活动服从于理智，而理智又以中庸为目标，既不缺少，又不过多超越任何一方面的界限的时候，德行才能实现。总的说来，人的高级活动是理性，最高级的理性是睿智。①

中世纪少见教育家有教学过程方面的名言。

近世唯实主义教育家孟丹尼的知行观则重行。他说：人生的真正价值在于行，而知则重质不重量，博闻不如卓见，知之多不如辨之审。夸美纽斯信奉培根的归纳法，认为在感觉中没有的东西，在理智中也不会有。

晚近，赫尔巴特是较早地对教学的阶段和进程这个重大的问题做了明确而系统的论述。我们在前面已经略提到，兹再补充如下。他主张教育性的教学可分有顺序的四个阶段：

（1）明了：指学生如要明了新观念，则必须专心；

（2）联合：欲使新旧观念相结合，则必须致思；

（3）系统：欲使新旧观念结合成为体系，则必须有心思的静止；

（4）方法：欲使观念体系移向其他事物，则必须有心思的进动。

他将教学过程分为四段的理论根据：

（1）从新观念、新旧观念结合，形成体系，再掌握体系推论其他的逻辑顺序看，它是根据伦理学的；

（2）从直观事物，用分解与综合去明了观念，再用比较与概括去形成概念看，它又是根据心理学的。

所以教材的论理组织与心理组织不是完全矛盾的，应该说：科学知识必然有论理系统，而讲解知识则要极力遵循心理规律。

裴斯泰洛齐说：人借感官得到的认识是从不明确到明确，从无秩序到有秩序，教学要帮助学生由感性经验来积累知识，并发展他们的智力，不仅使学生泛

① 曹孚. 外国教育史［M］. 北京：人民教育出版社，1979：27－28.

泛地增加知识，必须集中地提高智力。

乌申斯基著《人是教育的对象》，论及感觉的生理基础，并研究了记忆、注意、知觉、想象、思维、语言、情绪和意志等。

马克思说过，观念现象不过是被移置于人类头脑中并在人的头脑中改造过的物质现象而已。列宁说："从生动的直觉到抽象的思维，再从抽象的思维到实践。"① 这就是认识的辩证路线。众所周知这就是唯物主义教学过程的哲学基础。

六、 教学原则

自古以来，在教学理论的历史遗产中，把教学原则作为一个重大问题来研究，实始于近代。

夸美纽斯把"遵循自然"作为教育的基本原理，他列举八点理由来证实这个原理。

（1）自然生物是选择适当的时期生长，如草木逢春发芽。少年期就是人生之春，每日学习宜在早晨。教材应按学生年龄排列，使他们易于理解。

（2）自然造物都是预先备料，如鸟之营巢。教育要先备书籍、教具，学生应先认实物而后用语言发表，语言应在名人著作上学习，先教事物后教事物联系，先示例后规则。

（3）自然造物重材料与方法，如鸟孵卵而不孵石。儿童要专心学业，教师要引起学习的准备，除去妨碍注意之物。

（4）自然事业是逐一渐进，有条不紊，鸟先有骨骼，后有血脉。教学不要同时教两种教材，应该一科学毕，再教他科。

（5）自然生长是由内部及于外部，如植物先由细胞到发育。教学也是由了解到记忆，使儿童的理解力敏锐。

（6）自然构造事物由一般至特殊，如鸟先有全体脉络，然后及于局部。教学上无论教语言或技艺，先要了解大意，先实例后原则以至例外，构成知识系统，必要时还要注释。

（7）自然事物皆循序，不突飞，如鸟由巢飞到近枝、远枝到空间。教育也要分段，前段为后段做准备，时间分配要按年、月到日，排教材要预定课业，要不懈进行，不许懒惰。

（8）自然皆要排除障碍，如鸟孵卵要避风雨。儿童读教科书，不学他书，

---

① 列宁全集：38卷［M］. 北京：人民出版社，1959：181.

书籍要适于知识、道德和信仰三者，要使儿童在校内外都不滥交。

他根据教学原理，提出了六条教学原则，即①直观性原则，②自觉性原则，③教学的系统性原则，④连贯性原则，⑤量力性原则，⑥巩固性原则。

赫尔巴特提出三条教学原则，即①多方兴趣原则，②教学的系统性原则，③教学的教育性原则。

裴斯泰洛齐提出五条教学原则：①直观性原则，这是最重要的原则，要使儿童学会正确地去看、去听，这是处世的首要步骤；②教学必须在严格的顺序中进行；③教育要适应人的本性发展（人有自身的能量）；④教育要遵循自然，促进一切天赋能力的发展；⑤教育性的教学原则（智德结合）。

福禄贝尔提出三条教学原则：①自然与精神的同一哲学（谢林哲学）；②对立和对立调和的发展法则，一切教育、学习、教学最终的唯一目的是培养人的神性，从人性中体现神性，人在整个生命历程中发展，教育的主导思想就是在自然界中的无限发展；③由遵循自然的法则，发生儿童的自动性原则和多方发展原则。

恩格斯在《反杜林论》中提出循序渐进的系统的教学要求。

第斯多惠分别对教育和教学提出原则性的意见：

教育：
- 教育要遵循自然并发展遗传素质，这是最重要的教育原则；
- 教育要以心理学为基础，重视学生的年龄特征和个性特征；
- 教育要适应社会和儿童真善美的主动性。

教学：
- 教学要讲授知识，发展智力、智德联系，实现人的全面发展——中小学都要重实科、反古典，自然和数学是发展智力最重要的手段；
- 制订出33条教学规律和原则——如由实例到规则，由观念到词汇，直观与由近及远，由简到繁，由易到难，由已知到未知等规则相结合；
- 学生能讲出事物的本质就是自觉掌握知识的证明；
- 授予最重要的东西，作为学生进一步学习的基础，不使他们负担过重；
- 复习巩固已学的知识；
- 教法的好坏决定于引起学生智力活动的多少，学生是否守纪律；
- 教学永远具有教育性；
- 教师领导与学生自动发展相结合；
- 教育实习增长教育技巧。

乌申斯基提出八条教学原则，即①教学考虑学生年龄特征，②量力性原则，③连贯性原则，④直观性原则，⑤自觉性原则，⑥巩固性原则，⑦积极性原则，⑧教学教育性原则。

七、 在教学原则的指导下， 具体的教的方法和学的方法

古代希腊古典时代的教育方法是在实际生活中发展儿童的智能，故多用行动上的训练。苏格拉底常用的著名的教学方法则是：①问答法，即立于街衢树荫处，用此法与群众谈话；②反问法即称反语问答法、逆势演绎法，施行时是代听人言，然后用其言演绎之，使人自觉不彻底或自相矛盾，自认无智而决心求真；③产婆法或顺势归纳法，由已知推未知，归纳成真理。如说：酒醉之人不能统帅三军；推广之，酒醉之人不能为儿童的保护者，不能为农事的监督者等；归纳为无节制是恶德，节制是善德。他说：余非授人以智慧，乃使人自己产生知识的产婆。但自希腊的诡辩派兴起以后，则使行动的训练法变成主智的教学法，即诡辩者靠讲演与问答来传授智识，受教者则靠听讲与读书来获得以概念为主的教学法，换言之，即教师利用学生的耳目来灌输知识的方法，故称注入式教学法。它流传久远，为害甚烈，成为后世推行启发式教学法的主要障碍。

中世纪是宗教势力统治的时代，教会学校都是集体授课，教学方法多是机械记忆和盲目背诵，重情操主义，间有用问答法来灌输圣经。大学教育也是重讲演和辩论。都市的世俗教育也多采默诵法和硬记法，训育严格常用体罚。

近世的自然唯实主义兴起，对科学与教育方法的改革大有帮助。培根的归纳法是把感性材料整理出理性认识，从而洞察自然奥秘的方法。拉德开研究教学论，较早地提出以教学方法为主的十条意见，很有价值：①无论男女均应施以国民教育；②国语与书法应同时并授，并用记诵法；③实行一时只教一个学科的单行法；④一切教学须依自然顺序进行，由已知到未知，由简单到复杂：⑤遵循培根的归纳法，教学应先举例后归纳到原则；⑥说明事物先做整体的概括，后做部分的细述；⑦教学须有统一前后的形式，使学生易于理解；⑧教学应先本国语，后外国语；⑨教学应用温和的方法，不施体罚；⑩在训育上应以男教师教男生，女教师教女生。夸美纽斯创立了学年编制和班级授课制度，并使用了对巩固和掌握知识能起巨大作用的练习法和复习法。

晚近的赫尔巴特把教学分为三种。一是叙述的教学，用以补充经验、扩大知识，使直观能到达遥远的外域，背诵材料能达到叙述的教学目的。二是分析的教学，是把环境分析为事物，事物分为组成部分，部分分出各种特征。杂乱的观念

要得到分析、纠正和改进。他说，分析能引起多方兴趣：思辨兴趣、美的兴趣、同情兴趣、社会兴趣和宗教兴趣。三是综合的教学，用综合来建立思想体系，经教学来建立知识体系。先叙述，后分析，最后综合，三者应当并用。裴斯泰洛齐认为数、形、词是教学的基本工作的基本手段，必须予以重视。第斯多惠指出：问答法、谈话法、发现法等启发式教学方法都有良好的作用，应该大力提倡。

八、 师生的教学关系

罗马的昆体良在其所著的《雄辩术原理》中提出如下十点的“教师论”。上古时代有此论述，殊见珍贵。

(1) 教师对于儿童须有父母的感情。

(2) 教师不可自陷于恶，亦不容许他人陷于恶。

(3) 教师不可过严，亦不可过宽，因过宽则招侮，过严则招忌。

(4) 教师有常举嘉言懿行相问答的必要。

(5) 教师不可愤怒，但对儿童所应矫正的过失，亦不可默视。

(6) 教师教学上须平易，劳务上须忍耐。

(7) 教师对学生的质问，有迅速解答之必要，在学生无质问时，宜自发问。

(8) 教师对学生的成绩，要给予适当的赞赏，但慎勿过度。

(9) 教师有矫正学生缺点的必要时，勿流于刻薄，或予以非难。

(10) 教师每日要将应注意的事项，谆告学生。

17 世纪自然唯实主义教育家拉德开亦提出九点的教师论。

(1) 教师须信奉路德之教，虔敬而富于学养，且精于教法。

(2) 教学应是精密的、自然的、明了的。

(3) 教学时要为儿童设身处地，适应其实际需要。

(4) 教师要注意周到，勿使儿童过劳。

(5) 教学须注意儿童天赋的差异而施以适宜的教导。

(6) 难易的作业要更迭教学，在难的学科后要继以容易的。

(7) 教学要使一切儿童保持其注意。

(8) 学生若无进步，教师须承认，勿妄加称赞。

(9) 赏罚要在不损害学生对教师的爱，酌量行之。

晚近的社会人道主义教育家裴斯泰洛齐对教师的资格做出七条规定：

(1) 富于敬神之念；

(2) 至诚而忠于职务；

（3）不论在校内校外，都要为人模范；
（4）努力于自己的修养；
（5）亲爱同事，服从校规；
（6）训育儿童须以父母的真挚精神行之；
（7）精熟教学技术。

注：本篇论述外国自古代至现代上半期教学论的历史遗产，也是分8个侧面去分析归纳史实，但因史实繁杂，难做概括，只以各种教育学说的演进和教学原则与方法等的列举，来窥见其发展的轨迹。如奴隶社会中自由民教育多倡团体现世的体德智和真善美教育；封建社会中神本与人本的消长，文艺复兴和宗教改革后，出现自然唯实主义和泛爱主义的教育；资本主义社会中，陆续出现新人文主义、理想道德主义、社会主义、国家社会主义、资产阶级民主主义、科学功利主义、无产阶级社会主义、实证主义等教育。教学的过程、原则方法和师生关系等，则均具体摘录其重要的，读者作前后比较，即可知其来龙去脉。本人年老多病，发挥余热有限，切望社会贤达批判传承，发扬光大！

对开展教学论研究的几点意见

一、探索教学规律是研究教学论的首要任务

探索客观事物的变化发展规律原是任何科学的根本任务。笔者长期从事教育工作，深感教育科学之所以不能尽如人意，甚至受人轻视，根本原因就在于迄今探获的经得起实践检验的规律甚少。例如，教育本质问题迄今尚在争论，教学过程的本质问题又是长期停留在哲学领域。教育战线拨乱反正后，确定学校工作必须以教学为主，指出：要提高教学质量就必须遵循教学规律。但教学上究竟有哪些规律并不明确，甚至什么叫作规律也有不同的回答。当今世界处于“知识爆炸”时代，教育发达国家的教育科学研究都向教学领域深入，美苏有些专家的研究成果是比较突出的，但有哪些称得上教学规律呢？所以今后的教学论研究固应狠抓若干重大问题，但必须以探索教学规律为其首要任务，且要一抓到底。

二、 深入分析教学过程是探索教学规律的主要途径

三十年来，大家都重视教学过程的本质问题的研究，但却停步于辩证唯物论的认识论所阐发的一般认识规律。笔者认为一般的认识规律只是哲学上对认识与实践、知与行的关系问题上进行高度概括的结果，它已抛开各种特殊的认识过程各自的特点，更没有包括人们认识万千事物所必需的其他思维形式，所以它对教学过程只能起一般的指导作用。如果不问教学过程的特点和所需的其他思维形式，把它照搬硬套，那就必犯教条主义的错误。

教学过程不同于一般认识过程，主要是在于学生是通过教师和课本的中介去认识客观事物，这就必然引起一般认识过程在教学过程中的变化。我们既要尊重辩证唯物论关于认识过程的原理，又要适应教学过程的特殊性。这里，唯一的办法就是使一般的认识规律透过教学过程的特点去形成其具体的表现形式。教学过程的特点是以学生为认识的主体，而学生的认识是在教师的指导下，以学习课本上的间接知识为主，并在受控的环境中，利用各种教学手段进行。因此，认识规律在教学过程中的表现形式有五种。一要强调学生的主动自学，教师的主导作用就要表现在明确教育方针和教学目的，善于调动学生学习的主动性和积极性。二要重视紧扣教材的教学实践，如思考、练习、实验、计算等，使教学实践与社会实践适当地结合起来。三要学生在教师的启发引导下，敏捷地愉快地解决科学概念的形成、概念系列的构成、知识的储存和活用等问题，少走弯路。四要引导学生针对各科的特点，用相应的思维形式去掌握各种知识。例如，要认识物质运动的机械形式就要抓住位移；认识其物理形式就要理解能量的守恒和转换的相互关系；认识其化学形式就要领悟分子原子的结构就是物质的化学性质和化学变化的根本原因；认识其生物形式就要窥见蛋白质的功能在生命现象中所起的决定性作用。五要注意学生学习的实际进程，对其学习效果进行检查、分析、诊断和补救，使他们克服困难，不断前进。笔者认为这些正是教学上普遍存在、经常出现的问题，正是教学论研究上必须集中力量、力求突破的专题。探索教学规律就是去探索教学、教育等外部措施，如何促进学生身心内部矛盾对立面的转化，从不知到知，从不能到能，从不通到通，去寻求其本质的、普遍的、必然的联系，特别是其因果关系。吸取三十年来大家研究教学论的经验和教训，我们认为现在必须在辩证唯物主义认识论的指导下，深入分析教学过程的特点，来建立“教学认识论”，作为研究教学论的指导思想。我们所要探索的教学规律，不仅是智育的教学规律，而是能胜利地完成德、智、体三育的教学任务的教学规律。

三、研究教学论必须与有关学科通力协作

教学历来是实施教育的基本途径。所以历代中外教育家都留下许多关于教学的经验和理论，如孔子、荀子、孟子……；夸美纽斯、裴斯泰洛齐、赫尔巴特、第斯多惠、乌申斯基、斯宾塞、杜威等的论著。教育史的研究必须用历史唯物主义观点、方法去提炼历史遗产的精华。教学论的研究决不能割断历史从头做起，而必须批判继承遗产，做到古为今用。当代外国教学理论的最新成就，如布鲁纳的"教育过程"和"课程结构理论"，普莱西等的"程序教学"，吉尔福特的"智力三维结构理论"和赞科夫的"培养能力理论"等，也可以批判吸收，为我所用。心理科学，如"生理心理学""发展心理学""学习心理学"和"教育心理学"等，如能着重研究它们在教学工作上的应用，则可提高教学工作的针对性和科学性，在共同探索教学规律时，既可做教学法的分析，又可作神经学的论证，足以加强规律的坚定性和说服力。"分科教学法"与教学论的关系更加密切，更要大力协作使一般与特殊相互促进。

四、研究教学论必须寻求严密、深入的研究方法

我们深感一部科学发展史也是一部科学的方法学或思维术的发展史。自然科学的研究能从习见的事物、过程逐步深入到宏观、微观世界，去遥测高速运动、窥察原子秘密，是与科学家的思想方法能从形式逻辑、辩证思维发展到时空想象、思想实验等分不开的。教育科学的研究对象是非常复杂多变的，但其研究方法却是比较简单、粗糙的。今后必须力求方法学的发展。这里先谈几点粗浅的意见。

（1）老生常谈的调查研究、总结经验原是一个通用而有效的研究方法。教育研究上，如果能进行广泛的调查研究，大面积地分析概括优秀教师成功的教学经验，这里总可找到带有规律性的东西。现在全国和各省多已选出许多特级教师和模范教师，如能由教育行政部门和教育科研机构合作，用调查法、问卷法、课堂教学的观察分析法、个案研究法等去总结他们成功的教学经验，那对探索教学规律将起重大的作用。

（2）教育实验是研究教育教学问题的一个比较严密的方法。具体做法往往是先在一个学校里，用单组、等组或轮组的方法进行实验。这些方法都要设法控制实验时的其他因子，做到基本相等（如举行起始测验、调整班级等），而突出

两个或两个以上要求比较评定的实验因子（如分别采用两种不同的教学方法），然后分别用不同的因子进行教学，到结束时再举行终结测验，并根据两个因子在始末两次测验中所得平均成绩的差数，来评判两个因子的高低、优劣，这是种因求果的方法。应当把在一个学校里实验所得的结果向许多学校推广、再实验。在这反复实验的过程中，一定要留心观察，随时记载，积累事实和数据，然后做出结论。负责进行实验的人员应当受过专业的训练，懂得教育实验法、教育测量学和统计学。

（3）有些新兴科学，如信息论、控制论等，在当今自然科学与社会科学渐趋接近和沟通的时代里，把它引进到教育科学领域，可能对教育科学方法学的发展起促进的作用。如把信息论应用于教学过程，教师把学生的语言、行动、态度、表情、作业、考卷等都看作学生大脑活动的信息，借以采取对应的措施，构成师生教学双方的反馈联系，这对改进教学，促进教学相长就能起重大的作用。至于用控制论于教学过程，也是个勇敢的尝试。现在先用控制论的术语去解释构成教学工作的诸因素在静态中的相互关系，已引起大家的关注。如果能够在师生双方活动的复杂多变的动态中，去寻求双方活动的因果关系，从现象找本质，从偶然求必然，那教学过程就会变成接近可控的物质生产过程那样。

五、组织力量、加强领导是胜利完成研究任务的保证条件

党的十一大后，我国的教育科学研究工作有了可喜的进步，教育科学研究所、教育学会已纷纷建立，并办起了教育理论性刊物，制订了研究规划，许多人承担了研究任务。但是现在研究队伍还很薄弱，研究任务不够落实，研究人员的工作和生活条件还有待进一步改善。因此亟待普查专业人员，整顿队伍，培养新生力量，实现老、中、青三结合。需要进行协作的各种研究项目必须加强领导，统一计划，分工合作，殊途同归。各地应从实际出发，量力行事，发挥优势，早出结果。必须贯彻“双百”方针，使学术在充分交流、自由讨论中发展。对持之有故、言之成理的文章，应当尽量发表，让它与广大读者早日见面。

总之，我们要尽一切力量，来促进我国教育科学的繁荣，以此更好地为“四化”建设服务。

原载《教育研究》1981年第10期。

大脑的神经生理学研究与教学质量的提高

任何科学都要研究它自己的对象，研究的全面与深入决定着其发展的水平。教育学的对象是研究人的成长与发展所必需的教养和教学，由于人是自然界的万物之灵，人脑是亿万年生物进化的顶峰，而社会还要把人培养成为国家所企求的人才，开发其智力资源来更好地开发物资资源，按理，教育学的研究应兼顾人的自然性和社会性，成为自然科学与社会科学的跨界科学；但事实上，许多人都认为教育只是社会上的文教工作，不属于科技范畴，所以教育学既被排挤在自然科学之外，而在社会科学中也没有其稳定的地位。为什么养猪、种菜都要科学，唯独培养人的教育就不要科学？我们认为教育的目的自应决定于社会的政治、经济、文化、哲学的研究成果，而主宰自然万物的人就应该作为自然科学的尖端科学来研究。如果说，自然科学中的心理学、生理心理学、神经生理学和社会科学中的社会学等，都是教育学的基础科学，那教育学的研究可否舍弃人的自然属性而单就社会需求去研究它呢？教育教学的一切措施都是不能离开人的神经活动而获得效果的，那我们最少也要学习和运用神经生理学的研究成果于教学，来提高教学质量，使教学改革能适应学生的心理感受，使教育研究能重视人的自然本性，这就是我们撰写本文的初衷，切望同志们的指教和共勉！

一、 大脑研究的进展

（一）确认大脑为人体神经系统的中枢

早在我国秦汉时期和欧洲古希腊时期，人们已认识到大脑是人的精神聚集之所，是高级神经中枢的所在地，但真正从较为科学的角度来提出论题，还是在我国清朝初期。医生刘智在其《天方性理》一书中，就大脑对人的各种感官和内脏器官的统摄功能做了详尽的论述。他认为人脑不仅具有把人看过、听过、感触过的东西贮存于大脑的功能，而且还有把大脑的筋络与听觉、视觉、味觉、动觉等器官相通，从而使这些感觉器官统一起来的作用。此外，大脑具有总觉（整体统觉）、想（回忆）、虑（思考）、断（判断）、记（识记）等知觉功能，并且这些功能分别定位于脑前部、脑前中部、脑中部、脑中后部和脑后部。虽然这些结论不一定完全正确，但却为后人研究大脑结构与功能的关系提供了很好的素材。

（二）涉及整个神经系统的脑髓学说

我国清代末期，医生王清任通过解剖尸体和大脑病理的临床研究，写下了《医林改错》这一研究专著，其中阐述了“脑髓说”的原理，对大脑的机能做了概括：①人体各感官都有“道路”与大脑相通并由大脑统一指挥；②“灵机”“记性”是大脑机能的作用而非“心知”的功能，并且发生的部位“在脑不在心”；③婴儿脑髓发育和完善与否，直接同智力及其心理活动的情况相关；④做梦也是大脑活动的一种形式；⑤大脑对躯体的调控方式是交叉的，“人左半身经络，上头面从右行，右半身经络，上头面从左行，有左右交互之义”。

（三）大脑两半球高级神经活动

从 17 世纪开始，国外一些学者尝试从生理学等角度去探索大脑反射功能，从人头颅的形状、部位来推断人的大脑功能定位，其中以法国二元论者笛卡儿、俄国生理学家谢切诺夫以及美国 J. W. 莱特菲尔德等人较为著名。20 世纪 20—30 年代，苏联生理学家巴甫洛夫在大脑两半球高级神经活动研究的基础上，提出了经典性的条件反射学说。他认为，人类大脑皮层高级神经活动引起条件反射的形成，而这种反射的生理机制就是大脑神经暂时联系的建立，即在大脑皮层两个兴奋点之间建立暂时性神经联系。这种神经活动主要有三大规律：兴奋与抑制、扩散与集中、相互诱导。后来美国心理学家斯金纳充分借鉴和发展了巴甫洛夫的经典条件反射学说为操作性条件反射学说。前者是对动物强化其无关刺激去代替原有刺激而引起取食反应，其学习过程是个 S—R 过程；后者是对动物强化其自发的操作反应，使成为以后再发生这样反应的储备去取食，其学习过程是个R—S过程。这个发展可使人们认识到大脑不只是被动地接受刺激反应事物，而是能主动地选择刺激，反应事物。

（四）生理心理学与物理学的交叉研究

物理学与生理学的交叉研究，为大脑机能的数量化研究奠定了基础。自1860年费希纳在探讨物理刺激与心理感觉的数量化关系时，提出了著名的费希纳定律（S = KlgR——心理感觉与物理刺激量的对数成正比）以来，心理物理学在理论和方法上发生了变化，并产生了几个著名的学说：①史蒂文斯定律S = bI——相等的刺激比例产生相等的感觉比例；②神经量子说——当某个刺激引起一定数目的神经量子兴奋后，必然使另一个附加量子增量达到一定的量子可觉差，而理论上刺激与反应之间的关系曲线是梯形跳跃式的；③信号觉察论——这种理论把被试的辨别力与其反应的心理阈限的关系进行测量；④物理相关论——认为被试在心理物理实验中的判断是由刺激的物理属性来决定，而不是由感觉的持续时间来决定。

如果说以上几个理论是从探索外界刺激与心理反应的数量关系来研究大脑活动的话，那么以E. R. 约翰为代表的一些生理学家则从研究意识与生理的关系（即神经活动转化为主观经验的生理历程）探索大脑活动的生理机制。他们发现记忆发生时会出现三方面的生理现象：定向反射、脑电波变化及生物反馈。在定向反射中，动物（包括人类）对新奇刺激的注意会加强其受纳器的辨别能力，这时大脑对皮层中的旧痕迹（旧印象）与新刺激进行比较，若两者不符，引起定向反射；若两者相符，就难以引起定向反射。但新刺激物的继续刺激，随着其符合性的增加，逐渐形成一种习惯反应。因而符合性与习惯性之间形成一种因果关系。在脑电波方面，由于习惯化阶段人脑泛化的电活动逐渐被局部化或集中化所代替，当学习者从开始清醒到紧张学习时，其脑电波会逐渐从慢波（α波，8～13周/秒）过渡到快波（β波，14～30周/秒）。在生物反馈方面，尼尔·米勒发现了经典条件反射的例外，做出内脏和腺体肌肉不能通过条件反射来控制，即不受中枢神经系统调节控制的结论，并证明了自主反应也可训练，并可用操作条件反射法予以控制。被试通过训练后，会把自己的脑电波转化为视觉形式或听觉形式的刺激，经识别自己的电波形式之后，他们就能产生反馈并控制自己的脑电波。

（五）神经细胞的电位变化和化学变化

随着神经生理学的发展，大脑研究逐渐从条件反射产生的生理变化，深入到对神经细胞的电位变化及化学变化的研究。膜电位学说的诞生，解决了关于生物接受外来动因和内在动因、神经细胞及其器官的活动特征问题，并说明神经传递实际上是以电脉冲的形式来实现的。它涉及体液中的带正电的钠离子和带负电的氯离子的活动变化，神经细胞膜内外的电位差及其变化，神经传递时的特点，包括传递的周期、速度、电性传导、化学传递以及两神经元之间的突触穿梭以及状态改变等。正是由于神经生理学的研究成果的不断出现，使科学家们不仅了解到大脑皮质的功能定位，而且发现脑干网状结构是神经性兴奋的实际通路，海马及杏仁核对人类的学习和记忆至关重要。到20世纪70年代，一些学者开始对脑机能与脑内分泌的化学变化进行研究，认为环境刺激及药物引起的化学变化是决定脑机能好坏的主要因素之一。因为好的自然环境和心理环境，可以有更多的记忆储存、更重要的大脑皮层、更好的血液供应、更大的大脑细胞和更稠密的神经胶质细胞，使大脑中的乙酰胆碱酯酶的活性增高，从而创造出一个更健康、更卓越的大脑。

（六）信息处理与生理心理学的发展

在物理学与生理学相互渗透的基础上，人们开始把人脑的机能特性与信息处理的模式联系起来，用信息的观点解释大脑功能。这种观点认为，动物大脑具有的行动能力是在大脑与环境相互作用中逐渐形成的。在动物进化过程中，人脑是宇宙中最有组织和最为复杂的系统，其功能主要有两个：一个信息处理，另一个是新信息的发生。前者表现在物种进化时，外界信息进入生物体的遗传和记忆结构中，形成信息流（信号或图样），并随着神经系统的演化，令灵长类生物能够探测、分选、识别复合感觉中的信息并适当地反应环境，而中枢神经系统具有复杂的输入分析和计划影响能力。后者表现为将获得的信息进行分析、组织、选择并储存之后，对输入信息进行修正或改进；能够自发地产生新的信息，对信息的选择对象自身做出预测；能够以原来感知的形象（或表象）为出发点，产生复杂的精神映像和简短的符号之间联系（如利用语言进行思维，并创造新的信息）；能够将少数人发出的信息传递到大部分人当中。总之，人脑作为一个信息发生系统，它既能发生信息，又能与他人或其他动物交换信息。

（七）认知活动与情感活动的密切联系

20世纪70年代末，由于生理学和心理学的进一步发展，人们对大脑研究的范围和程度更为广泛和深入。科学家们发现人的情感与大脑的认知活动有着密切的关系。美国生理学家格雷（William Gray）认为情感是构成思维潜在结构的一部分，两者（情感和思维）共同成为新思想萌发和记忆、认知发生的关键。格雷相信，人之所以比其他动物聪明就在于他们之间情绪的细微差别。就是说，人类大脑中前脑的大部分区域和前脑额叶与边缘系统有着广泛连接。如果没有情感的参与，人类无法理解和回忆抽象的信息，也无法创造出如此辉煌的奇迹。

（八）新的研究手段与大脑研究前景的展望

20 世纪 80 年代初，由于新发明的仪器和先进的研究工具，使大脑研究有了突破性的发展。日本发明家广濑滕山（Hiroshi Motoyama）设计了一种叫 AMI 测量人体内部器官的仪器用以研究人脑，发现人体能量可在进入自己的体内经脉与他人的体内经脉发生相互作用，但这种能量并非在神经系统中流通，而是与身体表面发出信号的电传组织有关。磁脑摄影仪（MEG）的发明，使科学家们能扫描出大脑工作时的运行轨迹，检测到核子磁场与大脑细胞离子的进出运动关系，从而使研究者能更清晰地理解高级心理过程（如对词汇的理解、解决问题等）与潜在大脑活动之间的联系。核磁回声扫描仪（NMRS）的问世，使科学家们可以用无害磁力线和无线电频能量进行工作，使研究人员看到大脑以及整个身体内部的活动情况，并通过数字显示大脑活动（即大脑及其自然节奏）的生理过程。时间心理学的创立，使心理学家可以了解人体中荷尔蒙的变化、情绪的起落、细胞的分裂、脉搏的频率、血压与体温的波动等生理现象与大脑活动的系统来探索大脑的机能。

（九）大脑成熟与智力活动的关系

现代心理学研究表明，儿童大脑的早期开发的可能性比以前的皮亚杰、布鲁纳等人研究的结论要乐观得多。由于儿童早期神经系统与大脑结构机能发展如何，直接影响到他们后来的学习能力，因此，认识儿童早期大脑成熟区域的先后，及时加以开发和利用，可以促进他们智力水平的提高。

儿童大脑是人体发展最快的器官之一，刚出生时已达成人时的 1/3，1~3 岁时相当于成人时的 2/3 以上，6 岁时可以达到成人脑重的 90% 以上，到青春前期（12~14 岁）已基本接近成人水平；儿童感官发育也非常迅速，嗅觉、触觉、味觉、视觉、听觉等在出生第一周左右就发展得相当成熟；儿童的智力，这种被称为“在刺激或环境变化中形成、适应活动的能力”，实际上很早就开始发展。从刚出生到 3、4 个月时，婴儿已经开始有条件学习；1 岁左右，儿童可以学习简单的发音，理解常用词的含义；两岁左右，同时可以学习简单的操作或动作技能；4~8 岁时，是儿童学习能力突飞猛进时期，他们的大脑神经结构接近成人，其智力发展与后天习得的经验越来越密切。

最近几年，美国一些神经生理学家和心理学家研究儿童大脑的早期发展问题，提出“线圈”学说，认为儿童在婴儿时期大脑就开始运作，数以万亿的神经元等待着开发，等待着“缠绕”为心理。儿童时期的经验有助于形成其大脑的音乐和数学的、语言和情感的“线圈”。到了成年期，人脑与数以千亿计的神经元相互交叉，每个神经元都可以与数以千计的其他细胞接触，这样，大脑就有一百多万亿的接头。正是那些比我们所知道的银河系星星还多的接头，给予大脑无比巨大的力量，成为自然界的万物之灵。

（十）预测大脑研究可能出现的新突破

展望未来大脑研究前景，一些科学家预测将来在以下领域可能会出现突破：①攻克蛋白质的记忆刺激剂、抗代谢的记忆抑制剂、酶学习刺激剂以及新的神经生化药典等精神药物的难关；②通过大脑自动控制一些生理现象（如体温、血压、心速、新陈代谢等）；③自动控制记忆和遗忘；④通过找出心理活动的神经生理代码，引起激情，使人对事物易于记忆；⑤通过睡眠取舍信息，整理有用信息，使大脑不超载；⑥用数学公式表达人的高级神经活动，对大脑活动情况进行量化分析。总之，未来的研究将以阐明大脑活动的物质基础、化学药物对大脑的情感、意识机能的控制以及大脑功能模拟的原理为重点。

二、神经系统、大脑机能、神经活动和教学措施

神经生理学的研究进程，大体是由整体到局部，由外表到内蕴，由模糊的认识到明确的理解。下面所述的研究成果对教学工作有重大的启示。

（一）人体的神经系统和大脑的结构

人体中枢神经系统包括脑和脊髓。从其结构和功能的大要来说，脑包括有大脑、小脑、间脑、中脑、脑桥、延脑和脑室。中脑、脑桥和延脑合称为脑干。大脑是全身神经系统的司令部，主管高级神经活动；小脑与脑干协作，管人体空间位置的移动和平衡；间脑大部分为大脑所覆盖，居大脑中间，故称为间脑，其所包括的丘脑是神经传入冲动的转换站，经加工、选择、传至大脑，下丘脑管内脏、内分泌激素的调节；脑干是大小脑与脊髓联系的通路，是重要的反射中枢，其网状结构与中枢神经系统有双向性的联系，影响范围很广；它所属的中脑调节运动、视、听，并与维持姿势有关。脑桥与延脑调节心脏血流、呼吸、吞咽和唾液分泌；脑室充满脑脊液，脊髓管初级的、简单的反射，如膝跳和排泄等。大脑分左右两半球，由胼胝体把它们联系起来。大脑表面有灰色的皮层，由于褶皱而形成的外侧裂，中央沟和顶枕沟把它分成：额叶、顶叶、枕叶、颞叶和岛叶等五

叶，还有人提出胼胝体周围还有边缘叶。如果把皮层摊平，其面积约有 2 200 厘米^2，厚度有 6 层，主要是灰质，下面是白质。大脑皮层可分为 52 个区，粗分也有 10 个区，其机能是相互联系的，但各叶又有相对的中枢：运动中枢和运动性语言中枢（又称说话中枢）以及书写中枢在额叶；躯体感觉中枢在顶叶；视觉与视觉性语言中枢在枕叶，听觉及听觉性语言中枢在颞叶，嗅觉、味觉中枢分别在颞叶的海马与中央沟后回，管理内脏的中枢在边缘叶。这些中枢如有一个中枢受损，其他中枢可起代偿作用。大脑皮层的机能分区问题有过许多争论，比较稳妥的说法是大脑神经活动具有整体性，所以一区受损，他区可以代偿，但某种性质的活动还是以其相应的区域为主，实验时，割除这一区域，则这机能即消失，即可证明。关于人体的周围神经系统，简要说来，脑有 12 对神经，主要分布于头面部；脊髓有 31 对脊神经和自主神经分布于全身，其末端皆称末梢神经。人的脑干网状结构中就有神经细胞 100 多万个，全身的神经细胞约有 140 亿个，若将所有的神经细胞的纤维都连接起来，其长度可绕赤道 50 圈，其复杂精细程度可以想象。

（二）适应神经活动过程的教学措施

1. 各种感官对刺激的感受和教学措施

（1）刺激的感受。自然界与社会的所有事物都可能成为对人的刺激（包括人的肉体）。但人能否感受这刺激，要看刺激的强度，人体具备能感受事物各种属性的感觉器官，而且人体对各种刺激还有感受有选择性。感受的阈限条件刺激和两个信号系统不是对所有刺激都是被动地接受的，所以人的感受世界原只局限于各种感官之所及，但现代化教学手段则可以延伸人的感官去感受本来感受不到的事物属性。事物的属性究竟有多少，现在还不能彻底认识，但人们在生活实践中，可以概括出事物的基本属性，如形、色、声、嗅、味、触、运动等，人的感觉器官是有分工地去感受这些属性，这是人认识世界的开始。教学上，有赖各种感官的健全、灵敏度，并借助于现代化的教学手段，使我们尽可能地、全面精确地认识事物。

（2）视觉与教学。客观事物的形、数、色等属性，在光的照射下进入眼球的视网膜中锥形和棒形细胞，又经交叉神经的传导，达到大脑皮质的枕叶，与枕叶细胞所形成的对应关系，叫作视觉。但光的视觉阈限只在电磁波长 780 ~ 400 nm 之间，而波长更短和更长的紫外线和红外线等则是存在而肉眼看不见的。

视觉的神经机能如此，教学上诚宜采取相应的措施，才能获得视觉的效果。

阅读——读物要用横排以适应眼球左右顺利摆动。采光要求光线来自读者的左后方，发射均匀，有一定的明度和距离，以避免近视眼。有实物图表来证明、概括，增进理解。阅读一般不用字字发音的朗读，而要扩大视野，以词句、组块为单位进行扫视默读，所谓智者“一目十行”是夸大的，但提高阅读速度是可能经过锻炼实现的。

观察——由于视觉不是什么都看，而是有选择性、探索性和目的性的观察，包括有关学科的参观、访问、调查、探险等；对宏观事物进行细察、摆弄、拆装；对微观宇观世界事物的性状、演变和后果等进行探究，如显微镜、望远镜、光谱仪、全息照相、环幕电影等；对立体事物在太空中的光速飞行，还可以创造想象去模拟它，如爱因斯坦发明相对论那样微妙。人类自古都是靠视觉去认识世界，所以盲人就与世界隔绝了。但科学昌明的时代，不能再像过去主观唯心论者所说“存在就是被感觉”，而是靠科学来延伸人类的感官，使他们能在无边无际的太空中遨游，不然，即使是明眼人也要变成半瞎子了。

人们常把视觉比作照相，如把眼睛与照相机的结构捉对相比，则睛球与镜头、瞳孔与光圈、眼球与暗箱、肌肉松紧改变晶状体的表面曲率与调焦、视网膜与感光片所形成的实像，确很相似。但照相机里的胶片每张拍照时都只许曝光一次，如果两次以上，则必成重影而紊乱，而眼睛则比照相机巧妙百倍，它的瞳孔可以时常开着，不断拍照，经枕叶的交叉神经传入大脑，又可以整理成序，不会重复紊乱。这里，关键的问题是照相机只是无机的机械装置，拍照到感光膜就终止其作用，而眼睛是有机体的一种感受器官，它拍照时，有如镜子照物，物去其影像传入大脑，留下痕迹，造成记忆。网膜可以重拍，不至重叠，而大脑对于无数影像（与其他感觉所得的影像）经过贮藏、记忆、检索、思维，使景物在空间里左右逢源，纵横交错，在时间里分清先后，秩序井然，久之，又使同类影像形成概念，概念成系列，系列成体系，体系成网络，这也就是影像经大脑的分析综合，在神经系统中留下痕迹。所以人的实践活动会把前人凝结于其产品的心理内化于自己的心理，而自己的心理又会通过物化劳动而外化于他人，这就是马克思主义意识与活动的统一观点，个人的心理发展与社会的进步就是通过这样的内化和外化而实现的。

（3）听觉与教学。客观存在的物体，在自然界、社会和生物声源的刺激下，发生振动，引起空气、水等媒质的波动，传入人耳朵中的鼓膜又产生振动，使人听到声音，叫作听觉。在光的照耀下，事物处于静态或动态，眼睛都能主动地看到，而耳朵则只有鼓膜被振动时才能听到，所以听觉比视觉被动些，而且听到的振动频率均匀的被称为乐音（包括器乐和声乐），不均匀的被称为噪声和嘈杂之声，所以严格地说，音与声还有差别。视觉有来自光的波长的色调，光的强度的明度和光的纯度的饱和度三个属性，而听觉也有音调、音强和音色三个属性。听觉的阈限为声波16～20 000赫兹，声速即音速，它与传声体的温度成正比。0℃时声速为331.36米/秒；1℃时，增加0.6米/秒，水中速度为1 440米/秒，钢铁中速度为5 000米/秒。声音传入人耳是经外耳的鼓膜到中耳的听小骨，再到内耳的蜗牛壳里的液体，终到基础膜的横纤维，引起听神经的冲动，如果外界的音频与这冲动的音频一致，就发出共振关系，听到了声音。音强的单位是分贝，两音相差1.26分贝就能清楚地分辨出来。适应听觉的生理神经活动当然就是聆听，聆听别人的说话、音乐和唱歌。按照信息论原理，聆听声音有个信息的发射台、信道和接收台的关系。这在教学上说，就是师生双方的教学和反馈关系。应当明确教师的言行对学生都有示范作用，但主要的是靠语言讲解知识给学生。语言是表达知识情感的工具，文字就是书面语言。语文在科学上就有语言学、文字学和训诂学的研究，巧妙的语文更能使人发生动听、激情、诙谐、幽默、喜怒、入迷的作用，所以语文既是科学，又是艺术。同样的教材，由语文修养不同的教师去讲，会产生差异悬殊的效果。所以培养教师的学校必须以规范的语文为其必修课，在课外活动里也要研究讲演术并进行竞赛。

就教师的讲课来说，就要适应学生的听觉，音强要使坐在离教师最远的学生听得清楚。音调要稍有高低的变化。音色要使人听得悦耳、愉快。教师说话不宜太快或太慢，太快会使学生应接不暇，如学生学不习惯的外语，还没有听到上句，教师已讲到下句，他更是跟不上，所以学外语与教师的语速大有关系；太慢会使学生感到拖拉难耐，如单调重复的节奏，容易使听者进入睡眠状态。所讲知识要先指明它在科学上的地位和在生产生活上的作用及新旧知识的联系，以引起学生的注意和兴趣。讲解要有系统、有层次，联系实际，要着重重点、难点，设例发问，引导学生参加讨论，每章要做概括总结，将科学概念理成系列、体系。要引导学生先复习理论、法则，后用以指导作业。对学生的作业试卷要进行分析、讲评，借以强化正确，消除错误。这些都是对发射台工作的基本要求，不是要求每节课都全部实现。

教师讲课就是发射信息，信息必须通过信道，才能被学生接收。最一般的信道就是没有遮拦的空气，它最容易受到噪声的影响，所以讲课必须使课室内外的环境安静。现代化的教学的信道则常使用电缆，它是封闭和绝缘的，还可以控制声音的高低、强弱、快慢。语言实验室还可以区分对集体或个别进行教学。教学上对信道的要求是畅通无阻，通信的效果则决定于信息与噪声的比例。

学生接收信息必须有听觉器官的健全和聪颖，而与信息的发射和通道有息息的相关，聆听时还必须有有意的注意、接受新知识的基础和新旧知识的联系。师生双方的信息反馈，螺旋上升，更是提高教学质量的关键。

（4）嗅觉与教学。具有物质分子凝聚力的物体，在季节气温和生长成熟的诱发下所散发的气体为一定距离内有机体鼻子里的司嗅神经细胞所感受，叫作嗅觉。这些气味包括花香、胡椒、樟脑、酒、醚、麝香、腐烂等。而司嗅细胞立体形状的槽膜，气味合膜者就能激发神经冲动，这叫嗅觉的立体化学说（见张述祖《基础心理学》，第 291 页）。我国老早就有嗅觉适应性的说法，如“入芝兰之室，久而不闻其香；入鲍鱼之肆，久而不闻其臭”。各种动物生来就有不同的嗅觉，如蚂蚁对糖、猫对腥味、猎犬军犬对异味的嗅觉特别灵敏，这不是说人不如动物，只能说它的大脑里嗅觉细胞特多，侦察器特别发达而已。

嗅觉的作用主要的是觅食、求偶和自卫，如蝶弄花，蜂采蜜，蝗虫因稻香而麇集，马、牛、羊分泌荷尔蒙以求雄，狡兔三窟因闻狐臭、狼嚎而逃生。俗云“慢藏诲盗，冶容诲淫”也属于此类。气味是物体属性的一个不可忽视的部分，它与味觉上的滋味有密切的关系，人因伤风感冒而鼻子塞，饮食就没有滋味了，就是最浅显的例子。

教学上，研究有机体的嗅觉，就可以更全面地了解各种物体的特性，充分利用它们改善和美化人类生活，如采集潜在于动植物的香料，发展化学工业，制造化妆品，改善饮食、衣着、居室、交通工具，除臭，除虫，医病，侦察，揭破伪装，保卫人民生命财产。

（5）味觉与教学。滋味也是物体的一个属性，可食的物体更要探明它的滋味。食物所具有的各种滋味，溶于水或唾液之中，刺激有机体舌头上的味蕾而生的感觉叫作味觉。基本的滋味有甜、咸、酸、苦四种。其他许多滋味如辣、涩、麻等都是四种基本滋味按不同的比例混合而成，正如红、黄、蓝三种原色可以调和出许多深浅浓淡的颜色那样。而舌头的味蕾在不同的部位具有各异的侦察器去感受不同的滋味，如舌尖感甜，舌的两旁感咸酸，舌根感苦。味觉还是各种感觉的大综合，如味觉与嗅觉经常混合，鼻塞则寡味，高温则味浓，听到厨具和器皿的响声会引起食欲，造型美观的菜肴又能诱导饮食的兴趣。社会上的名厨过去只重视菜肴的色、香、味俱佳，近来还讲求造型的艺术。

味觉与教学似无多大关系，但要使学生全面认识生物的各种属性，则不可轻视它，要改善学生的膳食营养，又需讲求烹饪技术。食品轻工院校、厨师培训学校、家政职业学校的课程里，则更显然有它的重要地位。

（6）肤觉（包括湿、冷、痛、触）与教学。人体的感觉通常是指眉、目、鼻、口、耳五官，但眉说是用来护眼、美容与传情，实际上没有多大的作用。而覆盖整个身体的皮肤倒有温、冷、痛、触等多种和大面积的感受，皮下有无数的末梢神经，不同部位还有不同分布的感受器，特别是双手既是感受器，又是效应器，非常灵敏地感受温、冷、痛、触等刺激，又能执行大脑的指挥、随机应变地去对付任何复杂的遭遇，所以手越来越受到生理心理学家的重视和探究。学生用的《新华字典》中属于“手”（扌）部的字，就有四百多个。地球绕日旋转和地轴倾斜 23°26′造成地球上的四季、寒暑、风雨、雷电等自然现象的变化，引起气候学、气象学、温度计、衣着服饰和冷暖空调等研究和装备，各种病痛的医治，又靠生理学、病理学和医药学去研究。手的触觉非常灵敏，可以代替、帮助视觉去工作、学习，如盲人可用手摸针刺的盲人课本，编织棉布和草席。大脑两半球是交叉管理四肢的，胼胝体是联系两半球的神经纤维的。未知是出于遗传的本能还是先后的习惯，人类的大多数都是右利手，少数则是左利手。在大脑两半球分工的研究上，有人认为语言中枢在左半球，而动作中枢则在右半球。有人则反之。有人提出大脑机能定位说和优势说，又有人提出大脑机能整体说和等势说。苏联生理学家鲁利亚却于 20 世纪 60 年代即提出神经系统不可彼此分割，而是可以有所重叠。我们根据劳动创造世界也创造人类自身的观点，认为：人类的左右利手是世代人群应付各种刺激而逐渐形成的，并不是牢不可破的，双手可以按其优势与便利，做适当的分工，但更要互助合作，使其各得最优的发展。按一般系统论观点，有机体总是整体联系的，没有一个部件可以在系统之外而孤立存在的。大脑机能的研究至今认为：大脑两半球可能有分区、定位，各具优势，但又不可分割。可以彼此替代，互相补充。社会群体里，多是写字、拿筷子的右利手，但又有少数左利手，既有以手代眼的摸索读书的盲人，又有以足代手操作的残疾人。

（7）感觉的小结。如上所述，可知每种感觉都有其内部的细节和特点，而在实际运用上还需有关感觉的综合。例如，视觉在大脑中的保留率有 25%，听觉的保留率有 15%，而视听结合保留率可达 65%。味觉与嗅觉、视觉、听觉结合可提高食欲。手的触摸觉与触觉、动觉结合可提高认识事物的正确性，所以教学上要提倡并用感官，手脑俱到。

张述祖教授根据许多论据，总结出各种感觉的普遍规律，值得广大老师遵循：各种感觉都有感觉及其差别的阈限，超限则失败；各种感觉都有适应问题，习惯则降低感受性；各种感觉都有后效，如看电视每秒 16 ~ 24 个画面，看来却是连续的（这是作者原意简述）。

知觉是以各种感官为基础，对事物整体的反映，详见普通心理学书籍，本文从略。

2. **神经传导的进程中，神经细胞的物理和化学变化**

神经细胞原有生物电，在神经处静息状态时，细胞膜内外两侧，就有膜内带负电、膜外带正电的电位差，但当神经受到刺激而兴奋时，其膜内的负电位会迅速消失而变为正电位。这个变化非常短暂和快速恢复，反映在生物电的示波器上所出现尖锋样的图形，叫作锋电位，会使神经兴奋向前传导。此外，神经传导还需化学上的乙酰胆碱和乙酰胆碱酯酶的水平为递质。也靠神经细胞的轴突管中“轴浆流”来运输。

神经传导是双向性的刺激神经纤维的任何一点所产生的冲动，可沿纤维的两端同时传导，除被麻醉和冷冻外，相对不疲劳。传导的速度与有髓纤维的直径成正比，与无髓纤维的平方成正比。例如，有髓的传入和传出的神经纤维的直径为13～22微米，则其传导速度为70～120米/秒。其他从略。

这些神经传导的情况都是在神经机制中自发地发生的，外力难以干预。但教学上，教师在讲解问题、演示事物时，要有一定的物理量，使学生有足够的时间去感受各种刺激，形成突触，经反复的练习和复习，使其巩固，并逐步建立对事物的概念及其网络，储存其痕迹于大脑颞叶内侧的海马中。神经传导所需的递质，是否可以通过酶与磷的食用而加强，也有待研究。

3. 神经中枢对所有传来的感受的分析、综合

神经中枢是指人脑和脊髓，是由140亿个神经细胞构成的。其中大脑皮质就占100亿个神经细胞，分区管辖其相应的感受，而又互相联系着。

有人把电脑比作大脑的模拟，那么电脑又可以看出大脑的雏形。又有人把大脑看作《控制论》中的“黑箱”，要知黑箱中的机密，可用“不断改变其输入，而不断考察其输出”的方法来窥测。

本节研究的基本观点是：认识是人脑对客观事物的能动反映；心理活动是客观事物的内化和大脑活动结果的外化；两者相互作用，辩证发展。

前已说过：感觉是人脑对客观事物个别属性有目的、有选择的能动反映；知觉是人脑对客观事物的各部分和属性的整体反映。现在再说：注意是人脑对客观事物的指向或集中，反映一定事物而离开其他事物；记忆是人脑已反映过的事物，而映像不即消失，所以记忆是认知的再现方式。从神经活动上说，感知刺激、保持记忆都是神经细胞的轴突与树突、轴突与细胞体、轴突与轴突之间的暂时联系，形成突触的串联和并联（如电路）、链条与板块、体系与网络。由于大脑拥有100亿个神经细胞，那可能构成纵横错杂、四通八达、无往不利的神经体系、网络。就是最大型、最先进的电子计算机也不能与之比拟。记忆在人生的学习、工作和生活中都非常重要：复习才易获得新知，温故知新自古即有明训。总结固有经验，即可顺利进取。记忆如文化科学的仓库，需要时可以随时取用。教育科学上介绍记忆的方法，可以多到几十种，但最基本有效的方法，可推“联想”。一把钥匙容易丢失，一串钥匙则易保存，丢了也较易找回。一件事物容易被遗忘，几件事物互相联系，互相依傍，则易保存。人的童年头脑纯洁、精力充沛，遇事可以保持于久远；人到老年，头脑复杂，精力衰退，遇事互相干扰，故易遗忘，如数典忘祖、引喻失义、提笔忘字、遇友忘名等。从这些外显迹象窥测黑箱机密，可能就是上述突触的松懈、解体。许多轴突、树突处于游离状态，如电灯泡中的钨丝偶然相碰，灯泡立即复明，否则报废。神经结构也可能是这样，努力联想，冷静回忆，如海底钩沉，往事复现脑际。据云，所有记忆都有痕迹存留于大脑颞叶内侧的海马中，人欲巩固记忆，长久保留，则学生要靠特定的练习和复习；工作人员要靠日常的应用；会计师"拳不离手"，学会同时用双手打算盘，用运动觉代替视觉。可见心理发展要靠内外的交互促进，用进废退就是记忆的基本规律。

思维是神经中枢活动的重点，它是大脑对客观事物的间接的概括的反映，因为大脑直接感知事物的属性后，还要加工进行直觉思维，随后直觉思维就发展到间接的抽象概括思维。积累其伟大成就，就编出形式逻辑、数理逻辑和辩证逻辑。另外，大脑感知后留有表象，但对未曾感知，只听别人告知的事物，则会进行想象，使已有的感知再现出来，这叫再造想象。在这想象中，由于直觉，产生灵感，爆发闪光，捕捉创意，则成创造想象。所以"想象是一种特殊形式的思维活动"，"想象是在头脑中改造记忆中的表象而创造新形象的过程"。

现在转回来论述一般心理学所说的思维过程。思维最基本的过程是：大脑感知客观事物的属性和特征，进行分析、比较、抽取其共同特征，用明确的语文界定，使成科学概念，并使学生认清科学上相近相似的概念、联系和区别，如整式和分式、重量和比重、压力和压强、重量与质量、能量与动量、置换反应和取代反应等，使成概念的系列和组块，建立原理原则、定理定律，成为系统严密、层次明确的科学理论。近来有更多的学者专家致力于创造思维问题的研究，如发散思维和收敛思维、经验水平概括和理论水平概括等。

人在认知过程中，用获得知识和获得知识的方法来发展智力、培养能力。据心理学的种种阐释，我们可以认为，智力是大脑对新环境、新事物、新问题的普遍的心理适应力。能力是智力的一般和特殊因素的组合，在不同实践中的表现形式，它能做功。所以智能就是分析问题和解决问题的心理武器。

美国的吉尔福德论智力的三维结构，他是把世界所有的客观事物的内容，抽象地分为图形、符号、语义、行为四类，大脑对每类进行认知、记忆、分散思维、辐合思维和评价五种操作，每种操作产生单元、门类、关系、系统、转换和含蓄等六种产品。所以智力的三维结构就有 $4\times5\times6=120$ 个胞腔。这样的结构在教育心理学的研究上，还是比较先进的，可以作为教学工作的引导，但就微观、宏观和宇观存在的事物来说，它的内容的抽象、大脑对它的操作和所产生的产物，都必不止所论述的那样，所以还有待于继续研究探索。

4. 神经中枢的效应和返回传入

效应是反射的执行机构，中枢神经活动传到效应器，也要产生物理和化学变化，如腺苷三磷酸的分解，会产生活动所需的能量，使这活动传到肌肉纤维而产生机械运动。中枢也可使效应产生多种形式的变化，如同一刺激可引起多种不同反应，同一效应也可以由多种刺激所引起，借以适应环境。因突触经适当的教学措施，可以改组和改造。效应所引起的外部结果，又可以构成对有机体的新刺激，这叫返回传入。这制约着反射活动，使其继续改变或终止，来纠正原来反应的误差。效应一般都有第二信号系统的参与和调节，所以是有意识的，可使兴奋的集中趋于正确，可使各种技能的掌握，由自觉进入自动化，成为技巧。

因此，教学上应采取相应的措施，如教师在讲课后，用课堂提问、布置作业、举行测验考试等，来检查学生掌握知能的实际情况。学生从对答问题、参加测试中，把学习情况反馈给教师。但教学任务往往不是一次完成的，教师在批阅学生的作业时，分析综合学生成绩所蕴含学生的知识质量、学习方法和思维情况等，再进行讲评，再检查学生的学习进展。美国教育家莫利逊教授早就提出教学—检查—再教学—再检查的熟练公式。近来，教育界在信息论的启示下，还提出教学双方必须建立反馈联系，实行程序教学，强化学生优点，消退其缺点，并反映出教师的业务水平和教育修养，借以寻求教与学的因果关系，实现教学相长规律。本文作者与同事宾雨球副教授曾做过化学试卷的讲评，来考查学生进步的实验，发现学生知识质量的提高，有如立竿见影，愿广大的教师同志们一试!

主要参考文献

1. 燕国材，朱永新. 刘智《天方性理》对大脑研究的贡献 [J]. 心理科学通讯，1983 (6)：21 - 23.

2. 何玉德，舒涘，李屏西. 我国古代“脑髓”学说的萌芽和王清任“脑髓说”的突出成就 [J]. 心理科学通讯，1981 (5)：7 - 12.

3. 高觉敷. 心理学的哲学问题与神经生理学的研究 [J]. 心理科学通讯，1981 (1)：3 - 6，62.

4. 郭祖仪. 从现代神经生理学看巴甫洛夫学说 [J]. 心理科学通讯，1981 (5)：19 - 24.

5. 匡培梓，罗胜德，刘善循. 生理心理学三十年 [J]. 心理学报，1980 (2)：144 - 151.

6. 邵道生，译. 什么部位使人成为人？ [J]. 心理学参考资料，1980 (24).

7. 勒德雷尔. 论人脑机能和物理学、科学与技术基础之间的关系 [J]. 自然科学哲学问题丛刊，1979 (1)：17 -27.

8. 乐国安. “心理物理学”的发展和现状评述 [J]. 心理学报，1983 (1)：1 -8.

9. 徐秉烜. 视觉注意的顶叶神经机制 [J]. 心理科学通讯，1981 (4)：14 -16.

10. 郭可教. 言语活动的神经机制问题 [J]. 心理科学通讯，1983 (6)：15 -20.

11. 徐秉烜. 学习和记忆的神经生物学研究的若干进展 [J]. 心理学报，1981 (2)：233 -240.

12. 翁恩琪，冯瑞本，林伟春. 环境、脑和行为：学习和记忆的细胞生物学研究 [J]. 心理科学通讯，1987 (5)：45 -49，33.

13. 亥尔加特，等. 核糖核酸与记忆痕迹 [J]. 心理学文摘，1980 (4).

14. 孟昭兰. 情绪研究的新进展 [J]. 心理科学通讯，1984 (1)：40 -45，67.

15. KEATS D M，等. 与语言思维关系问题有关的生理学证据 [J]. 心理与教学心理学，1980 (1).

16. 叶奕乾，杨治良，孔克勤，等. 图解心理学 [M]. 南昌：江西人民出版社，1982.

17. 张述祖，沈德立. 基础心理学 [M]. 北京：教育科学出版社，1987.

18. 曹日昌. 普通心理学 [M]. 北京：人民教育出版社，1980.

19. 湖南医学院. 生理学 [M]. 北京：人民卫生出版社，1979.

20. 潘菽. 教育心理学 [M]. 北京：人民教育出版社，1980.

21. WINGFIELD A. Human learning and memory：an introduction [M]. Harper & Row Publishers，Inc. 1979.

22. ENTWISTLE N J. Styles of learning and teaching [M]. John Wilcy & Sons Ltd，981.

23. HAMACHEK D. Psychology in teaching，learning and growth [M]. Allyn and Bacon，1990.

此文原载《现代教育论丛》1999 年第 4 期，题为《大脑的神经生理学研究与教学质量的提高》，现再补充、改题。与李志厚老师合著。

第三部分

对心理与教育测量的探索

心理与教育测量的原理和方法

教育测量学是研究心理与教育的测量和评价的科学。20 世纪初，即以新兴科学的姿态出现于欧美，传播于全球。我国 1949 年前已把教育测量与统计列为高、中等师范院校的必修科，但 1949 年后因精简课程而停开。近年来国务院和教育部决定恢复和发展这个学科，并把它列为培养教育科学研究生的专业之一（后又扩大为教育科学研究法）。广东省教育科学研究所接受了培养这一专业研究生的任务，在教育测量方面还组织力量，翻译了美国哥伦比亚大学桑代克和哈根两教授合著的《心理与教育的测量和评价》一书（1977 年第四版）。笔者现在写出这篇文章，希望它能在恢复和发展教育测量学的巨大工程中，起些抛砖引玉的作用。

一、 教育测量在教育工作中的地位和作用

实施教育当然要有明确的目的、内容和方法，但又必须在教学、教育的过程中及时检查其效果，评定其成绩。只顾耕耘不问收获绝不能提高产量。所以学校中考查学生的学业成绩，社会上通过考试选拔人才，可以说是古今中外普遍存在的现象。不管人们承不承认教育测量学是一门科学，教育测量在教学、教育过程中的地位和作

用总是抹杀不了的。

各国心理和教育专家都曾论及教学检查在教学过程中的重要性。例如美国莫利逊早为教学建立了一条教学—检查—再教学—再检查的熟练公式。凯洛夫把检查作为教学过程区别于一般认识过程一大特点。美国斯金纳的学习强化学说指出：来自环境的刺激能引起有机体的反应，增加刺激与反应间的神经联结叫作强化，强化正确反应，消除错误反应，叫作分化性强化，这种强化能提高学习的效果。学习效果的即时反馈，能加强学习的动机，所以控制学习为要靠学习效果律、并经多重强化和连续强化，把有效行为保持一定的强度水平上。① 美国维纳说："反馈"是把系统输出的信息用于被控制的对象后产生的结果，再输送回来，成为新信息，并再输出的信息发生影响的过程；学习肯定是一种反馈，较高级的反馈，策略性的反馈。② 这些论述说明了在作为开放系统的教学工作中，还要有个闭合回路，教学效果的反馈和强化正是提高教学质量的关键所在。

教育测量学在20世纪30年代就已概括了心理与教育测量，指出它在教学教育工作中能够发挥的作用有：决定入学年龄，改革入学考试，甄别学生智愚，改进班组编制，考查学业成绩，诊断学习困难，预测今后发展，发现特殊才能，评定道德品质，严格进升级、毕业考试，指导升学就业，以至评价师生教学，估量教育学校行政效率等。40—50年代注意到教学效果的检查和反馈对提高教学质量的重大意义。70年代，就其发展方向说：一是根据教学系统进行配套测验，借以做出教学决策；二是依靠电脑进行考生与考题的取样，建立题库；三是提高测验的社会和政治效果，消除其病。③ 再就测验类型的发展说，则有两个特征：一是从局部分散的测量发展到全面系统的测量，如由单科测验发展到成套测验；二是由幼儿园、小学测验发展到中学、大学的各种重要测验，如由小学的阅读和数学的基本能力测验发展到中学调查性的成套连续性的测验，大学的重点学科和课程重点的单科测验，文化推理智力测验，成人智力量表，能力倾向的分类测验，教育技能测验，大、中学校的教育程度测验，库德的职业兴趣调查等。这说明了教育测量能从心理和教育两方面，测得集体和个人身心发展的现状和特征，它所掌握的准确的事实和数据，即可作为学校和政府做出重大的教学、教育决策的依据。

---

① 普莱西，斯金纳，等．程序教学和教学机器［M］．刘范，等译．北京：人民教育出版社，1979.

② 维纳．人有人的用处［M］．陈步，译．北京：商务印书馆，1978.

③ 桑代克等23人合著：《教育测量学·70年代的教育测量》。

例如：根据学生的智力和学力做出安排他们进入最适当的班组学习的决策；根据学生的学习困难，做出有针对性的补救措施的决策；根据期中重点考试和期终综合考试的成绩做出评价学生的决策；根据教学效果做出改革课程、教材、教法的决策；根据学生中学毕业成绩、高考成绩和职工的测试成绩，分别做出录取新生、招收和安排职工和干部的决策。教育测量成为教育决策的依据，这是教育测量作用的扩大和地位的提高的证明。美国哥伦比亚大学师范学院当前正在加强六大方面教育问题的研究，而把教育测量问题的研究放在首要地位。因此有人认为20世纪80年代的教育测量学已成教育科学研究中的尖端科学，而研究的重点则放在编制教育测量的工具——测验，和评价测量结果的工具——评价所应参照的标准等科学原理和方法上。教育测量学上所说的“量表”一般是包括这两种工具在内的。

二、编造教育测量工具（测验）的质量要求

一般人对心理测量的概念是陌生的，而对生活上常用的物理测量，如度、量、衡，却是十分熟悉的。因此，教育测量学上常把心理测量和物理测量做对比，帮助人们理解心理测量。简单地说，常用的物理测量的对象是物，这种测量绝大多数是对物的属性、现象或过程所做的直接测量。心理测量的对象是人，是人脑，这种测量却是用一群标准刺激即测验来刺激人脑，从人脑的反应上来窥测人脑机密的间接测量。控制论说，人脑是个“黑盒”，人们了解到“黑盒”的输入和输出，还不一定理解“黑盒”的内部结构。系统论说，人脑有几百亿个神经细胞，每个神经细胞又有几千个突触，人脑可能相当于一台有10^{14}或一百万亿个开关的计算机，而且神经细胞的突触不是完全固定的，大脑两半球的机能也不完全相同，所以人脑比任何高明的计算机都要复杂得多。① 心理测量也比物理测量困难得多。但教育测量学在其初建时期就有一个基础理论：凡是存在必有数量，既有数量便可测量。问题只在不断改善测量的方法和技术，将来可能与科学上的物理测量并驾齐驱。这个理论已在教育测量学的发展中逐步得到证实。

心理测量与教育测量是两个概念，但它们具有非常密切的内在联系。因为人的身心发展是一切教育工作的根据；而教育工作又是促进人的身心发展的主要条件。心理测量往往是教育测量的先导，但心理测量不宜直接取材于教科书；教育测量实质上还是测在教育影响下的心理活动，而作为教育成果或其问题的度量。

---

① 钱学森，等．论系统工程［M］．上海：上海交通大学出版社，2007：228～230.

教育测量学书籍往往包括心理测量与教育测量在内。心理测量的工具一般包括智力测验、学习才能倾向测验、特殊才能测验、品格测验、行为测验等。教育测量的工具按测量的目的分类，有大、中、小学各科的知识测验和技能测验，成绩测验和诊断测验，预测测验和发展测验，以及难度、阔度、速度测验等。

关于编造教育测量工具（测验）的质量要求，各教育测量书籍的论述不一，我们把它归纳为两大问题来说明。

（一）效度

效度是指测验能测出所要测的东西的程度。当今的教育测量以做出教育决策为最高的目的，效度的概念已发展为：能提供与决策有关的信息的程度。而且还从三个侧面来充实效度的概念：（1）研究测验的题目与教学的目的和内容相适应的程度，称“内容效度”；（2）研究测验所得分数与所代表的人的品质的有效程度，称“编制或结构效度”，如现代的学业成绩测验不但要测出学生的知识技能的数量，而且要测出学生掌握知能的思维路线和方法的品质；（3）寻求这次测验所得分数与同种的标准测验所得分数的相关，并用来判定这次测验的效度，称“标准相关效度”，标准测验在这里就称为“效标”。

优良的测验应有较高的鉴别力（区分度）。鉴别力是指心理与教育的各种测验，对被试者有鉴别其优劣、高低的能力。鉴别力常从三种测验中体现出来：一是难度测验，它要测出被试者在某一知能上能做的工作有多大难度；二是阔度测验，它要测出被试者在同一难度的平面上能做的工作有多大广度；三是速度测验，它要测出被试者在规定的时间内能做多少工作或做完规定的工作要费多少时间。在这三种测验中，最常用的是难度测验。每个试题的难度决定于它在预测中通过（答对）人数的百分比（后面还有补充说明）。在编造测验时，要把试题按难易顺序排列，并力求难度的距离相等，疏密适宜，淘汰全体被试者都通过或都不通过的试题。测验的全长要能覆盖全体被试者的程度。

测验效度的研究要具体落实于命题。命题要以上述的理论为指导，要靠优秀教师和教育科学工作者的协作。

实施测验后，判定效度的方法，主要是树立效标，求这次测验的分数与标准测验的分数的相关。这通常是求积差相关，用皮尔逊的积差相关公式：

$$r=\frac{\sum xy}{N\sigma_x\sigma_y}$$

r——积差相关系数的符号；

x——这次测验各人分数与其平均数的差数；

y——标准测验各人分数与其平均数的差数；

$\sum xy = x \cdot y$ 两列差数的乘积的代数和；

N——被试者的人数；

$\sigma_x \sigma_y$——两种测验所得分数的标准差。

如果两种成绩都是等级，则可求等级相关，用斯皮尔曼等级相关公式，计算会简便些。

$$\rho = \frac{6\sum D^2}{N(N^2-1)}$$

ρ（或 r_ρ）——等级相关系数的符号；

D——两列成对的等级的差数；

N——等级的个数。

如果感到只用一个效标不够可靠，可以求这次测验分数与两个效标分数的相关，用下列公式①：

$$r_{cx} = \sqrt{\frac{r_{xy} \times r_{xz}}{r_{yz}}}$$

r_{cx}——这次测验（x）与效标（c）的相关系数符号；

y——第一种效标；

z——第二种效标。

如果缺乏标准测验或认为标准测验还不够标准，有人认为还是可以用多名教师对学生平时成绩的评定为标准，求这次测验与这个标准的相关。但这里产生了根本性的问题：许多人批评教师平时评定学生成绩的主观性，才借助于客观的测验，而今评价客观测验效度的标准却是教师主观的评定，这岂不是自相矛盾吗？解决问题的较好办法，还是科学地、严格地编好标准测验。美国已编好许多全国性和地区性的标准测验，其效度已经长期获得教育界的公认。

（二）信度

信度主要是指测验施行的准确度和评分的准确度。信度的指标是表示几次测验先后所得结果的一致性或可以再现的程度。

为求信度，首先要编好测验卷子，做到每份卷子所提问题、作答要求、答案位置、作答时限，都很明确，正测验前宜有预备测验，使被试者明确作答方法。任何测验如果重复使用，总难避免练习和泄密的影响，因此要有题目不同而质量相等的若干份，这叫作测验的复份。编造复份的方法，先要大量出题，进行预测，求每题通过人数的百分比，然后选出难度距离相等的题目，编成顺序，再用往复配搭法编

① 王书林：《教育统计学》，第215页。

入各份，使各份题目总的质量相等。复份也要妥善保管，按一定的时间间隔交替使用。其次要编好测验指导书，或称手册，它的内容颇多，但主要的规定是测验的施行和评分，务使主试者保持施行测验的客观性和稳定性，因此主试者应受一定的训练和监督，同时务使被试者保持身心状态的稳定性和发挥主观能动性。此外还要控制考场及其周围环境，防止被试者的“怯场”现象。阅卷要由业务精通、态度公正的优秀教师担任，标准答案和评分标准要在开始阅卷时才公开，评分要经试评，借求统一掌握标准，登录和统计分数都要实行责任制。

实施测验后，计算信度的方法颇多，较优而常用的方法有下面几种。

（1）一个测验先后举行两次，求两次结果的积差相关。此法缺点是后次测验必受前次测验练习的影响。

（2）一个测验的两个复份各测一次，求两次结果的积差相关。此法可克服前法的缺点，较好。

（3）把一个测验分成等质量的两半，分别举行测验，求两半结果的自身相关。根据测验内部具有一致性，其信度就较高的原理，斯皮尔曼—布朗建立了如下的计算公式：

$$r_{11}=\frac{2r\frac{1}{2}\cdot\frac{1}{2}}{1+r_{\frac{1}{2}\cdot\frac{1}{2}}}$$

r_{11}——全长测验的估计信度系数；

$r_{\frac{1}{2}\cdot\frac{1}{2}}$——两半测验之间的实际相关系数。

（4）由于加长测验，可以提高信度，斯皮尔曼—布朗又建立了如下的计算公式：

$$r_{nn}=\frac{nr_{11}}{1+(n-1)r_{11}}$$

r_{nn}——测验加长几倍后欲知的信度系数；

r_{11}——已知的信度系数；

n——加长测验的倍数。

（5）也是根据测验内部具有一致性，其信度就较高的原理，库德—理查逊建立的公式21，是比较简单和易于计算的。任何测验只要算出了正确答案的数目，即可应用这一公式：

$$r_{kR_{21}}=\frac{k}{k-1}\left[1-\frac{M(k-M)}{ks^{2}}\right]$$

k——测验的题数；

M——测验分数的平均数；

s——测验分数的标准差。

关于信度与效度的关系，应理解为：心理与教育测量，既要求工具的切实有效，又要求施行的准确可靠。但效度的高低不能决定信度的高低，信度高，效度却不一定高，信度低，效度就不可能高。

三、 评价测量结果的工具的理论和类型的发展

评价是把测量的结果放在一定的参照标准上来评定其优劣、高低。评价工具就是按照它所参照的标准编造出来的。这些工具与物理测量的量具同理，也必须具备下列要素。一是参照点（组、系）。它是计算的起点。物理测量常用绝对零点，如度、量、衡上的零点和人定零点，如量经纬度以格林尼治天文台和赤道为零点。心理与教育测量的评价工具的参照点则随其所参照的标准而变化（下详）。二是单位。它是计算和读数所必需。物理测量，如度、量、衡上的尺、升、斤等大、小单位都要严格做到距离相等，大小适宜。心理与教育测量的评价工具也必须有相应的等值的单位（下详）。三是全距。它是指由参照点和单位构成的量具，要能测出全部对象的差别而略有剩余。所以物理测量和心理教育测量都要按客观需要来制造适宜的量具。

教育测量上评价测量结果的工具所参照的标准，经历史发展有如下三种。

（一）目标和内容参照标准

这是以教学大纲和教材为标准，来衡量测验结果达成教学目标的“完满程度”。实质上是衡量测验所测出的学生掌握知识的质量。用这个标准是很自然的，因而也是早已有之。因近来批评长期以来多以常模为参照标准的情况下，又强调了它的重要性。这个标准的参照点，笼统地说，应当是最低年级的教材，具体些说，又应当是某一学科、某一单元或某一测验目的所指的教材的起点，这样参照点就很多了。就这个标准的单位说，各科之间和一科之内教材的章节或单元的质量距离并不相等，因此划定等值的单位就非常困难，即使分科定出来，各科之间也不能相比。所以不少教育测量专家认为测验应当讲究效度，但把有效的测验结果放在目标和内容的参照标准上来衡量，就不一定有高的准确性。上述的问题都有待研究、解决。

（二）常模参照标准

这是以同类集体在某种测验求常模的预测上所得的成绩分布作为标准，再用这个标准来衡量以后各个人在这测验上所得的成绩在这集体成绩分布中所占的地位。同类集体可以是全国的、地区的或一个学校的。心理与教育测量常用的常模有四种，这里只做简单的述评。

1. **年龄常模**

笼统地说，这是以某种测验去测大量的被试者，然后分别按年龄去求他们在这测验上所得成绩的平均数，把年龄与平均数对照起来，即得年龄常模，它的参照点是出生日，单位是岁和月。以后各个人在这测验上所得的成绩，便可从这对照中，查得其相应的成绩，评定其相当的年龄。这种常模最先用于智力测验，可以评定被试者的智力年龄（M. A.）。但这还是绝对数量，再用实足年龄（C. A.）去除智力年龄并乘以100，则可得智力商数（I. Q.），这已是相对数量，以100为常数，即可判定人的智愚。同理，把这种常模用在教育测验上，可得教育年龄（E. A.）、教育商数（E. Q.），求教育商数与智力商数的比值，可得成绩商数（A. Q.）。所以年龄常模上常用的商数有：

$$\text{I. Q.} = \frac{\text{M. A.}}{\text{C. A.}} \times 100;$$

$$\text{E. Q.} = \frac{\text{E. A.}}{\text{C. A.}} \times 100;$$

$$\text{A. Q.} = \frac{\text{E. A.}}{\text{M. A.}} \times 100。$$

年龄常模的意义明确，便于比较，在中小学有广泛的应用。参照点固定。但单位不等，因发展心理学的研究证明，智力与学力的年长率都不是等距的。我国关于脑电波的研究也证明：5～6岁和13～14岁是脑发展的两个加速时期。

2. **年级常模**

这是以某种测验去测大量的学生，然后按年级分别去求他们在这测验上所得成绩的平均数，把年级与平均数对照起来，即得年级常模。它的参照点是小学的入学日，单位是年级和学月（规定1个学年为10个学月）。由于求年级常模时，只能在某一学月举行测验，求得各年级的平均成绩，那么年级与年级之间的各学月的成绩，只能用内插法，求出其等距值，用来判定某生所得分数在级模上应处的年级地位。

例如：

年级	3	4	5	6	7	8
常模（分数）	8	15	20	24	28	30
某生分数	10.5					

计算$\frac{30-8}{5}=4.4$（各年级平均增加数）；

$10.5-8=2.5$；

$\frac{2.5}{4.4}\approx 0.6$（即某生成绩相当于三年级六学月水平）。

年级常模意义明确，用于教育测验上较合实际需要。但其参照点不稳定，因为学龄儿童入学时的基础当然要受他们所接受的学前教育和家庭教育的影响。它的单位也不相等，因为学生在各学年、各学月间学力的发展也不是等距的。一般地说，在智力发展加速时期，如果努力学习，成绩就会迅速提高。

3．**百分位数常模**

这是不受年龄或年级的限制，而把一个集体在某种测验中所得的分数，划分为若干组，计算各组的频率（次数）及其累计数，并求出这集体总人数的1%的数值。这样就可以做出各个分数和它们在总人数中各占的百分地位的对照。以后，各个人在这测验上所得的分数，就可以从这“对照”上评定它在集体中应占的百分地位，称之为百分位数或百分等级。兹举例计算如下：

百分位数求法示例

（1）由百分位数求原始分数（见表1）。

（2）由原始分数求百分位数。

公式：$R_x = \frac{100}{N}\left(f_{up} + \frac{x - L.L.}{I}f_x\right)$

R_x——与某个分数相应的百分位数。

用前例已知的 P_1，P_{20}，P_{70} 的原始分数，代入公式：

$$R_{47.2} = \frac{100}{144}\left(0 + \frac{47.2 - 40}{10} \times 2\right) = 1;$$

$$R_{75.76} = \frac{100}{144}\left(19 + \frac{75.76 - 70}{10} \times 17\right) = 19.9 \text{ 或 } 20;$$

$$R_{106.87} = \frac{100}{144}\left(85 + \frac{106.87 - 100}{10} \times 23\right) = 70。$$

表1

（组距）	频率（次数）	累计频率（次数和）	计　　　　算
40			由百分位数求原始分数的公式：
|	2	2	
50			$P_p = L.L. + \left(\frac{\frac{PN}{100} - f_{up}}{f_p}\right)$
|	5	7	
60			P_p——与某个百分位数相应的原始分数；
|	12	19	L. L. ——含有 P_p 的组的组距下限；
70			N——总人数；
|	17	36	f_{up}——含有 P_p 的组的以上各组的次数和；
80			
|	23	59	f_p——含有 P_p 的组的次数。

续上表

(组距)	频率(次数)	累计频率(次数和)	计　　算
90—100	26	85	求法步骤：(1) 先求总人数的1%，本例 =1.44；
100—110	23	108	(2) 在次数和栏内，找含有1.44的项，本例为第1项“2”；
110—120	18	126	(3) 将各数代入公式，进行计算。
120—130	11	137	例如：
130—140	4	141	$P_1=40+\left(\dfrac{\frac{1\times144}{100}-0}{2}\right)\times10=47.2$
140—150	3	144	$P_{20}=70+\left(\dfrac{\frac{20\times144}{100}-19}{17}\right)\times10\approx75.76$
	$N=144$		
	$N\times\frac{1}{100}=1.44$		$P_{70}=100+\left(\dfrac{\frac{70\times144}{100}-85}{23}\right)\times10\approx106.87$

百分位数常模不受年龄或年级的序列限制，凡欲求原始分数与百分位数的相互关系者，都可使用。它用相对地位来表示绝对分数，所以两种学科的成绩都化为百分位数后，就具有可比性，它的意义明确，计算也不算麻烦。但因各种测验所得分数的分布总是中间的次数多，两端的次数少，或者说是属于常态或接近于常态的，这就使两端的两个百分位数所得分数之差要大于中间的两个百分位数所得分数之差。我们就用上例进行计算，得：

$P_1=47.2$　　$P_2=50.4$　　$P_2-P_1=3.20$；

$P_{20}=75.76$　　$P_{21}=76.6$　　$P_{21}-P_{20}=0.84$；

$P_{70}=106.87$　　$P_{71}=107.5$　　$P_{71}-P_{70}=0.63$。

这就可以证明：两个百分位数的距离相等，而原始分数的距离不等；如使原始分数的距离相等，则百分位数的距离就不等了。这就是说：百分位数常模的单位不等，而且百分位数的分数值缺乏稳定性，两端尤甚，它以零分位数为参照点，也没有确定的意义。

4. **标准分数常模**

这是把一个大集体在某种测验中所得的分数，划分为区间，各计其频率，求出其算术平均数和标准差，然后以平均数为零点（参照点），以标准差为单位，向左右各展开5个标准差，算出各个正负标准差单位的面积在常态（正态）分布曲线的总面积中各占的百分比，即可得到各标准差值和它们所占曲线面积的百分比的对照。测验时对被试者取样的多少自会影响常态分布、平均数、标准差及其所占的面积的百分比。教育统计学上按照常态、分布原理，已绘就了常态分布图，列出了常态分布表，其概要如图1。

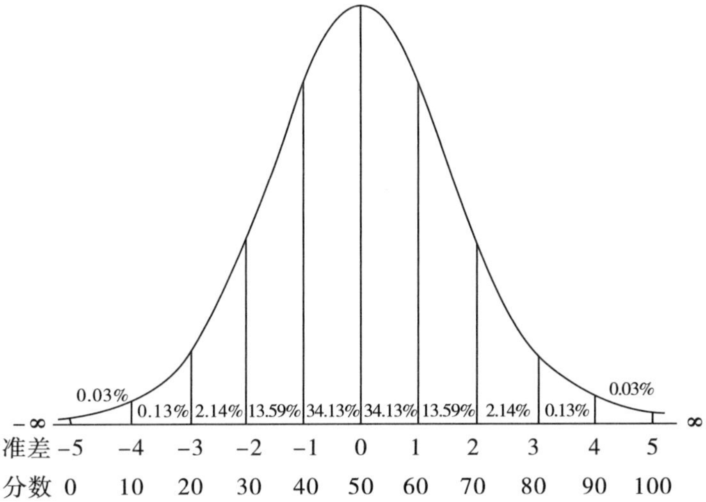

图1　常态分布图

常态分布表——各个正负标准差单位的面积在常态分布曲线的总面积中各占的百分比（用从负到正的累加方式排列，见表2）。

表2

标准差	百分比
-5σ	0.000 039 19
-4σ	0.003 2
-3σ	0.135
-2σ	2.28
-16	15.87
0	50.00
1σ	84.13

续上表

标准差	百分比
2σ	97.72
3σ	99.865
4σ	99.996 8
5σ	99.999 969 81

这就是标准分数常模所依据的常态分布原理，如果这次测验所得的原始分数分布接近于常态分布，则可运用这个原理为各原始分数求得标准分数，也就是各个人分数在集体中的地位。为求实用和简便，教育统计学上给出了求标准分数的计算公式：

$$Z=\frac{x-\bar{x}}{\sigma}$$

Z——标准分数；

x——个人分数；

$\bar{x}$——集体分数的平均数；

σ——集体分数的标准差。

例如：某集体的测验分数的 $\bar{x}=50$，$\sigma=16$，某生分数 $=70$。

代入公式：$Z=\frac{70-50}{16}=1.25$。

教育统计学上所说的 T 分数（见上述的常态分布图）就是把横坐标上的 0 点移到 -5 处，并把标准分数放大 10 倍（$T_1=0.1\sigma$），这样 -5 处就变成 T 分数的 0 分，-4 变成 T 分数的 10 分，0 点变成 T 分数的 50 分，余类推。因为 T 分数可以免除负数，变成 0～100 的一把量尺那样的工具。所以 T 分数就是标准分数的变形和改进，求 T 分数的公式如下：

$$T=10\left(\frac{x-\bar{x}}{\sigma}\right)+50$$

用上例各数值，代入公式：$T=10\left(\frac{70-50}{16}\right)+50=62.5$。

我国 1949 年前的教育测验绝大多数都用 T 量表作为评价测验结果的工具。T 量表包括 T 分数（表示各个人在某测验上所表现的总能力），B 分数（表示各个人的聪明分数），C 分数（表示各个人的年级地位），F 分数（表示各个人的努力分数）。本文限于篇幅，不能详述。

标准分数常模都是以平均数为参照点，所以它的参照点是固定的。它以标准差为单位，常态分布中的标准差体现了一大群量数的离中差距，每一相等的标准差单位的面积在常态分布曲线总面积中所占的百分比，都是中间大、两头小的。在许多实例中都可以说明：在曲线中间部分，某人成绩超过了许多人，只能多得标准分数1分；而在曲线两端，他的成绩超过了少数人甚或1人，也能多得标准分数1分。这才说明标准分数的单位是真正相等的。而上述的百分位数是以其自身为单位，当两个原始分数的距离相等时，两个百分位数的距离就不等了，这就不合常态分布原理了。常态分布曲线的两端可以无限延伸，所以标准分数常模的全距是足够的。

标准分数常模是上述四种常模中最合理最科学的一种，所以它获得了广泛的应用。例如：①上述测验中试题的难度应以各题通过的人数占总人数的百分比来衡量，若能把百分比再转换为标准分数来衡量，那就更好了；②学校一向都用百分制记分法来评定学生学业考查考试的成绩，已经出现某些教师命题易而评分宽的“分数贬值”现象，如能把百分数转换为标准分数，就可以克服这个弊病；③高考和中考都是广大学生、家长和社会人士所关心的，一向也是用百分制来评分，然后算出各科分数的总和并制定录取线。这样做法的主要弊病在于用绝对分数来评定成绩，并决定取舍，以致造成某些考生单科成绩突出，获得录取，而某些学生各科成绩均衡反而落选的现象。若能把绝对的百分数转换成相对（每人每科成绩在各该科集体成绩中的相对地位）的标准分数，然后求各科的总和并定录取线，就可以公平合理些。

（三）潜力参照标准

这是晚近提出的参照标准，是要以被试者的全部潜力为标准，来衡量被试者在这次测验中发挥潜力的程度。在开发智力的世界浪潮中，这个标准引起了广泛的重视。现有的智力测验、学习能力倾向测验、特殊才能测验，都是朝着这个方向用力。现在也可以求出各种成绩测验与智力测验这两种结果的关系。但是究竟应怎样测出人的潜力？潜力的总量是怎样的？能够做什么是否已经尽了他的最大潜力？为什么常见的聪明伶俐的人却不一定是成绩优秀者？所以这个参照标准是意义重大、很有前途的，但亟须研究解决的问题也很多。

上述的三种参照标准是从不同的角度来建立的，应用起来还可以发挥相辅相成的作用，所以不应把它们看成矛盾对立的或相互取代的。

原载《课程·教材·教法》1985年第3期。

心理与教育测量百年回顾和前瞻

心理与教育测量的历史，如果从法国比纳于1905年发表的《智力量表》算起还不足百年。但在这之前，已有英国菲奢于1865年发表的《重要学科量表集》，美国莱斯于1897年发表的《拼字测验》和美国桑代克于1903—1904年发表的《学习算术与各科能力的关系》和《心理与社会测量》。所以心理与教育测量迄今已有一百年左右的发展史。

我国廖世承、陈鹤琴两教授受比纳智力量表的影响，即合著《智力测验法》一书。美国的麦柯尔于1922年受中华教育改进社之聘，来华指导编制二十多种教育测验，并创造了《T、B、C、F制》。因此廖世承就编制出《团体智力测验》甲、乙两个量表。陆志韦教授也于1924年第一次修订了比纳、西蒙经过修订的1911年的《智力量表》，1936年第二次修订时，还有吴天敏同志参加。1932年，在南京中央大学教育学院院长艾伟教授的倡导下，成立了中国测验学会，出版刊物，促进了我国心理和教育测验事业的发展。

20世纪50年代以后，由于精简课程，我国各级师范学校停开了“教育测验与统计”课，这方面的研究工作也停止了。1982年，鉴于国外教育科学的发展形势，重新认识教育测验与统计在教育科学中的地位与作用，国务院首先把这一专业列为培养教育科学研究生的专业之一，有条件的师范院校也把这一课程恢复起来。这是好的转变，但严重的问题是人才青黄不接。我早岁受业于艾伟、王书林等老师，近年在重建这门学科中也做了一定的努力。现已年老，念及人生继往开来的职责，撰写这篇文章，谈论几个问题，以供同志们参考。

一、 重新认识心理与教育测量在教育科学中的地位和在教育实践中的作用

教育工作上有四大基本问题：为什么要教，教些什么，怎样去教，教的结果怎样。这显然就是教育的目的、内容、方法和检查问题。现在只谈检查问题。检查原是教学过程区别于一般认识过程的特点之一。现代的教育测量学已不把考查作为教学过程的终点，一考了事，而是把一切检查所得的教学信息积累起来，探索其因果的必然联系，作为制订教学决策的根据。

教育测量与统计在教育科学体系中的特殊职能，是以研究教育问题的科学方法武装教育工作者，使研究工作能从历来的定性分析进入定量分析，用它所反馈的事实和数据，支持某一论点，提高科学性。学术界早就提出：自然科学的研究要学习社会科学重视“观点”的明确；社会科学研究要学习自然科学重视“方法”的改进。以期取长补短，携手并进。今日两类科学发展的大趋势是汇流和综合，改变因割裂而产生疑难问题的局面。“普通系统论”提出要探索各种科学的同型性变换，寻求沟通物理与生物科学的渠道。英国科学家亚锡比提出：科技的人文主义要求解决科技上的发明创造究竟是造福于人类，还是危害于社会的问题，都是明证。那么，教育测量与统计就是用自然科学中的数理方法去研究社会科学中的教育问题，它实际是门边缘科学。其间，是用测量方法去搜集统计必需的数据，用统计方法去分析测量所得的结果。宜组织懂得教育学、心理学、数学和外国语的人才来研究，对引进的科技应当批判地吸收，创造出适用于我国的教育测量学和教育统计学。

二、 心理与教育测量百年来的主要成就

百年来，心理与教育测量学者，写出了许多论著，取得了巨大成就。以美国来说，教育测量与统计的书籍就有几百种。编成的心理、教育和职业测验就有四五千种。其中，心理测量有智力、能倾（即学习能力倾向）、特殊能力、个性、行为等测验；教育测量有兴趣调查、学习成绩、预测和发展、诊断和补救、单科

和成套等测验；职业测量还包括各行业的招雇、技能、考核、晋升等更多的测验。现在只缕述百年来重大的成就。

（一）教育测量原是考查学生学习成绩的手段，现已发展成为吸取信息、作为制订教育决策的依据

例如，测得新生的智能有较大的差异，就用作智力分班、能力分组、作业分团的依据，克服班级上课制带来的集体教学与个别指导的矛盾。测得学生的兴趣、知识和能力倾向有明显的差异，就用作指导升学和就业的依据。

（二）测量与评价的理论已形成体系

测验是按照测量的质量要求而编制出来的测量工具，包括效度、信度、鉴别力、复份、常模、测验施行的经济和便利等六个要求，其中效度与信度这两个根本问题的研究逐渐深入。如效度的判定已不单靠求此次测验与标准测验（简称效标）分数的相关，而是求提高测验自身的效度，包括内容效度（如出测试内容更有效的题目）、构思效度（如出能测人类思维的产物像形式主义、现实主义、升华、异化等抽象的题目）、预测效度（如出能够预测今后真实发展的题目）。笔者认为今后还要研究能够测出与掌握知识相应的思维方法的题目。

参照标准是用来衡量测验结果的优劣的评价工具。先以教学大纲作为目的内容的参照标准；后求年龄和年级集体的平均数、百分位数和标准分数，作为常模的参照标准；现在还有以潜力的总量为根据，去求测验发挥了潜力总量的百分比的潜力参照标准。

（三）由智力测验发展到学习能力倾向测验

智力测验曾盛极一时，至今还在保持传统测试的基础上继续发展。但历来都有人持批评和反对的态度，如智商不变的理论就易遭人抨击，$\text{智商}=\dfrac{\text{智力年龄}}{\text{实足年龄}}\times 100$这个公式，由于实足年龄总是直线上升，而智力年龄常会变异和衰退，故智商不能不变。测验者如公开发表人的智商，无异对于人的禀赋的宣判，低能者就不易升学或就业。近来提出能倾（有人译为性向）测验，与智力测验类似而不等同。因为一般的智力是指人脑作用于客观事物的产物，表现在对新环境、新生活、新学习的认知功能上，有预测将来的作用，但有判定的成分。能倾是较少依赖教学环节、较多依赖生活经验，并受遗传潜力的影响而形成，表现在学习能力上，可预测将来的学习成绩。现在把能倾测验与成绩测验相结合，这对预测将来的学习更有效。能倾测验测出的只是一种学习能力倾向，而不是定论，要看今后的发展来证实。在智力与能倾测验对比之下，后者更易为人们所接受。

（四）个性和行为测验有技术上创造性的提高

个性测量先用自我陈述法。因人有自知之明，主试取得被试者的高度信任，并保证谈话内容的保密，进行促膝恳谈，被试者常可为赞助学术研究，无所隐瞒地倾吐其内心世界。次用旁人评价法，靠熟悉被试者的“知情人”，对被试者的综合评价，作为照见被试者的镜子。在评价时要如实地列举被试者的品质，准确地评定其等级，克服“晕圈”误差（等级界限含混不清之意）。再次是用行为测验和观察的方法，考验被试者是否言行一致。此法包括设置测验情境的测验和运用投射技术的人格测量，前者如在考试后，教师另纸暗评考卷，次日宣布标准答案，让学生自改考卷，若学生自改的得分高于教师的暗评，即知学生不诚实。后者是向被试者提供一组模棱两可、结构不定、主题不明的图片，使被试者依其知觉自由解释。此时，被试者常会用自己与画像同类或有关的思想、需求、动机、焦虑或冲突，投射在画像上，经过专门训练的主试人即可从而分析被试者的人格。

（五）编制诊断测验，提出补救措施，来提高教学质量

学生的学习一般来说不是一帆风顺的，如数学、外国语的学习，往往容易失败，造成时间与精力的极大浪费。诊断测验是由富有教学经验的老教师，按学生学习易出差错的因素命题，测试后，即可算出学生在诸因素上的得分，绘出侧面图，就能明显地看出学习失败的症结所在，对症下药地进行补救教学，使学生克服困难而前进。可以说在各种测验中，诊断测验是迫切需要的、最具生命力的测验。

（六）由单科测验发展到成套测验，借做系统调查（或考查）学习成绩、了解职业能力，并可做初步诊断

早期编制的测验都是单科测验，与其他学科均无联系。成套测验是互相配合的测验，其优点是：计划是综合性的，每部分都把主要的学科内容和学习能力包括进去，既互相联系，又避免重复。更重要的是成套的各部分测验，都以同样的学生样本为依据，而且标准化了，以利班际、小组、个人和自我的比较。美国近五十年来热衷于人类各种能力构成因素的分析，据此，已编出的成套测验有：①学习成绩的成套测验，著名的有六种，一般的内容结构是学习的基本知能，如阅读、语言、听力、拼写、数学、学习能力、自然科学和社会研究等；②职业能力的成套测验，适应各专业的需要，已编成的有：一般能力倾向测验，包括语言、计算、空间、形状知觉、关系理解、运动协调、手工灵巧等；特殊能力倾向测验，如律师特别重视语言，会计员特别重视计算，汽车技工特别重视机械等。

三、我国应重整旗鼓，急起直追，解决迫切问题

（一）要采取抢救措施，培养人才，扩大队伍，恢复事业

首先要充分发挥现在全国已寥寥无几的这个专业人才的“种子”作用。如培养研究生、举办助教进修班，进行专业培训，借以重组师资队伍，使全国中高等师范院校都恢复教育测量与统计课程。同时要引进外国的新论著、新量表，组织力量编写适用于我国的教育测量学。还要趁我国教育界近年对教育测量、评估和统计很感兴趣的时机，赶快把中国教育测量与统计学会正式成立起来，开展群众性的学术活动，再现我国20世纪20—30年代搞测验运动的热烈气氛。

（二）修订和编制智力测验与能倾测验

心理测量常是教育测量的前提，教育测量归根结底所测量的还是人的心理活动，所以我国还很需要智力测验和能倾测验。

要编制智力测验就要明白智力的概念，美国韦克斯勒认为：“智力是个体有目的的行为，合理的思维，有效地适应其环境的综合性能量。”“智力是潜在的能量，而由行为表现出来的能力。”这个定义是较好的。他所编的智力测验的内容分为语言与操作两部分。笔者认为这是法国比纳—西蒙、美国斯坦福—比纳两智力测验内容的继承和发展。我国华东师范大学已把它修订完成，只因常模的取样较狭，所以还处于试用阶段，希望有人继续修订。美国吉尔福德提出智力的三维结构，即将客观事物分为图形、符号、语义、行为四类，人脑对这四类事物所进行的认知、记忆、分散思维、集中思维和评价五项操作中，每项操作对每类事物，都可以产生单元、类别、关系、系统、变换、蕴含六种产物。所以智力三维结构的整体，就有 $4\times5\times6=120$ 个胞腔。描绘出智力的复杂性，可给智力测验的设计者以新的启发。笔者综合诸家关于智力的概念，结合自己的教学实践和测验经验，认为“智力”是人们对新环境、新问题的普遍的心理适应力，它不能脱离观察、注意、记忆、思考、想象等基本的认识能力，但其焦点在于抽象思维的敏捷性、灵活性和创造性，分散思维与集中思维更是创造性的源泉。所谓“能力”是智力的某些因素，在完成某一任务时的临时组合，好像七巧板或积木只有有限的块数，但可拼出许许多多的图样。显然，能力是智力的变形，要以体力为载体，要从做功来度量。我认为要彻底修订韦克斯勒的智力测验，就要结合我国实际，改造其内容和方法，广泛取样，求得可以作为全国参照标准的常模。

能倾测验是预测将来的学习成绩，以至将来的工作和生活的测验。包括两

种，一种是一般的能倾测验。所谓“一般”是要在较大范围内探索人的能倾，所以这种测验常是综合性的，包括多个分测验的成套测验。20 世纪 40 年代美国劳工部就设计出《一般能力倾向的成套测验》（GATB）。1974 年美国心理学公司也发表了具有指导性的、适合中学程度的《分辨（区别）能力倾向成套测验》（DAT），其中包括语文推理、数学能力、抽象推理、空间关系、机械推理、文书速度与准确度、语言（拼写、语言、句子）等八个分测验，通过测试，就可以分辨各个人能倾的程度。另一种是特殊的能倾测验，即在一般能倾的基础上，深入某一能倾方面，探测其细节，如①机械能倾测验，是用空间知觉和平眼调和能力，推估个人的机械能倾；②文书能倾测验，是用阅读、校对、译码、心算，推估个人的文书能倾；③艺术能倾测验，是用区别优劣图画去测个人艺术能倾；④音乐能倾测验，是用音阶、音色、节拍、旋律，去测个人音乐能倾。

我国从来没有能倾测验，现在要搞，也可以由修订到自编，由模仿到创造，逐渐扩大种类，借起预测作用。

（三）编制中小学各学科的成绩测验

成绩测验是最常用的测验，我国早已编过。国外的成绩测量已由中小学发展到大学。我国现在要恢复，还应由中小学基础教育中的主要学科开始。编制时，宜用教学目的内容的参照标准对准教学大纲出题，经过试测、统计、筛选、修订等步骤去编制。

（四）编制各科诊断测验，筹设学习诊疗医院

国外诊断测验发展迅速，因为它有明显的教学效益。我国从未编过，现在急需编出。办法是：参阅样本（如美国著名的《多兰认字技能的阅读诊断测验》），按学习各科所必备的知能因素分析所得（如多兰分析出英语认字技能 12 种），逐一命题，测试后，即可查出学习障碍出在哪些因素上，再经试卷讲评，几乎可收立竿见影之效。

学习上障碍的诊断有似生理上疾病的诊断，生理疾病是常有的、长在的，故设立医院来保障人民的健康；而学习障碍也是常有的、长在的，却没有医院来保障学习的康复。因此笔者多年设想办起学习诊疗医院。分业务与后勤两部门，由各科老教师和经过专业培训的教师当医生，按中小学的学科设医院的科室，与中小学联系，诊查门诊和住院的学生，如医生诊病、定脉案、做处方那样，诊断学习障碍（如知识缺陷、智力低下，情感意志牵连，家庭、社会影响等），采取补救措施，如药房里齐备各种药剂那样，备有各种诊断测验和补救教学方案，可以增删变换，以适应个别需要。筹设这种学习诊疗医院必须做好理论和成效宣传，

由试办、收效而逐渐推广，成为社会上空前未有的新生事物。

（五）改革学生成绩考查的评分制度

我国沿用已久的百分制记分法的弊病，主要在于教师缺乏将学生成绩区分为101等的能力。如果改用20级评分制或现在被认为较好的“标准九点量表”（根据标准分数，定标准差的零点左右各0.25标准差的范围为5分，然后由此向左右推移各4个“半个标准差”的范围，分别定为1~4、6~9分，即得标准九点量表）评分制，将绝对分数（原始的百分数）与相对分数相结合，来评定学生的成绩，即可纠正当前随意提高百分制记分的“分数贬值”现象。向家长和社会报告学生学习的成绩，亦较通俗易懂，切实可行。

（六）改革高等院校统一招生考试

这里，只谈两点。（1）编制和使用标准化测验。测验的种类繁多，由编制者来分，则有教师自编的测验、地方编制的测验和国家集中编制的标准化测验。这里应该指出：只有国家集中编制的测验，才能成为全国统一的标准化测验。编制它的严格要求是：①根据全国共同的教育目标；②由教育测量专家和优秀教师代表协作，用较多的时间、精力和较高的编制技术来精制；③根据国家颁定的课程标准（教学大纲）命题，经过试测、筛选，编出合于测量工具质量要求的测验卷，如效度、信度、鉴别力、复份……；④视需要与可能，由单科测验发展为集中编制的成套测验，以利在相互联系中了解问题；⑤对被试者要做分组、分层而又随机的广泛取样，使它对全国具有广泛代表性；⑥测验后的评卷要用标准答案和评分标准（选择题可用光电阅读机），评出准确的成绩，并进而求出作为全国统一参照标准的常模，用来比较各地区、各学校、各个人的成绩；⑦经过反复实践证明社会效果优良、稳定，可以作为求其他同类测验效度的效标；⑧还要随着社会的发展，及时修正，以保持其先进性。

现阶段已编成使用的标准化测验，以美国为例，有：调查性测验，成套的成绩测验，诊断性的成绩测验，中学和大学的成绩测验。

近年来，我国受国际的影响，盛倡而且试编标准化考试的试卷，并做改革实验报告，同志们的积极性是令人敬佩的，但笔者认为还有可以商榷之处。首先要明确标准化测验应当是国家集中编制的测验，不是教师或地方编制的测验。编制它，有严格的要求（见上述），其中尤以求出全国性的常模，作为全国集体和个人成绩的比较标准，所以把测量工具的质量要求（或称优良测验的必要条件）为效度、信度等，作为标准化测验的特征来研究。人们的能力是有差异的，若不是集中全国优秀人才来编制标准化测验，怎能应付偌大的工程，编成最优化的测验？如由个人、少数人来搞，并说他们搞的都是标准化测验，那标准就太多了，多标准就是无标准了。如由一省来搞，那该叫作地方编制的测验，可作本省成绩比较的标准，而不适用于他省。如由国家委托某省来搞试点，也应该把试验结果，报告中央，向他省推广，然后集中全国各地的经验，编成全国统一的标准化测验。应该说“标准化测验”是个国际的概念，先要正确理解它，后谈结合我国的实际，如果不学原著、一知半解、人云亦云，盲目实践，那就不能完成任务，并违背了实事求是的学风。

（2）把原始分数转换为标准分数，划线择优录取。高考历来采用的都是百分制记分法，评出的分数就是原始分数，也叫绝对分数。考生的一两科成绩特优，就会把各科总分和平均分拔高了。历来高考的录取线就是根据这绝对分数划定的。把原始分数转换为标准分数就是把绝对分数转换为相对分数。所谓相对分数就是按学科求每生的原始分数离该科学生集体的平均数若干标准差，也就是求该生在集体中的相对地位，原始分数的多少与它们在集体中的地位不一定是一致的，这个相对分数叫 Z 分，其求法公式是 $Z=\frac{x-\bar{x}}{\sigma}$（$x$ 是原始分数，$\bar{x}$ 是集体分数的平均数，σ 是集体分数的标准差）。兹举例说明甲、乙两生在高考中所得四科的原始分数及其转换成 Z 分数时地位的变化如表 1 所示。

表 1

科目	原始分数		全体学生		Z 分数	
	甲生	乙生	平均数	标准差	甲生	乙生
语文	71	79	63	8	1.00	2.00
外语	52	40	50	6	0.33	-1.60
数学	90	82	70	8	2.50	1.50
物理	58	72	62	10	-0.40	1.00
总计	271	273（优）			3.43（优）	2.90

从原始分数看，乙优于甲；从 Z 分数看，甲优于乙。

这样，把大量考生的原始分数转换为 Z 分数，然后据 Z 分数划录取线，将有不少考生是原来录取的，变为不录取的；原来不录取的，变为录取的。据考生在集体中的相对地位的高低录取，比据考原始分数的多少录取，是一种很重要的改进。

四、 心理与教育测量的发展方向

（一）从物理测量的发展，论心理测量的改进

物理测量的对象是物、物质、物质与运动的关系。物理测量的方法，简单的是将量具加在对象上的直接测量，如度量衡。但复杂的，就不能不用仪器做间接测量，如用光谱分析物质属性，测海王星绕日轨道的偏离而发现冥王星。还有物理上的“测不准”问题。心理测量的对象是人、人脑、人的神经系统活动，现在还不能进行直接测量，因而不得不用以一群标准刺激，刺激人脑，从而分析其反应的间接测量。所以物理测量与心理测量因对象不同而形成的方法差别，可否通过科学的抽象、概括其一般使心理测量借鉴物理测量的观点、过程和方法，就是一个值得研究的问题。现代的控制论正在寻求物理世界的因果性（如力学规律与运动）和生物世界的目的性（如负反馈与目的）的统一，更增进了我们探讨的兴趣。

这里我们且举物理学上的几个重大发现发明，说明很复杂、困难的物理测量问题是怎样解决的。如万有引力定律的发现，是牛顿在前人研究的成果上，周密研究，指出行星的向心力就是太阳的引力，天体之间的引力与地球上的重力有相同的本质。并由此推广到任何两物的质点都是相互吸引的，引力的大小与两个质点的质量的乘积成正比，并与它们之间距离的平方成反比。这就是万有引力定律，其公式是：$F=G\left(\frac{m_1m_2}{r^2}\right)$（$G$ 是比例常数），此式先做假设提出，后经卡文迪许用实验证实。又如狭义相对论的发明者爱因斯坦是用思想实验的方法提出两个基本假设：（1）在所有惯性系中，物理定律的形式都相同（相对论原理）；（2）在所有惯性系中，真空中光的速度恒为 C（光速不变原理）。相对论又有两个著名效应：（1）运动尺会缩短；（2）运动钟会变慢。证明同时性的相对性。

综合上例，可以认为物理测量的发展是观点、方法的发展，可以抽象概括为：生活实践，认真观察；总结经验，提出假说；依靠实验，证实假说；数学推导，建立公式；对宏观高速运动，用思想实验方法去构想四维时空。这辉煌的理论为后世所证实。

这几点就值得心理测量借鉴，去作进一步的探索。如韦克斯勒的智力量表的内容分：语言方面的常识、类似、算术、词汇、理解、背数，及操作方面的填图、排列、积木、拼图、译码、迷津等，共12项，显然是比纳、推孟智力测验经验的继承和增删。吉尔福特在这基础上，提出智力三维结构理论也显然是个科学假说，他

还在逐一验证。更需要有人据此理论，编出新的智力测验。又如大量经验说明：判别人们品德的优劣、高低，主要是看他们是否心口如一、言行一致，那品德测量就要制订德目（大纲），通过德育，追踪观察他们行为的周期记录和书面的道德判断，来检验德育的成果。用数学推导，建立公式，该是心理测量的弱点，但库德、理查森为了研究测验的信度，曾建立了 21 个公式及 $K-R_{21}$ 的校正式。

$$K-R_{21}=\frac{K}{K-1}\left[1-\frac{M(K-M)}{K\sigma^2}\right]$$

$$K-R_{21}{}'=1-\frac{8M(K-M)}{K\sigma^2}$$

K——测验的题数；

M——测验分数的平均数；

σ^2——测验分数的方差。

那我们能否为记忆与遗忘的对抗、人的潜力总量的估量，从其构成因素的分析去建立公式呢?

（二）深入探索“控制论”的“黑箱（盒）”理论，进一步揭露人脑的秘密

心理测量总是测人的心理活动，能否测出所要测的东西，是最重要的效度问题。效度的证明：一是神经系统反应外界刺激所留下相应的痕迹——突触的形成或改组，如照相留下感光的底片一样；一是所测出的智慧、才能、品德和被试者在社会上所得的品评一致。

所谓“黑箱”，狭义是指作为人的神经中枢的大脑，人们只知其输入和输出，而不明其内部的机构和功能，“黑”指看不见、摸不清的隐秘，若因大脑皮层的血红色而叫它为“红箱”即失却原义。“黑箱”的广义是指一切神秘莫测的“闷葫芦”，在医学不发达时的胸腹内腔都是。

历史上，人们对待黑箱的办法有四种。（1）创造光学仪器，深入内部去照见或透视，如胃镜、肠镜、X 光等。（2）使黑箱变成“半透明箱”去窥察其内部的变化，如我国行为主义心理学家郭任远教授研究鸟类胚胎发育，是用特种油类去擦鸡蛋壳，使它半透明，并在光照下，窥察到小鸡胚胎在蛋壳内的环境里，要以两脚交替顶着蛋黄压在身上的压力，从而做出小鸡生来就会走路的原因的行为主义解释。（3）借助于神经生理学的研究成果。如普力勃兰和兰德费尔德（Pribrom.，K. H 和 Landfield.，P. W.）的实验证明：记忆贮存原理类似激光全息照相。所谓全息照相是将激光分成两部分：基础光束部分摄取物体的信息，反射于感光板上，参比光束部分投向反射镜，也反射于感光板上。两部分光束发生

干涉效应，即得全息照片。再用再生的参比光束照射全息照片，即出现三维的立体像。人的记忆是靠大脑两半球内侧隔区边缘系统中的海马，当外界信息输入人脑时，会发生各种脑电节律，其中 θ 节律（海马节律）自隔区输入时，也分成两部分，一部分到达齿状区（基础光束），另一部分直接到达海马 CA_3、CA_4 锥形细胞区（参比光束），这 CA_3、CA_4 就是信息的贮存部位（好比感光板）。但海马节律干涉后，会投影到脑的各个部位，好比全息照片割成的每一小块，仍能再现原来的物像。(4) 近来探索黑箱秘密的方法是：不断改变输入，认真观察输出，在输入与输出的关系和变化中，仔细推敲黑箱内部的机构和功能，如医学上已知吸氧呼碳是循环系统净化血液的需求。饮食不慎导致排泄出血，可由血色判别此血来自肠胃，还是来自痔瘘。据说国外新创的“脑电机”当其导线接触人脑时，只要人说出或想起某个词汇（输入），即有脑电波反映于荧屏，这电波即成为词的译码。一般地说，心理测量上刺激与反应总会导致突触的形成、巩固或改组、改造，由亿万突触构成的神经网络就是我们要探索的对象。

科学的发展常要经历总结、假设、求证的过程，对非常复杂的问题，也不排斥合理性的幻想。教育科学就是非常复杂的科学，人脑是自然界的皇冠，若能投入足够的力量去研究，不断积累研究的成果，就有可能成为后来居上的科学。

原载《课程·教材·教法》1988 年第 4 期。

第四部分
关于教育问题的思考

论教育与经济的辩证关系

一、 对教育与经济关系的基本认识

教育与经济基础和生产力的关系。历史唯物主义早已指出：社会的上层建筑必须反映经济基础并积极为基础服务，生产关系一定要适合生产力的发展状况。而斯大林则在《马克思主义和语言学问题》中，提出上层建筑要通过经济基础的中介而折光地反映生产力的理论。这些都不必在这里多说了，现在要说的是教育。教育一向被理解为上层建筑，但近年来的研究揭示：教育就其方针、政策、制度等方面说，它是上层建筑，必须反映经济基础并为基础服务，但就它所传授的自然科学知识，所采用的一般教学方法和教学手段等方面说，它又不是上层建筑，不会随基础的改变而改变，随基础的消灭而消灭，它都必须直接反映生产力，并促进生产力的发展。因此上述斯大林的理论就不完全适用于教育。近来大多数教育工作者都认为：教育在历史上一直是生产斗争的工具，只在阶级敌对的社会中，它才又是阶级斗争的工具。

教育发展与经济发展的关系。过去总是说：教育应随经济的发展而发展，因为经济建设所需要的人才都要靠教育来培养；经济建设发展了，学校的毕业生才有适当的出路。这是唯物主义观点，但缺少辩证法。现在必须认识教育发展能促进经济发展。因为经济发展最主要是依靠生产力的发展，而教育所传授的科学知识与生产力的三大要素都有密切的关系。（1）教育能使受教育者获得生产技能，实现脑、体劳动结合，科技理论与实践经验结合，成为高工效、高产量的劳动力，这是生产力中最主要的因素。（2）教育所传授的现代科学知识，通过物化过程，即成为革新生产工具和创造新工具的力量，包括利用新的动力系统（由机械、电力、化学力到太阳能、地热能、原子能等）；改变传导系统（由转轮、皮带到自动化、遥控等）；革新工作系统（由各种刀具到电焊、光割等）。（3）教育所传授的现代科学知识，能把劳动对象从自然的物质资料变成人工的人造材料、合成材料、复合材料，而且讲求物质的综合利用，消除“三废”，借以节省劳动力，提高生产率。所以科学就是生产力，教育就是对生产力的培养。当前国际上的经济竞争实质上就是生产力竞争、科技竞争、教育竞争。由于教育能传授知能，科技能变革生产力，生产力能推动经济建设的发展，所以教育不要老跟在经济的后面走，而在一定的程度上要跑到经济的前面去，使经济建设每一新项目提到实施日程，就有相应的人才走上工作岗位。

经济上的教育投资与教育上的经济效果。经济上所说的投资一般是指生产投资，即用货币资本去购买厂房、机器、原料，雇用工人，从事工商企业以获得利润的投资。资本家原是不管工人教育的，到按工厂法开始办学时还认为教育是单纯的消费。但随着生产科技基础的不断变革，他们才逐渐感到要靠教育给工人以知识，才能提高劳动生产率，要靠教育培养新型的技术员、工程师，才能刷新企业，发展生产。近来世界各国政府和有眼光的资本家都认识到教育的生产性，认识到科技人才比生产资料是更可贵的资本，教育投资比生产投资有更大的利润。因此教育投资便成为经济上投资的一个热门，各国正如竞赛那样不断增加这种投资。就教育经费在国民收入的比率的增长情况说，美国1956年为3.1%，1960年为6.8%，1970年为8.6%。苏联1960年为5.2%，1970年为6.8%，1975年为7.3%。（见《外国教育》1980年第1期第4页）至于说教育上的经济效果，那也是教育效果中的一个新生方面，因为过去检查教育效果一般注意到用科学知识武装学生、为国家培养了所需的人才，但很少具体计算出人才所创造的生产总值减去培养人才的教育经费而得到的经济效果。近年来各国进行具体计算，发现教育上的经济效果是惊人的。如苏联经济学者从计划经济的角度算出：每一卢布的教育经费可得四卢布的国民收入。美国一台年产二百万吨的热轧机，由人工控制改为电子计算机控制后，能增产一百倍。（《外国教育》1980年第1期第7～9

页）现在我们可以总体来说，经济上的教育投资与教育上的经济效果正加强着教育与经济的血肉关系。

二、 计划经济与计划教育

资本主义社会的经济，由于大工业生产的社会性与生产资料私有制的矛盾，出现各个企业生产的有计划性质与整个社会生产的无政府状态，因而带来了因生产过剩而发生的周期性经济危机。社会主义社会的经济由于建立了生产资料的公有制在各种经济成分中又以国有经济为主导，因而可以加强经济的计划性，实现生产与需要的综合平衡，可以摆脱周期性的经济危机，而呈现计划经济的崭新面貌。

根据上节所述教育与经济关系的基本原理，我们认为适应社会主义计划经济的教育应当是计划教育。两者的关系可用下列各点表示其梗概。

（一）社会主义经济的基本规律

“用在高度技术的基础上，使社会主义生产不断增长不断完善的办法，来保证最大限度地满足整个社会经济增长的物质和文化的需要。”（斯大林：《苏联社会主义经济问题》人民出版社 1961 年第 4 版第 31 页）而社会主义教育的基本规律则是：教育必须适应社会主义发展的规律性和学生身心发展的规律性。

（二）社会主义经济要实现生产与需要的综合平衡就必须遵循计划规律

社会主义社会的经济计划一般包括国民经济建设的远景规划和逐步实现远景规划的五年实施计划。党的十一大后，我国经济建设的远景规划是重申要在 20 世纪内，把我国建设成为伟大的社会主义现代化强国，而五年实施计划则要制定发展阶段的经济指标，遵循计划经济的计划规律，即贯彻以农业为基础、工业为主导的方针，使整个国民经济纳入有计划、按比例，正确处理农、轻、重关系，高速度地实现经济的全面跃进的轨道。我国经济计划的实践经验已经证明：要高速度就必须按比例，要按比例就必须有计划；反之，没有计划、比例失调，重重、轻农、轻轻，或是以粮为纲牺牲经济作物，造成互相牵制，停滞不前，怎能有高速度发展？社会主义教育要适应经济发展的需要，首先要在培养人才上起保证经济计划的实现的作用。社会主义经济既是有计划、按比例、高速度发展的计划经济，那么社会主义教育就应当是计划教育。它必须根据经济计划，进行系统的社会调查，全面了解经济战线上当前和今后所需人才的种类、级别、数量和质量，然后按此比例和要求，有计划地调整各级各类学校及其所设的科系和专业，增设新学校、新科系、新专业，改革课程、教材，培养和选择师资，采取多种形式办学，建立人才培养和使用制度，使教育事业能按需、按时、保量、保质地向经济战线输送各级各类的合格人才，促进经济的发展，并从根本上解决多年来一面是所需的人才短缺，一面是大批毕业生待业的自相矛盾现象。搞好这件大事，必须由国家计委统一领导，经济和教育等部门共同努力，使教育计划成为整个国民经济计划的一个重要组成部分。

（三）为了实现经济计划还要建立经济体制

近年来我国经济学界正在讨论这个问题，多数人认为我国地大、物博、人多，各地经济发展很不平衡，建立经济体制，一要采取在中央统一计划的指引下，给地方和企业以一定程度的自主权，使它们能从实际出发，扬长避短，加快建设速度，提高经济效果。二要考虑到统一计划难以做到完全准确，有必要在实践过程中加以调节，包括根据计划规律的计划调节和根据价值规律的市场调节，借以掌握比例、调剂供求。三要采取两级财政制度，使地方有一定的财权，以利经营管理，拆旧更新。

鉴于我国各地教育的发展也是很不平衡的，所以教育体制也应该采取中央全面计划与中央、地方分权办学的办法，使国家可以集中力量办好高等教育，办好各级重点学校，各地又可以根据经济建设当前及今后发展的需要，利用自己所能掌握的财力、物力、人力，扬长避短，兴办学校，培养人才，发展经济。这样就可以使经济与教育在中央的引导下，各地竞争，相互促进，在不平衡与平衡的交替中不断发展。

三、 经济结构与教育结构

（一）经济结构与教育结构的关系

结构是指事物的组成部分及其在事物总体中应占的地位、应有的比重和应起的作用等。

经济结构是指各行各业在经济总体中的比例关系和相互作用。这种比例关系会随着经济建设的变化发展而变化发展，但都要求得综合平衡。如果比例失调则会带来经济困难，以致发生经济危机。

经济建设就是按经济结构中各行各业当前和今后发展的比例关系去进行，它所需要的人才都要靠建立一个教育制度去培养。所以我们应把教育制度看作社会生产分工中所需各类各级人才及其数量的纵剖面的反映，它应担负现有经济建设人才的提高和今后所需人才的培养这两方面的任务。

（二）经济结构中各行各业的比例关系和各行业中所需各级人才的数量比较

经济结构中行业很多，不胜枚举。但主要的是农、轻、重、能源、交通，其次是商贸、财经，以及与经济建设有密切关系的政法、文教、服务等业。这些行业应有的比例关系，在我国经济建设的总方针上的规定是明确的，但多年来的执行情况还是重重、轻农、轻轻，忽视财经、政法、文教等业。到党的十一大、十二大后才有明显改进。过去由于比例失调，所以未能提高人民生活水平，发挥生产积极性，也未能提高经济效果，增加公共积累。

各行业所需的各级人才的数量，也存在着一定的比例关系。一般地说，基层最多，中层居中，上层较少，状如等腰三角形。随着经济和教育事业的发展，这三角形的底边可能变狭，两腰将会拉长，顶端变得更尖，但根据社会的客观需要和人们禀赋才能的个别差异，这三角形总不会变成长方形。我国的当前情况，最缺的是中层人才，其次是上层人才，所以必须提高上层人才，充实中层人才，带好基层人才。

（三）改革教育结构

教育结构是指培养人才的门类、级别及其数量的比例关系，它主要表现在教育制度上。

一个完整的教育制度应包括学前教育、普通教育、专业教育、校外儿童青少年教育和在职工农商成人的继续教育。社会上各种各样的学校和其他教育机构都可以分别归入这五类教育。

1949 年前，我国的教育制度是不完整的，其中的学校制度是仿效美国的六三三四制，建立于 1922 年。1949 年后，政府即对教育制度进行改革。1958 年，党中央、国务院提出办学的三原则、六并举，办起全日制、半工（农）半读和业余学习三种类型的学校；1964 年，刘少奇还提出两种教育制度。但经十年浩劫，教育制度遭到严重破坏，现在的问题主要是：小学教育尚未普及，中等教育忽视职业技术训练，普通中学的双重任务难以完成，高等教育贪大求长，形式单调，成人教育停顿多年，损失巨大。现在改革不仅要拨乱反正，而更重要的是使整个教育制度能适应国民经济发展的需要。

笔者认为改革教育制度，必须强调下列几点指导思想。

（1）我国是世界上人口最多的国家，也是应受教育的人数最多的国家。应当认定人必有才，才各有用，把全国儿童看作育才的素材，把教育看作成才的加工，还要在量中求质，质中求精，不断提高整个中华民族的科学文化水平，并在这基础上培养出世界第一流的学者专家。埋没人才是个罪过。

（2）教育结构必须适应经济结构。教育制度必须担负上述的两大任务，贯彻两条腿走路方针，办好全日制、半工半读和业余学习三种类型学校，使教育制度与劳动制度、干部制度结合起来。

（3）建立学制应把三种类型学校都列入正式系统，各分高、中、初三级，使年轻一代和工农成人分别用全日制、半脱产、不脱产等形式接受教育，逐步升进。应给各级全日制学校明确规定其特殊职能：小学为普及教育（普及教育自可逐步升级），初中为试探才能，高中为分修所好，大学为专攻一业（要有广阔基础）。在各级学校间，不但要使大、中、小学衔接起来，还要使高中、初中、小学分别与高、中、初三级的职业技术学校衔接起来，使受完不同程度的普通教育的学生均有直接升学与准备就业的两途可走，做到培养人才都以普通教育为基础，职业技术教育为归宿，根本消除只受自身不完全的普通教育后就往社会上推的不合理现象。

（4）高等教育内部，相对地说，还有高级普通教育与高级专业教育之分。各种专业教育必须根据经济建设需要，有计划按比例地办理，分设综合大学、独立学院和专科学校，分别培养科研人才、大学教师、设计师、工程师、工艺师、农艺师、医师、会计师、律师和作家、文学家等。不可重理轻文，重技术轻管理。高校应各以发展个性特长、树立专业尖端见胜，不以学校规模大小、学习年限长短争高。有条件的高校应招收研究生、走读生。要把高校办成“两个中心”，但仍应以教学为主，认为教学是支出、科研是收入的思想必须纠正。

（5）有条件的中、高等专业学校，都要发掘潜力，广开学路，把各种专业教育推广于社会，帮助工农职工和干部进修提高，如办夜大学、函授部等。

（6）必须迅速恢复、切实办好原有的三级师范教育，必须在高考、中考中划出一定比例的优秀生给师范院校，必须充实师范院校的师资和设备，加强专业知识和教育科学的教学，必须提高教师的社会地位，改善其生活待遇，使他们成为有渊博知识和高尚品德，能掌握教学教育规律的合格教师，担负起培养我国“四化”所必需的千百万建设人才的重任。

（7）应当研究学制的纵坐标上的几个问题，学龄的起点和教育的分段，均应以儿童青少年身心发展的连续性和阶段性为根据。近来心理学研究指出：人脑的发展和脑电的节律在五六岁、十三四岁时，有两个显著加速时期，因此不少人主张把学龄起点由七岁改为六岁，十三四岁应进行试探才能倾向教育。各类各级学校的学习年限应从修毕规定课程所必需的时间上找标准数，从教学法的改革和教育经费的增减上找校正数，过去根据经验的规定应用教育实验去校准。苏联能把四年制小学改为三年，就是根据赞科夫进行教学法改革实验的结果。研究学制的全长必须着眼于：既要缩短年限，又要提高质量；既要抓住学习的最佳年龄，又要照顾经济建设所需的劳动力量。各国改革的一般趋势是从六岁开始，二十一二岁结束。

（8）必须实现各种类型学校的毕业生，只要通过统一考试，证实他们已达到同一水平者，即可发给同一等级学校的毕业证书，并做同等使用，给予同等待遇，借以激励自学，选拔真才，纠正虚荣思想，显示社会主义制度的优越性。

四、根据人才的德才标准，改革学校的课程、教材

各类各级人才应具备什么样的品质是各以他们胜任岗位工作和开拓专业前途所必需的德才为标准的。要制订这些标准则必须进行系统周密的调查、分析工作。科技先进国家早已用业务分析法、成功分析法、失败分析法等去列举各类各级人才的德才标准，并在这基础上去制订教育方案，按标准培养人才；编制职业量表，按标准选拔人才，如美国的职业量表用来测量人们的智力和职业技能的，已多到两三千种，借以促进人、事配合，而淘汰庸碌无能者。我国对人才标准早已提出德才要求、红专口号，但对这些标准则只有笼统看法，未做具体分析、列举，而从人事制度的实践情况来看，更不见得都是按德才标准来任免人员。现在要制订各种人才的德才标准必须由各部门共同努力，这里只能举例来说。譬如：在我国社会主义建设新时期的总任务的指引下，作为一个科技人员，必先明确“四化”就是现阶段最大的政治，必须有为“四化”献身的精神和毅力。在世界处于第三次科技革命的时代，在科学知识是按几何级数发展，科研上的大分化与应用上的大综合，又产生许多边缘科学、未来科学，深入到微观世界和宏观世界的情况下，作为科技人员就必须有宽广的科技眼界、坚实的基础理论、精湛的专业技术、高度的智力才干、不断的进修精神和坚韧耐劳的体魄等。

如果要按照人才的德才标准来培养人才，一个根本的问题就是按照人才的德才标准来改革学校的课程、教材，因为课程、教材就是各类各级人才所需的德才标准的横断面的反映，过去多凭传统、少问现实的做法必须改变。

改革各类各级学校的课程、教材的工作是非常复杂和艰巨的，原则上应根据德才标准去研究其品德涵养和知识结构，要设置什么课程、选编什么教材才能达到这个标准等问题，所以必须分门别类组织学者专家去讨论和制订，如美国为了选编中学用的《统一的现代数学》，就建立中学数学课程改革研究组主其事。笔者在这里只能就课程、教材改革问题，提出基本要求。例如为了培养科技人才，在课程改革上的要求是：①各级学校都要重视基础学科，因为基础

学科具有高度的概括性必带来广泛的应用性；②从小学开始就要加强科学教育，培养学生对科学的兴趣、爱好和钻研精神，沿着科学的阶梯努力攀登；③初中应当实施多科教育，试探学生的智力发展和才能倾向，借以指导他们分别升入高中或职业技术学校，去学习足以发展他们才智的后继课程，免除不必要的课程，这是教育上的经济；④高中应在继续实施普通教育的基础上，实行分科制、选科制，课程可分普通学科、提高基础学科和职业技术学科，以利学生升学或就业；⑤中等专业学校必须根据社会客观需要和大批学生待业情况，扩充门类，广开学路，不仅设工、农、商、医专业，亦可设交运、财经、文教、歌剧以及各种服务专业，使学生分别学习培养技术员、职员的必要课程；⑥高等院校新生应先学习现代科学文化概论，使学生明了各门科学现状、相互联系和发展趋势，借以扩大眼界，了解全局，然后学好基础课、专业课，还要把学生实验、工厂实习作为独立课程，借以促进理论与实践的结合，培养学生的独立性、创造性。教材改革上的要求是：①认识教材的新陈代谢是历史发展的必然趋势，可保持传统的经典内容，但必须吸收科学的最新成就，因此加强国际的科技交流、搞好科学情报工作便是前提条件；②教材的基本结构问题值得重视，因为客观事物原是相互联系的，而各种科学则从不同的方面、角度去研究它，容易形成割裂，因此产生边缘科学是不可避免的，学校中能使各科教材既有纵的系统，又有横的联系，在学生头脑中形成知识的网络结构，那就可以收到综合运用知识、解决实际问题的功效了；③科学的发展都是人类智慧活动的结晶，因此科学知识中必然蕴藏着许多科学家巧妙深奥的思想方法，如逻辑推理、辩证思维、思想实验、创造想象等，如果教材中能在科学发展的突破点上讲些科学的方法学，那就能使学生既获得科学知识，又掌握认识武器，其效益将是无穷的；④中小学所传授的基础知识都是比较稳定的，所以可由国家编定基本教材，由各地选编补充教材。但高等院校的教材的现代部分就含有科学上有争论的内容，而且同一学科内容在各专业中的需要又有不同。为了贯彻“双百”方针，促进科学繁荣，则应让各专业的专家学者去竞编教材，各抒己见，并让教师们自由选用，再在实践中检验修改。

五、根据人才的成功条件，建立人才的培养和使用制度

人各有才，才必有用，能做到人尽其才，才尽其用，便算人才成功，人才成功并非单指杰出人物的辉煌成就。

人才成功要靠学校对人才的培养，又靠社会对人才的使用。培养和使用都要

采取有效的措施，那便是人才成功的条件，使这些必要条件制度化，则必有更多的人才成功。

人在学前时期和在学校求学时期，家庭和学校都要贯彻教育方针，并进行因材施教，这时必要的条件：一是家庭教养要保证儿童身心的正常发育，养成良好的生活习惯；二是学前教育要发展儿童的语言和思维，逐步开展认物识字、写字、计数，并开展有益的游戏、手工、图画和音乐舞蹈活动；三是各级学校必须明确其职能（已见上述），并贯彻尊重自觉和严格要求相结合的原则。一方面要发挥学生学习的自觉性和积极性，少小立志，珍惜时间，勤奋学习，掌握学习工具，接受人类文化遗产的精华，吸收世界科学的最新知识，发展智慧才能，在批判中学习，在学习中批判，敢于怀疑传统，勇于设想创新。另一方面学校招生可采取严格考试与名师推荐相结合的办法，使无没才、遗珠之憾。教师要有教育的农业观，使祖国花朵在春风化雨中自然开放；又有教育的工业观，使儿童青少年的成长纳入教育方针所指引的轨道。到学习期满，还要按国家规定的教学大纲严格考试，要像工厂的检验室那样，只让合格产品出厂，坚决反对年限一到一律毕业的“毕年”现象。

人在社会工作时期，要做到才尽其用，社会还要建立健全的人事管理制度。一要对毕业生实行对口分配。这应由国家计委、省市计委主持其事。二要稳定使用。要给工作人员以一定的工作条件和生活条件，既要反对更调频繁，又要反对无理冻结，借使人才驾轻就熟，提高工效。三要定期进行业务考核。借以整顿现有干部队伍，使外行变内行，内行更内行。所有工作岗位都要发挥应有作用，不容尸位素餐。还要实行按劳分配，择优提拔。组织部门应促进人事相称，不要变成单纯的档案保管部。四要不断进修。处此世界知识爆炸时代，任何干部都要不断进修，避免掉队，还要创新。日本实行工作七年脱产进修半年的办法很有远见，值得参考。五要保护人才。培养人才煞费心血，任意糟蹋便是犯罪。十年浩劫摧残人才不计其数，既有“走资派”，又有“臭老九”，还有《桃李劫》摧残了年轻一代，大伤国家元气，真是罪大恶极。此外，较有成就较有前途的干部兼职过多，参加社会活动过多，或任命他担任行政领导工作，名为提拔，实是损害，有些学者当官就结束了他的学术前途，所以封建的等级思想必须根除。六要奖励发明创造。但过去都是限于自然科学，近年来才开始发展到社会科学，当前的科学思潮要把这两大类科学沟通起来了。最后，还要提到人才成功与其本人是否善于处理恋爱、婚姻、家庭经济和计划生育等问题也有很大的关系，这里不想多说了。

六、开发物质资源与开发智力资源

经济建设都属于开发物质资源问题，但实质上又是开发智力资源问题。因为物质资源的开发有赖于科技，科技是智力的结晶，智力是由教育来培养。我国地大、物博、人多，由于教育不发达，智力少开发，科技落后，故经济建设进展迟缓。党的十一大后，学习外国，引进了资金、科技和设备，但发生了不少问题，如有些设备无人会用，坏了无人会修，无人会用便弃置，胡乱使用就损坏。日本地小物寡，由于重视教育，开发智力，发展科技，在学习外国中，能在模仿的基础上求创造，所以它作为一个战败国，经三十年的努力，经济建设发展迅速，科技亦进入国际先进行列。可见要开发物质资源就必须开发智力资源，也只有开发智力资源，才能更好地开发物质资源。

人的智力高低与遗传的素质有关，但主要的是在后天的环境和教育中经受磨炼而发展的。人们在学习与实践中认识客观事物，同时也发展了自己的聪明才智，所以世界观和方法论是一致的。

智力包括感知、思维、记忆、想象等心理能力，但主要的是根据已知条件，对付环境，分析和解决问题的思维能力，特别是思维的敏捷性、灵活性和创造性。

培养和发展智力的方法是不少的，这里且举重要的几点：①从小学习观察事物，培养感觉器官的敏锐性、全面性和注意力、洞察力；②在教学过程中，教师在讲授知识的同时，要用思维方法武装学生，如结合学科特点，讲物质运动的不同形式，也讲相应的思维形式，即可培养思维能力的多样性，而学生则要主动自学，独立思考，学会分析方法，养成分析习惯；③指导学生学习科学发展简史和著名科学家的传记，可以从中获得思想方法的启发和引导；④在革命实践中遇到困难问题要求解决，那就是检验智力的好场合，发展智力的好机会；⑤把新兴的系统论、信息论、控制论引进教学过程，利用师生教学间的反馈联系，可以提高教师培养学生智力的针对性；⑥近年来关于人工智能的研究对人类智力的发展能起互助促进的作用。

教育科学上还要加强关于开发智力资源、发展智力方法的研究。近年来有外文指出：人的大脑能力只用了百分之十，剩下百分之九十还没有发挥出来。可见开发智力资源问题大有可为。恩格斯在《自然辩证法》中提到人的胚胎在母体中的发育是一部生物进化论的缩影，这在教育科学上叫作复现说；又说人的身心和智力的成长又是一部社会发展史的缩影，这在教育科学上叫作回顾说。我们知道人脑体积不及一个排球，但却拥有一百四十亿个神经细胞和九千万个辅助细胞，任何复杂的电子计算机也比不上人脑结构那么精巧细致，它蕴有无限的潜力有待开发。教育科学如果能把大脑左右两半球的智力完全开发出来，则足以使地球的东西两半球完全变样，人类也将开创一个光芒万丈的历史新纪元。

原载《教育论丛》1983 年第 3 期及《广东成人教育》1983 年第 3 期。

注：教育应为经济建设的现实需要培养人才，也应该预先培养人才适应经济建设发展的需要。一个国家的教经关系，自然要有中央统筹与因地制宜的区别，无须使两者关系的游标落实到最优化的界限。这在美苏两国都有先例。如果中央地方互相争权，则必使事业停滞，所需人才短缺，编余人才下岗。这个严重问题是否还有考虑的余地?

试论当前我国教育制度的改革

目前，教育界根据党的十一届五中全会公报精神，对如何确定适合国民经济发展需要的教育计划和教育体制，正在展开热烈讨论，本文拟从教育与经济的关系入手，谈谈当前我国教育制度的改革问题。

一、 教育与经济的关系

教育与经济基础和生产力的关系。历史唯物主义早已指出：社会的上层建筑必须反映经济基础并积极为基础服务，生产关系一定要适合生产力的发展状况。教育一向被理解为上层建筑，近年来的研究认为：教育就其方针、政策、制度等方面说，必须反映经济基础并为基础服务；就其所传授的科学知识，及所培养的人才来说，它又直接反映生产力，并促进生产力的发展。因此大多数教育工作者都认为：教育在历史上一直是生产斗争的工具，只在阶级敌对的社会中，它才又是阶级斗争的工具。

教育发展与经济发展的关系。过去总是说：教育应与经济的发展相适应，教育应随经济的发展而发展，只有经济发展了教育的发展才有基础，经济建设发展了，学校的毕业生才有适当的出路。这种观点现在必须重新认识。教育能促进经济的发展。因为经济发展最主要的是依靠生产力的发展，而教育所传授的科学知识与生产力的三大要素都有密切的关系。①教育能使受教育者获得生产技能，实现脑、体劳动结合、科技理论与实践经验结合，成为高工效、高产量的劳动力。这是生产力中最主要的因素。②教育所传授的现代科学知识，通过物化过程，即成为革新生产工具和创造新工具的力量。包括利用新的动力系统（由机械力、电力、化学力到太阳能、地热能、原子能等）；改变传导系统（由转轮、皮带到自动化、遥控等）；革新工作系统（由各种刀具到电焊、光割等）。③教育所传授的现代科学与技术，能把劳动对象从自然的物质资料，变成人工的人造材料、合成材料、复合材料，而且讲求物资的综合利用，消除“三废”，借以节省物力和劳力，提高生产率。所以说科学就是生产力，教育就是对生产力的培养。国际上的经济竞争，实质上就是生产力竞争、科技竞争、教育竞争。由于教育能传授科技，科技能变革生产力，生产力能推动经济建设的发展，所以教育不能老跟在经济的后面走，而在一定的程度上要跑到经济的前面去，使经济建设每一新项目提到实施日程，就有相应的人才走上工作岗位。

经济上的教育投资与教育上经济效果。经济上所说投资一般是指生产投资，即用货币资本去购买厂房、机器、原料，雇用工人，从事工商企业以获得利润的投资。资本家原是不管工人教育的，到按工厂法开始办学时还认为教育是单纯的消费。但随着生产科技基础的不断变革，他们才逐渐感到要靠教育给工人以知识，才能提高劳动生产率；要靠教育培养新型的技术员、工程师，才能刷新企业，发展生产。近来世界各国政府和有眼光的资本家，都认识到教育的生产性，认识到科技人才比生产资料是更可贵的资本，教育投资比生产投资有更大的利润。因此教育投资便成为经济上投资的一个热门，各国都像竞赛那样不断增加这种投资。就教育经费在国民收入的比率的增长情况说，美国 1956 年为 3.1%，1960 年为 6.8%，1970 年为 8.6%。苏联 1960 年为 5.2%，1970 年为 6.8%，1975 年为 7.3%。（见《外国教育》1980 年第 1 期第 4 页）至于说教育上的经济效果，现在也有了新的认识。过去检查教育效果一般只注意到用科学知识武装学生、为国家培养了所需的人才，很少具体计算出人才所创造的生产总值减去培养人才的教育经费而得到的经济效果。近年来各国进行了具体计算。如苏联算出每一卢布的教育经费可得四卢布的国民收入。美国计算一台年产二百万吨的热轧机，由人工控制改为电子计算机控制后，能增产一百倍。（《外国教育》1980 年第 1 期第 7 ~9 页）这样计算，发现教育上的经济效果是惊人的。可以说，现在经济上的教育投资与教育上的经济效果正在把教育与经济紧密地联系在一起，成为一种不能分割的血肉关系。

根据教育与经济关系的上述原理，我们认为，适应社会主义经济的教育，应当是：

（1）必须解决社会主义的经济投资与教育投资的比例关系问题，社会主义教育不仅要适应社会主义经济的发展，而更重要的是要促进社会主义经济的发展，把教育投资看作最有效的经济投资，要有计划地加大教育投资量、增加教育经费的开支。

（2）社会主义教育要适应经济发展的需要，就要在培养人才上起保证经济计划实现的作用。它必须根据经济计划，进行系统的社会调查，全面了解经济战线上当前和今后所需人才的种类、级别、数量和质量，然后按此比例和要求，有计划地调整各级各类学校及其所设的科系和专业，增设新学校、新科系、新专业，改革课程、教材，培养和提高师资，采取多种形式办学，建立人才培养和使用制度，使教育事业能按需、按时、保量、保质地向经济战线输送各级各类的合格人才，并通过教育事业的发展促进科学技术的发展和整个国民经济的发展。搞好这件大事，必须由国家统一领导，经济和教育等部门共同努力，使教育计划成为整个国民经济计划的一个重要组成部分。

（3）要实现与经济体制改革相适应的教育体制改革。目前我国正在实施经济体制改革，采取在中央统一计划指引下，给地方和企业以一定程度的自主权，以提高经济效果。教育体制也应该采取与经济体制相适应的中央与地方分权办学的办法，国家可以集中力量办好高等教育，办好各级重点学校，各地又可以根据经济建设当前及今后发展的需要，利用自己所掌握的财力、物力、人力，扬长避短，兴办学校，培养人才，发展经济。这样就可以使经济与教育在中央的统一领导下，各地竞争，相互促进，在不平衡与平衡的交替中不断发展。

二、 经济结构与教育结构

（一）经济结构与教育结构的关系

经济结构是指各行各业在经济总体中的比例关系和相互作用。这种比例关系会随着经济建设的变化发展而变化发展，但必须求得综合平衡。如果比例失调，则会带来经济困难，以致发生经济危机。

经济建设所需要的人才也要靠建立一个能促进经济发展的教育制度去培养。所以我们应把教育制度看作社会生产分工中所需各类各级人才及其数量的纵剖面的反映，它应担负起现有经济建设人才的提高和今后所要人才的培养这两个方面的任务。

（二）经济结构中各行各业比例关系，与各行各业中所需各级人才的数量比较

经济结构中行业很多，不胜枚举。但主要的是农、轻、重，其次是商贸、交运、财经，以及与经济建设有密切关系的政法、文教、卫生、服务等业。各行业间应有的比例关系，在我国经济建设的总方针上，多年来执行的情况是重重、轻农、轻轻，忽视财经、政法、文教等业。由于比例失调，所以未能显著提高人民生活水平，发挥生产积极性，也未能提高经济效果，增加公共积累。近来中央对经济结构进行了调整，指出今后要着重发展农业、轻工业，抓紧能源、机械、交通、建筑各业，并改变忽视财经、政法、文教等业的情况，借以适应国民经济的全面发展。

各行业所需的各级人才数量，也存在着一定的比例关系。一般地说，基层最多，中层居中，上层较少，状如等腰三角形。随着经济和教育事业的发展，这三角形的底边可能变狭，两腰将会拉长，顶端变得更尖，但根据社会客观需要和人们禀赋才能的个别差异，这三角形总不会变成长方形。我国的当前情况，最缺的是中层人才，其次是上层人才，所以必须提高上层人才，充实中层人才，带好基层人才。

（三）改革教育结构，使之能提高现有的经济建设人才，培养今后所需的人才

教育结构是指培养人才的门类、级别及其数量的比例关系，它主要表现在教育制度上。一个完整的教育制度，应包括：学前教育、普通教育、专业教育、校外儿童青少年教育和在职工农商成人的继续教育。社会上各种各样的学校和其他教育机构都可以分别归入这五类教育。

1949 年前，我国的教育制度是不完整的，其中的学校制度是仿效美国的六三三四制，建立于 1922 年。1949 年后，国家对旧教育制度进行改革。1958 年，党中央和国务院提出办学的三原则、六并举，办起全日制、半工（农）半读和业余学习三种类型的学校。1964 年，刘少奇还提出两种教育制度。但经十年浩劫，教育制度遭到严重破坏，现在的问题主要是：小学教育尚未普及，中等教育忽视职业技术训练，普通中学的双重任务难以完成，高等教育贪大求长，形式单调，成人教育停顿多年，损失巨大。现在要改革，不仅要拨乱反正，而更重要的是使整个教育制度能适应国民经济发展的需要。因此，在指导思想上必须强调下列几点。

（1）我国是世界上人口最多的国家，也是应受教育的人数最多的国家。应当认定人必有才，才各有用，把全国儿童看作育才的素材，把教育看作成才的加

工，还要在量中求质，质中求精，不断提高整个中华民族的科学文化水平，并在这基础上培养出世界第一流的学者专家。

（2）教育结构必须适应经济结构，贯彻两条腿走路、多种形式办学的方针，办好全日制、半工半读和业余学习三种类型学校，发挥中央、地方、国家、企业、私人各方面办学积极性，把教育制度与劳动制度、干部制度结合起来，使教育事业得到充分的发展。

（3）建立学制应把各种类型学校都纳入教育系统，分高、中、初三级，使青少年和工农成人分别用全日制、半脱产、不脱产等形式接受教育，逐步升进。应给各级全日制学校明确规定其特殊职能：小学为普及教育（普及教育自可逐步升级），初中为试探才能，高中为分修所好，大学为专攻一业（要有广阔基础）。在各级学校间，不但要使大、中、小学衔接起来，还要使高中、初中、小学分别与高、中、初三级的职业技术学校衔接起来，使受完不同程度的普通教育的学生均有直接升学与准备就业的两途可走，做到培养人才都以普通教育为基础，职业技术教育为归宿，避免完成普通教育后待业人员众多那种不合理现象。

（4）高等教育内部，相对地说，还有高级普通教育与高级专业教育之分。各种专业教育必须根据经济建设需要，有计划地分设综合大学、独立学院和专科学校，分别培养科研人才、大学教师、设计师、工程师、工艺师、农艺师、医师、会计师、律师和作家、文学家等。不可重理轻文，重技术轻管理。高校应各以发展个性特长、树立专业尖端见胜，不以学校规模大小、学习年限长短争高。有条件的高校应招收研究生、走读生。要把高校办成“两个中心”，但仍应以教学为主，认为教学是支出、科研是收入的思想必须纠正。

（5）有条件的中、高等专业学校，都要发掘潜力，广开学路，把各种专业教育推广于社会，帮助工农职工和干部进修提高，如办夜大学、函授部等。

（6）必须迅速恢复、切实办好原有的三级师范教育，必须在高考、中考中划出一定比例的优秀生给师范院校，必须充实师范学校的师资和设备，加强专业知识和教育科学的教学。必须提高教师的社会地位，改善其生活待遇，使他们成为有渊博知识和高尚品德，能掌握教学和教育规律的合格教师，担负起培养我国“四化”所必需的千百万建设人才的重任。

（7）应当研究学制的纵坐标上的几个问题：学龄的起点和教育的分段，均应以儿童青少年身心发展的连续性和阶段性为根据。近年来心理学研究指出：人脑的发展和脑电的节律在五至六岁、十三至十四岁时，有两个显著加速时期，因此不少人主张把学龄起点由七岁改为六岁，十三四岁应进行试探才能倾向教育。各类各级学校的学习年限应从修毕规定课程所必需的时间上找标准数，从教学法改革和教育经费的增减上找校正数，过去那些只是根据经验做出的规定应用教育实验去校准。研究学制的全长必须着眼于：既要照顾缩短年限，又要提高质量；既要抓住学习的最佳年龄，又要照顾经济建设所需的劳动力。各国改革的一般趋势是从六岁开始入学，二十一至二十二岁结束学业。

（8）必须实现各种类型学校的毕业生，只要通过统一考试，证实他们已达到同一水平者，即可发给同一等级学校的毕业证书，并做同等使用，给予同等待遇，借以激励自学，选拔真才。

三、根据人才的德才标准，改革学校的课程和教材

教育改革除了解决培养人才的门类、级别和数量之外，更重要的还有人才的品质问题。

各类各级人才应具备什么样的品质是各以他们胜任岗位工作和开拓专业前途所必需的德才为标准的。要制订这些标准则必须进行系统周密的调查、分析工作。科技先进国家早已用业务分析法、成功分析法、失败分析法等去列举各类各级人才的德才标准，并在这基础上去制订教育方案，按标准培养人才；编制职业量表，按标准选拔人才。如美国职业量表用来测量人们的智力和职业知能的已多到两三千种，借以促进人、事配合，而淘汰庸碌无能者。我国对人才标准早已提出德才要求、红专口号，但对标准的提法仍很笼统，未做具体分析、规定，而从人事制度的实践情况来看，更不见得都是按德才标准来任免人员。现在必须由各部门共同努力制订各种人才的德才标准。举例来说，譬如：在我国社会主义建设新时期的总任务的指引下，作为一个科技人员，必先明确“四化”就是现阶段最大的政治，必须有为“四化”献身的精神和毅力。在世界处于第三次科技革命的时代，在科学知识是按几何级数发展，科研上的大分化与应用上的大综合，又产生许多边缘科学、未来科学，深入到微观世界和宏观世界的情况下，作为科技人员就必须有宽广的科技眼界、坚实的基础理论、精湛的专业技术、高度的智力才干、不断的进修精神和坚韧耐劳的体魄等。近来报载昔阳的西水东调、渤海二号钻井船的翻沉，都是违反科学原理和操作规程的，与领导的思想作风和专业知识有很大的关系。这说明了各种人才如不具备应有的德才标准，就会给建设事业造成祸害。

要按照人才的德才标准来培养人才，一个根本的问题就是按照人才的德才标准来改革学校的课程和教材，因为课程、教材就是各类各级人才所需的德才标准的横断面的反映。过去多凭传统、少问现实的做法必须改变。

改革各类各级学校的课程、教材的工作是非常复杂和艰巨的，原则上应根据德才标准去研究其品德涵养和知识结构，需要设置什么课程、选编什么教材才能达到标准，必须分门别类组织学者专家去讨论和制定。如美国为了选编中学用的《统一的现代数学》，就建立中学数学课程改革研究组主其事。为了培养科技人才，在课程改革上的要求是：①各级学校都要重视基础学科，因为基础学科具有高度的概括性，就必然带来广泛的应用性。②从小学开始就要加强科学教育，培养学生对科学的兴趣、爱好和钻研精神，沿着科学的阶梯努力攀登。③初中应当实施多科教育，试探学生的智力发展和才能倾向，借以指导他们分别升入高中或职业技术学校，去学习足以发展他们才智的后继课程，免除不必要的课程，这是教育上的经济。④高中应在继续实施普通教育的基础上，实行分科制、选科制。课程可分普通学科、提高基础学科和职业技术学科，以利学生升学或就业。⑤中等专业学校必须根据社会客观需要和大批学生待业情况，扩充门类、广开学路，不仅设工、农、商、医专业，亦可设交运、财经、文教、歌剧以及各种服务专业，使学生分别学习培养技术员、职员的必要课程。⑥高等院校新生应先学习现代科学文化概论，使学生明了各门科学现状、相互联系和发展趋势，借以扩大眼界，了解全局，然后学好基础课、专业课，还要把学生实验、工厂实习作为独立课程，借以促进理论与实践的结合，培养学生的独创性。

教材改革上的要求有四点。①认识教材的新陈代谢是历史发展的必然趋势，可保持传统的经典内容，但必须吸收科学的最新成就，因此加强国际的科技交流、搞好科学情报工作便是前提条件。②教材的基本结构问题值得重视，因为客观事物原是相互联系的，而各种科学则从不同的方面、有限度地去研究它，自易形成割裂，因此产生边缘科学是不可避免的。学校中能使各科教材既有纵的系统，又有横的联系，在学生头脑中形成知识的网状结构，那就可以收到综合运用知识、解决实际问题的功效。③科学的发展都是人类智慧活动的结晶，因此科学知识中必然蕴藏着许多科学家巧妙深奥的思想方法，如逻辑推理、辩证思维、思想实验、创造想象等，如果教材中能在科学发展的突破点上讲些科学研究的方法学，就能使学生既获得科学知识又掌握认识武器，其效益是很大的。④中小学所传授的基础知识都是比较稳定的，所以可由国家编定基本教材，由各地选编补充教材。但高等院校的教材的现代部分就含有科学上有争论的内容，而且同一学科内容在各专业中的需要又有不同。为了贯彻“双百”方针，促进科学繁荣，则应让各专业的专家学者去竞编教材，各抒己见，并让教师们自由选用，再在实践中检验修改。

四、 建立人才的培养和使用制度

人才成功除要靠学校对人才的培养外，又要靠社会对人才的使用。培养和使用都要采取有效的措施，并使之制度化。人在学前阶段和在校求学时期，家庭和学校都要贯彻教育方针，并进行因材施教，这时必要的条件有三。一是家庭教养要保证儿童身心的正常发育，养成良好的生活习惯。二是学前教育要发展儿童的语言和思维，逐步开展认物识字、写字、计数，并开展有益的游戏、手工、图画和音乐舞蹈活动。三是各级学校必须明确其职能，并贯彻尊重自觉和严格要求相结合的原则。一方面要发挥学生学习的自觉性和积极性，少小立志，珍惜时间，勤奋学习，掌握学习工具，接受人类文化遗产的精华，吸收世界科学的最新知识，发展智慧才能，在批判中学习，在学习中批判，敢于怀疑传统，勇于设想创新。另一方面学校招生可采取严格考试与名师推荐相结合的办法，使无没才、遗珠之憾。教师要有教育的农业观，使祖国花朵在春风化雨中自然开放；又有教育的工业观，使儿童青少年的成长纳入教育方针所指引的轨道。到学习期满，还要按国家规定的教学大纲严格考试，要像工厂的检验室那样，只让合格产品出厂，坚决反对年限一到皆毕业的“毕年”制度。

人在社会工作时期，要做到才尽其用，社会还要建立健全的人事管理制度。一要对毕业生实行对口分配。二要稳定使用。给工作人员以一定的工作条件和生活条件，既要反对更调频繁，又要反对无理冻结，使人才得以驾轻就熟，提高工效。三要定期进行业务考核。借以整顿现有干部队伍，使外行变内行，内行更内行。所有工作岗位都要发挥应有作用，不容尸位素餐。还要实行按劳分配，择优提拔。组织部门应促进人事相称，不要变成单纯的档案保管部。四要不断进修。处此世界知识爆炸时代，任何干部都要不断进修，避免掉队，还要创新。日本实行工作七年脱产进修半年的办法很有远见，值得参考。五要保护人才。培养人才煞费心血，任意糟蹋便是犯罪。十年浩劫摧残人才不计其数，大伤国家元气，真是惨痛教训。对于较有成就较有前途的专业干部兼职过多，参加社会活动过多，或强令他担任行政领导工作，名为提拔，实是损害，有些学者身任要职，往往结束了他的学术前途，所以用人必须发挥其所长。六要奖励发明创造。但现在还限于自然科学，应发展到社会科学。当前的科学思潮已逐步把这两大类科学沟通起来了。

此外，教育科学上还要加强关于开发智力资源、发展智力方法的研究。近年来有外文指出：人的大脑潜力只用了百分之十，剩下百分之九十还没有发挥出来。可见开发智力资源问题大有可为。恩格斯在《自然辩证法》中提到人的胚胎在母体中的发育是一部生物进化论的缩影，这在教育科学上叫作复现说；又说人的身心和智力的成长又是一部社会发展史的缩影，这在教育科学上叫作回顾说。我们知道人脑体积不及一个排球，但却拥有一百四十亿个神经细胞和九千万个辅助细胞，任何复杂的电子计算机也比不上人脑结构那么精巧细致，它蕴有无限的潜力有待开发。教育科学如果能把大脑左右两半球的智力完全开发出来，则足以使地球的东西两半球完全变样，人类也将开创一个光芒万丈的历史新纪元。

原载《华南师范学院学报》1981年第1期。

关于改进教育学研究工作的十点意见

一、 教育学研究工作必须以探索教育、 教学规律为根本任务

探索客观规律本是任何科学的根本任务。教育学要成为真正的科学，对教育实践能起切实的指导作用并提高人们对它的重视，就必须探得客观规律，建立理论体系。

近年来的报刊文章常说：要遵循教育规律，提高教育质量。但规律是什么？教育规律究竟有哪几条？认识还不一致。

辩证唯物主义哲学概括了马列主义经典作家的言论，指出：规律是各种客观事物之间，在一定的条件下，所具有的本质的、普遍的、必然的联系，客观规律是客观存在的，写在科学书籍上的科学规律则是客观规律的反映，是对客观规律的无限接近。我们正在探索教育规律，必须以这些指示为指导，朝着同一方向努力，克服对规律的神秘观点和轻率态度，切不可把主观形态的东西当作客观规律。

下列各点都与探索教育规律有直接或间接的关系。

二、必须把批判继承中外教育历史遗产，批判吸取外国教育科学研究的最新成就，作为探索教育规律的基本工作

人们总是站在历史与社会的交叉点上去认识客观事物。如果我们能从古今中外的教育理论和实践中去探索教育规律，那这规律必定是最普遍和最深刻的，必将经得起社会和历史的检验。

用历史唯物主义的观点、方法去研究社会科学，在历史遗产方面，要求研究者用唯物观点透过历史背景去分析评价历史事件和人物，避免观点与方法的割裂，做出过火的否定或肯定；在外域知识方面，也要结合其社会制度和生产发展水平，予以分析评价，吸取其科学性的精华，抛弃其阶级性的糟粕，做到恰如其分，去伪存真。这可能就是实现古为今用、洋为中用的关键所在。

三、发挥各有关教育学科的大协作精神，去探求基本的教学规律

教学理论是十分复杂的，但其核心问题总在教与学的关系上。教的措施应根据学的规律，学的动力在于学生心理的内部矛盾，学的效果应造成神经通路和组织结构的变更。探索基本的教学规律必须考察各科教师怎样采取适当的措施，促进学生心理矛盾对立面的转化，去寻求其本质的、普遍的、必然的因果关系，所以研究教学论必须与学习心理学、教育心理学和生理心理学取得密切的联系，在全面计划的指引下，通力协作，方克有成。

四、应强调教育调查法和教育实验法是探索教育、教学规律的主要方法

教育调查法最利于大面积了解教育的基本情况，总结广大教师成功的教育经验。调查方式可以是由上而下的直接访问、座谈，逐步深入，也可以是由下而上的间接答问、汇报，逐层概括。

教育实验法能有效地判别不同事物的利弊、优劣，验证预见、假说能否成立。由于教育科学和优良学风都遭到“文化大革命”的践踏、破坏，当前运用教育实验法，先要要求研究者发扬客观、严格、实事求是的科学精神，并温习教育的实验法、测量法和统计法的基本知识。

探索教育规律就是要了解情况，总结经验，判别优劣，验证假说，所以应当强调这两个方法是主要方法。

五、必须建立教育实验园地，并使之适应实验研究的需要

有规模的教育科学研究机关都应该设实验学校，师范院校则早有附属学校。应当规定这些学校的职能是：搞好园地建设，开展实验、实习，辅导地方教育，推广优良经验。这些学校自己就要重视实验，开展实验，并主动配合来校的研究人员的实验研究，创造条件适应他们的研究需要。克服生怕调整班级，打乱教学秩序，降低教学质量，影响升学率等无根据的不必要的思想顾虑。

最好是双方协商制订实验研究计划，配备人员，创设条件，执行计划，坚持到底，做到互助互利，防止差错和损失。

六、既要加强基础理论研究，又要重视重大的现实问题研究

基础理论具有科学的规律性和广泛的应用性，现在教育学研究迫切需要加强这项基本建设。但为了检验和发展理论，又应分出力量从事重大的现实问题的研究。例如：党的十一届五中全会公报提出教育与经济的相互关系问题，那是国家的头等大事。经济学界出动许多学者专家，大力研究了经济规划和经济体制问题，发表了许多文章。在教育学界，由中国教育学会和中央教育科学研究所联名号召各省、市教育学会，组织力量研究适应国民经济需要的教育计划和教育体制问题，准备开会讨论，但这个会就没有开成，而同志们提到我们这个年会的有关这个问题的文章又是寥寥无几。此中原因应当分析，但这个现象关系到科研工作的方向性、原则性的理论联系实际问题，就值得我们正视，切实改进。

七、积极开展教育评论，使教育工作能在正轨中顺利前进

教育工作就怕无规可循，但更怕有规不循。三十年来，我国教育事业培养了约一千万人才，这个重大成绩是必须肯定的，但自 1957 年以来，由于受到“左”倾以至极左路线的干扰和破坏，多讲阶级斗争，少讲科学与民主，因而受到重大的损失。粉碎“四人帮”后，拨乱反正、教育质量正在逐步提高，但有些问题积重难返，理论和实践还有不小的距离。例如：没有全面理解和贯彻党的教育方针，抓了教学为主，又忽视思想政治教育；为了提高教学质量就加重了学生的学习负担；曾按升学率的高低进行了校际、省际的评比，但极少调查就业的毕业生在生产战线上的表现。这使我们深感教育工作者除了从事教育研究外，还有开展

教育评论的必要。

组织力量开展正确的评论，评论路线的正误、思想的是非、措施的得失，就能起纠偏扶正、澄清认识、防患未然等作用，使教育工作纳入正轨。

教育战线拥有百万大军，加强学习，掌握现有的理论，就能产生物质的力量。马克思、恩格斯说：“个人是什么样的，这取决于他们进行生产的物质条件。”① 今天我们可用生态学观点看待自己，我们掌握教育评论这个武器，披荆斩棘，也就是为自己创造优良的环境，为我国的教育事业做出更大的贡献。

八、建立全国教育学研究网，统一计划，合理调度，提高研究效果

1979 年，中央教育科学研究所召开了全国教育科学规划会议，制定了规划，各地承担了科研任务，并组织成立了中国教育学会和全国教育学研究会。这是振奋人心的壮举，随后的研究工作也取得了巨大的成绩，但现在还存在着未能落实规划、合理调度、充分讨论、合力攻关等问题。鉴于我国从中央到地方已设立了不少教育科学研究机关，热衷于研究工作的同志也越来越多，如果能在中央统一指挥下，按科研项目组织力量，分层次民主选出负责人，进行分散和集中的讨论，开展单项和综合的研究，我们认为就能提高研究效果。举行年会也可以按专题集中论文，按层次进行分析概括，写成综合提纲或专门著作，然后提交年会，则可以改进两次年会出现的论文阅读不完、小组讨论不足、大会发言紧张、综合整理匆忙的情况，也可以使年会后选编论文、出版丛书省些时间、精力。

九、促进教育（学校）行政与教育学术结合，实现行政工作学术化

教育和学校行政工作本是一种专业，但 1949 年后不久，教育行政学、学校行政学等课程都停开了，十年浩劫期间中央和地方的教育学院也被摧残了。因此现在行政干部未必都受过专业教育，行政与学术就脱节了。人们批评教育行政部门只凭长官意志办事，而教育科学研究人员也以发表了文章算数。为了提高行政

① 中共中央马克思恩格斯列宁斯大林著作编译局．马克思恩格斯全集：第 3 卷［M］．北京：人民出版社，1960：24.

工作的学术性，并开拓教育研究成果的用途，则轮训现有未受专业训练的行政干部，架设行政机关与学术机关的桥梁，便是当务之急。

十、必须办好教育系，大量培养教育战线的指战员

当前世界各国竞相投资于教育事业，同时重视培养教育专业人才。中华人民共和国成立初期综合大学和独立院校设教育系者为数颇多。但 1958 年以后的教育系却逐渐凋零，师范院校内教育系的地位也明显降落，说是教育系的培养目标不明确，因而时常停止招生，造成教育专业人员的青黄不接现象，这个教训应该说是惨痛的。近年，中央一再指示："四化"的关键在科技，科技的基础在教育。现在必须深刻认识师范院校的教育学科教学工作、教育研究机关的科研工作、广大的学校行政和教育行政工作都是专业，只有受了足够专业教育的人，才能胜任愉快，才能有效地提高工作效率，借以发展教育事业和教育科学研究事业。明白了这些，那教育学的培养目标问题也就解决了。中央和地方的教育行政领导都必须给教育系以足够的条件，保证它们能够培养出大量的教育战线所急需的指战员。

此文是在全国教育学研究会第二届年会闭幕式上的发言，后载《全国教育学研究会通讯》1981 年第 10 期。

教育科学在人类历史、社会遗传与科学丛林中的显著地位和伟大作用

一、教育对培养人才、促进社会发展的伟大作用

教学是实施教育的主要途径。我们首先希望社会的全体成员对教育都有比较正确而深入的认识，认识它对培养人才、促进社会发展的伟大作用，使我们研究教学问题时有更大的钻劲。

人类是大自然中生物进化的最高产物，由群居繁衍而组成社会。他们要保全生命、维持生活、延续种族、促进社会发展，就必须从事生产。所谓生产，简要地说，就是通过劳动，变自然的物质资源为社会的生活资料。在原始社会里，长辈就在带动后辈参加生产劳动的过程中，传授生产劳动的知识经验和社会生活的惯例习俗于后辈，构成新老两代的继承性联系，这就是原始的教育。所以教育是起源于生产劳动，而社会生产也是靠教育而世代相传。

随着渔猎、游牧、农耕的发展而分化出工商业及其他行业，人类在实践中所积累的知识经验日趋丰富复杂，不掌握相应的文化科学技术，就不能参加一定专业的生产劳动，故社会对教育的要求也不断地发展、提高。首先使教育从一般的社会现象变成专门的社会

职能，建立了教育制度，创办了各级各类学校，教育对象由部分的艺徒发展到大中小学的广大学生，且由年轻一代的教育扩大到工农群众的成人教育，由一定年限的学校教育延长到从摇篮到坟墓的终身教育。教育目的由坚强的体格、丰富的知识、优良的品德，概括为健全的公民。或做专业的后备力量，或即提高现有的生产力，或精通各种科技学识，成为专家、学者，或特具组织管理能力，成为社会、国家的行政领导干部。现代教育又由国家的统一目的，按其育才要求，制定基本任务，由德、智、体三育演变为德、智、体、美、劳五育。为了完成基本任务而设置的教育内容，又随时代需求和科技革命的发展而发展。其沿革可以说由原先读、写、算发展到现代中小学所设置的政、文、史、地、数、理、化、生、劳、美、体、音等课程。高等院校课程则有公共必修课、专业基础课和专业课，非常复杂，这里难以列举。但自然科学方面就要力争反映科技革命的趋势，如原子能、计算机、航天技术、遗传工程、激光、遥感、海洋工程、系统论、信息论、控制论等。社会科学方面也同样要按照文史、政法、财经、商贸、文教、服务等专业，设置客观、科学、先进的课程，适应社会发展的需要。现代强调办学思想要根据经济结构来调整教育结构，即根据各行各业在经济总体中的比例关系和相互作用，来制定经济建设所需人才的指标，并把教育制度看作社会生产分工中所需各级各类人才及其数量的纵剖面的反映，负担起现有经济建设人才的提高和今后所需人才的培养这两方面的任务。所以各级学校都应该是多层次、多形式、多渠道的，并兼重教学和科研，极力提高教育质量。

综上所述，可得几点重要认识。①自有社会就有教育。②教育不仅是一般的社会现象，也是社会的专门职能。如果生物的遗传基因能决定生物的遗传性状，则教育所传递的文化科学、思想品德就能构成社会遗传。社会遗传体现在社会的物质文明和精神面貌里，它就像空气那样，无孔不入地影响人们的思想言行，这又决定着下一代教育的背景。不同的社会背景上所造就的人才就有不同的层次，所以野蛮社会、半开化社会、开化社会、文明社会、高度文明社会，教育成品的质量就有很大的差距。落后社会可以高喊迎头赶上，但先进社会却不会踏步等待，所以喊来喊去，还是瞠乎其后。③当今世界各国普遍认识到发展经济的首要条件是提高生产力，提高生产力要靠科技的物化，而提高科技的不二法门就是教育。所以各国的经济竞争归根结底是教育竞争。一般地说，教育是明显地能够培养人才，促进经济发展，但落实到具体国家，则还要看现有经济基础发展的水平，与作为上层建筑的教育所采取的措施的辩证关系。落后者要承认落后，要实行政治民主，要集中力量，狠抓高质量、加速度和超越经济的教育，储备科技力量，出国的留学生必须返国出力，来促进经济的发展。

二、 教育科学在科学丛林中的显要地位

前面所述的问题都是教育科学研究的对象。如果社会重视教育，就应该理所当然地重视教育科学。

但从科学发展史上看，人类研究科学有个习性，就是多研究周围事物，少研究人类自身，也可以说是舍近求远，重物轻人。所以先要窥探宇宙的奥秘、日月的运行、事物形数的关系、能量的转换和守恒、物质的结构和变化、物种的由来和进化，而建立了天文、地理、历法、数学、物理、化学、生物各门自然科学，且有许多自然科学家为之艰苦奋斗、浴血捐躯，去寻求自然科学的定理、定律。但对与人类的社会生活息息相关的政法、财经、文教、哲理等社会科学，则探索不够，故已建立起来的社会科学原理、原则较少，迄在争论中的问题尚多。至于思维科学中的思维心理、辩证逻辑都在形式逻辑之后。19 世纪马克思主义的三大组成部分，才是批判前人的研究成果而创立社会科学和思维科学的辉煌成就。

教育科学一向被划归社会科学。但教育科学的研究对象总是人，人有自然性和社会性，研究人的生理属于自然科学；由于人的本质是一切社会关系的总和，研究在一定的社会制度下，人的成长和发展适应社会需要，则属于社会科学；研究人的学习和创造则离不开思维科学。所以教育科学是兼及自然、社会、思维三个方面、内涵与外延都非常复杂的综合科学。从长期作为教育科学的四大支柱——教育学、心理学、教育史、教学法来说：教育学是研究教育的基本原理与方法，对教育工作提出基本的要求；心理学研究人的心理活动的基本规律，使教育工作的外部措施能适合教育对象的内部需要；教育史是从社会发展各阶段的教育遗产中，探索共通的教育规律，来指导今后的教育工作；教学法研究教学的基本原理与方法，为各科教学奠定坚实的基础。这四大支柱的每一支柱，又都有其分支。如教育学已分化出普通、高等、特殊、学校、家庭、社会等教育学；心理学已分化出基础、普通、儿童、发展、教育、学习、学科等心理学；教育史可分中国古代、近代、现代、外国等教育史；教学法可分普通的和某某具体学科的教材教法。用四大支柱来支撑教育科学实是不够完备，因教育上有四大问题——为什么要教、教什么、怎样教、教的结果如何。那教育科学中还应该有教育哲学、课程论、教学论、教育测量、教育统计。随着社会的发展，教育科学还要有适应时代需要的新兴学科，如教育经济学、教育工艺学、学校管理学、教育系统论、教育信息论、教育控制论等。可见，在现代社会里，无论从广度还是深度说，教育科学已有空前的发展，而且是互相联系、彼此沟通的。

谁都承认人为万物之灵，世界上最宝贵的财富就是人。巴甫洛夫研究神经生理，用他35年深入思索的结果，写成《大脑两半球高级神经活动》，而且深有体会地指出：人脑是自然界的皇冠。教育科学的对象是人，其根本任务是要把人培养成为社会所需要的人才，来促进社会的发展。那么，时至今日的教育科学，就应该深入到人脑的研究，在生理心理学和神经生理学已有成就的基础上，进一步窥探人脑这个“黑箱”的秘密。所以当各种科学研究转到以“人”为中心、以“人脑”为核心的时代的到来，教育科学在科学丛林中，将大放异彩，后来居上。例如，开发人类的智力资源，从而更好地开发地球和空间的物质资源，那么人类的历史进入了崭新的纪元。

三、 社会对教育和教育科学的态度和评价

社会需要教育的必然性形成了教育现象的永恒性，教育发挥了培养人才、促进社会发展的作用，也长期赢得了社会贤达的重视和崇高的评价。原始社会就认为教育是传递文化、延续种族、维护社会生存的自然需要。奴隶社会也要给奴隶主以占有知识、财富和管理国家的权术的教育；给奴隶以埋头劳动、驯服于统治的教育。有文字记载，长期持续的中国封建社会虽据该社会等级制和割据性的特点，对封建主和农民分别办的是等级教育和宗法教育，但君侯将相和广大人民都认识到百年树人是建国的根本大计，把教师的地位提到与天、地、君、亲并排的高度，家家户户都供奉“天地君亲师”的横额，并树立孔子为万世师表。资本主义社会对教育还有理论上的评价。如英国斯宾塞把人类活动分为五大类：生命的保全、生活的维持、种族的延续、社会的义务和兴趣的满足，可以显见每类与教育都有密切的联系。教育在社会发展史上一直都是生产斗争的工具，而马克思指出在阶级社会中，教育又是阶级斗争的工具。这点已在全国教育学研究会第一届兰州年会中，通过热烈讨论得到了比较一致的认识。英国亚锡比不久前提出科技的人文主义，阐明任何自然科学的发现、发明，都要追问它是造福于人类，还是危害于社会。这就促进了自然科学和社会科学的携手，导致世界著名的美国麻省理工学院在课程改革中，也增设了人文科目和教育科目，提高了教育和教育科学的地位。社会主义社会，基于教育的农业观，把教师比作辛勤培植祖国花朵的园丁；出于教育的工业观，把教师比作能深入人类大脑、铸造人才且彪炳气节的人类灵魂工程师。苏联在倡行全民教育的年代，曾在普通中学的教学计划里，增设教育学和心理学的课程，旨在强调人人都应该有教育科学的知识，不当教师的人仍要当父母，出家当和尚、尼姑、道士、修女也不免接触社会，给施主和信徒

以一定的影响。苏联能否坚持这一措施是苏联的内政，但这个倡导就有深邃的含义。我国各级的党政工作报告各有文教部分，最高的提法是提高整个中华民族的素质，并把教育当作经济建设的战略重点之一，位在科技之前，这不是对教育认识上极大的觉悟而给它以崇高的评价吗？

但至今社会上还有一些人口头上也说应该重视教育，而心里是轻视的。早就听过某些负责干部的口头禅：一工、二农、三财贸，腾出手来抓文教。这是因为忙得不可开交，还是因为清水衙门无利可图呢？社会抨击教育投入太少时，就用教育经费绝对数字的增加来搪塞，而回避因教育事业的发展、师生人数的增加和物价的上涨而形成的人均教育经费的下降的实况。

社会上轻视教育，相应地也轻视教育科学。有许多人把很复杂艰巨的教育，逐层缩小为上课。教师只要识字，拿着课本和粉笔，就可以到教室照本宣科。还有人认为讲自然科学比较严格，多有规律可循，所以养猪、种菜也都要科学。而讲社会科学，则可以高谈阔论，甚至信口开河，反正没有什么规律可循。不学教育科学的教师也可以讲好课，学了教育科学的教师讲课还不一定成功。实施了教育，又不见近效，所以组织领导常把教育列入文教工作范围之内，而摒弃于三大科学领域之外，这样就把文教与科学对立起来。好像兼及自然、社会、思维三大类科学、综合性很大的育人工作，反而不需要教育科学了。这些都是由于不深入理解教育工作和教育科学的复杂性、长期性和艰巨性，而形成的种种误解。照本宣科还宣出不少错别字的代用教师，在教育界是存在的，有待教育行政领导部门采取有效措施来提高他们的教学水平，但他们不是教师的榜样和代表。讥讽者为什么不看学识渊博、献身教育、呕心沥血、数十年如一日为祖国的建设而培育人才的优秀教师呢？教育科学的对象是变动不居的“人”，不是任人摆布的“物”。教育工作必须适应社会的需要，社会的政治经济方针、政策的常变，又哪像自然界里日月经天、江河行地那么稳定，所以教育科学中至今研究得较多的是带有规律性的原理原则，而不像自然科学那样，可以显耀若干颠扑不破的定理定律。现在的问题在于有些教师还不知道教育科学上已经有些原理原则，而其各级领导也惯按长官的意志办事，不以这些原理原则教导他们，那教师授课哪来的原理原则可循呢？教师授课的成败牵涉到许多因素，他们总结长期实践的经验，也可以摸索到与教育原理原则暗合的道理。如果别的条件相等，学与不学教育科学的教师，在教学质量上自有显著的差异。教育之所以叫作百年大计，是因为教育工作有赖日积月累，世代相承，在较高的出发点上继续奋进，由严师培养高徒，既能提高整个民族的素质，又能造就杰出的人才。正由于教育有不见近效的特性，就特别要及早图谋，由慎始以求善终。反过来说：教育上的失误，也不是立即觉察，拖延日久，则必然是积重难返，受到历史的惩罚。我国教育重理轻文、重政轻法，国家多次奖励自然科学的成就，而向不扶植社会科学的发展。时至今日，自然科学的科技水平还远远落后于先进国家，而与人民生活息息相关的民主、法制、官倒、物价高涨和脑体倒挂等社会问题都难以解决，是否值得深深地反思？

四、 教学是实施教育的主要途径， 教学论是教育科学的独立分支

肯定了教育的作用和地位，自然要问通过什么途径来实施教育。

实施德、智、体、美、劳五育教育的应该有教学、生产劳动、课外活动、校外活动、思想政治教育工作、家庭、社会共七条途径。每途径施教的内容都应该兼及五育，五育之外也没有别的内容。切勿误解：教学就是智育。

在诸途径中，教学之所以被认为是主要途径，是历史形成的，因为教育成为社会的专门职能后，创办了学校，建立了制度，有专职教师、专设的课堂、专用的课本，由教师有目的、有计划地直接教导学生，师生每周都用较多的时间和精力进行教学，所以教学成为实施教育的主要途径。

但教学却不能包办教育，在学校里，它必须与和它并列的其他途径结合或配合。首先是生产劳动，它包括课堂上的讲解和实地的操作。马克思说：把生产劳动和智育、体育结合起来，就是培养全面发展的人的唯一方法。（这是对资本主义社会的体力劳动者讲的）课外活动如能按照教学内容组织起来，引导学生自愿参加，则能适应个性特长，增进理论与实践的统一，发挥学生操作的独立性和创造性。校外活动是利用校外教育机关的现代化设备和多样化活动，来充实学生的科学知识，扩大其技术眼界。学校里有配套的思想品德教育工作体系，如能与教学取得最紧密的联系，则能使学生兼重品学，取得教书育人的实效。

进一步说，学校是教育学生的主导力量，但它也不能包办教育，因为所有的学生都不可避免地要受家庭和社会的影响。当前提倡的大教育是说：要培养全面发展的新人，就必须全面占领学生受教的时间和空间，来个综合治理：使学校主动与家庭、社会协作，起中流砥柱的作用；使家庭、社会也配合学校的教育，产生合力而减少分力；也使师生在改善家庭环境、改变社会风气中改造提高自己。这是教育的根本问题，要用全社会的力量来实现这个目标。

由于教学是实施教育的主要途径，许多教育科学工作者都不惜时间和精力来研讨教学问题，所以教学论在国内外都有比较丰富的历史遗产和新近的研究成就，这使它从教育学的组成部分发展成为教育科学的独立分支。

本人承领导和同行的信任和支持，拟用晚年的岁月，在平素学习和研究的基

础上，编著一部《教学论》。当前的设想是写成有理论体系、有客观规律，有我国社会主义特色、对各级学校的教学工作都能起指导作用的教学基本理论。

所谓理论体系不是指编章节目的安排，而是开宗明义指出教学论是研究以教学为主实施教育的理论。接着是分析概括本人于1988年接受任务、开始研究以前，古今中外研究教学问题的历史遗产和最新成就，并在这基础上，继续深入研究。鉴于社会主义社会的教育必须适应社会主义社会发展的规律性和学生身心发展的规律性这个前提，认为社会主义的教学则必须根据马克思关于人的全面发展与教育的学说，以我国的教育目的和方针，和学生学习的神经生理，为一切教学工作总结教学经验提出规律假说，用实验来验证这些假说能否成立。如果发现了教学教育过程的人、事、物在一定的条件下有了本质的、普遍的、必然的联系，那就可以称为教学基本规律，再由规律导出指导教师进行教学工作的基本原则，用来指导各级学校的各科教学，做到一般与特殊的结合。

后　记

本书所编辑的邹有华先生教育文集只是邹老学术生涯中的部分学术著述，并非全部。他在新中国之前所出版的著述和发表的文章已经难以找到，只有一篇收编其中，甚是可惜。

1985—1988 年间，编者作为邹老“教育基本理论”专业第一届（即 1985 级）硕士研究生，亲身聆听其春风化雨般谆谆教诲，沐浴其教育思想的阳光雨露，亲切、谦和、睿智和富有感染力的话语至今依然历历在目。“教育基本理论”首届招生只有两名硕士生，潘海燕和我，但其导师组却有多位教授。除了邹有华先生外，当时还有李锡槐、陈基伟、吴奇程、李国拱、彭若芝等教授。虽然该专业当时有两个方向：教学论和德育论，但我们都选择了教学论方向，由此决定了自己后来一生的研究方向、专业范围和职业生涯。此外，邹老还亲自给后一届硕士生如林福兰、黎泽雄、范恩鑫、王连轩等同学上课，让他们也感受到教育思想的魅力。此外，下一届的研究生，如林福兰、黎泽雄、范恩鑫等人还能亲耳聆听邹老的谆谆教诲。

在读研的学习与交流的生涯中，邹老为动员大学内外的学术前辈和同行为我们授课和指导煞费苦心，尽心尽力。我们有幸亲耳聆听国内学术名家为我们上课，其中有著名的教育统计学家叶佩华教授给我们讲授“教育统计学专题”、北京师范大学著名教授黄济先生给我们传授“教育哲学”精华、人民教育出版社著名的课程论专家陈侠教授给我们讲解“课程论及其发展现状”，等等。当时旁听课程的还有大学教育专业的一些在职老师和进修助教，其场景至今仍历历在目，深受启发。后来这些授课内容大都通过当时华南师范大学的学术刊物《教育论丛》的主编张铁明老师组织我们梳理、提炼、撰写成论文在其刊物上发表了。

读研期间，当时有一项非常有研学意义的活动，就是跨校研学交流。就是在读研究生在确定研究专题之后，请导师写推荐书，亲自拜访本专业著名的学者，进行外校访学活动。当时我和潘海燕曾拿着导师的推荐信和论文提纲拜访了湖北师范大学的黎世法教授、北京师范大学的王策三教授、东北师范大学的吴杰教授和杭州大学的董远骞教授，收获甚大，获益良多。

硕士研究生毕业之后，我留校任教，有幸常常到邹老家拜访，继续聆听教诲，并请教有关教育热点问题的看法和研究心得，醍醐灌顶，受益匪浅，功在当时，利在一生。他也愿意把一些历史上的名人轶事、教育问题的思考方法、教育改革发展的走势、为人处世的智慧等与我分享，包括他自己在中央大学的求学过程、同学的友谊、生活的起伏、难题的化解、社会的变迁、思维方式的变化、课堂观察的经验以及研究方向的选择，等等。

往事如烟，世事如棋。在《邹有华教育文集》即将完稿之际，我还要感谢为这本著作提供大力支持和帮助的单位和个人，其中华南师范大学及其教育科学学院胡劲松、李盛兵、曾文婕、施雨丹、卓雄辉等领导和院史主编李方老师；以及为文集收集、扫描、整理和校对提供帮助的吴惠贤和曹芹芹同学。兴教之志，育人之成，自愧不如老师；同心尽力，传道解惑，相期无负平生。愿邹老的教育思想后继有人，其学高身正的榜样永在，诲人不倦的精神永存。

李志厚于华南师范大学高教村

2023 年 5 月 19 日

旧照片

图 1　邹有华先生照片之一

图 2　邹有华先生照片之二

图 3　邹有华先生照片之三

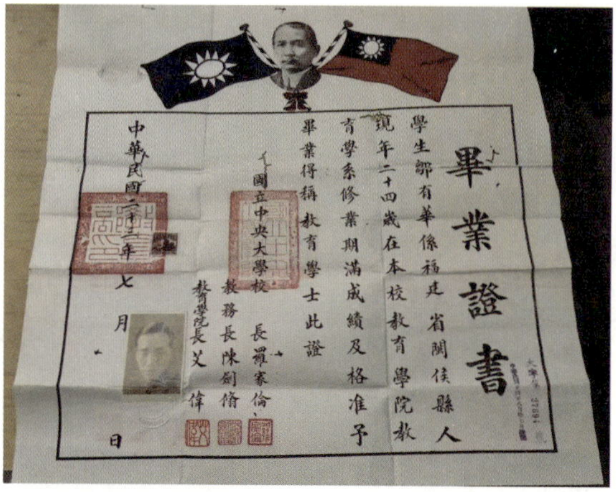

畢業證書

學生鄒有華係福建省閩侯縣人現年二十四歲在本校教育學院教育學系修業期滿成績及格准予畢業得稱教育學士此證

國立中央大學校
校長羅家倫
教務長陳劍脩
教育學院院長艾偉

中華民國二十三年七月 日

图 4　1934 年获得国立中央大学校毕业证书

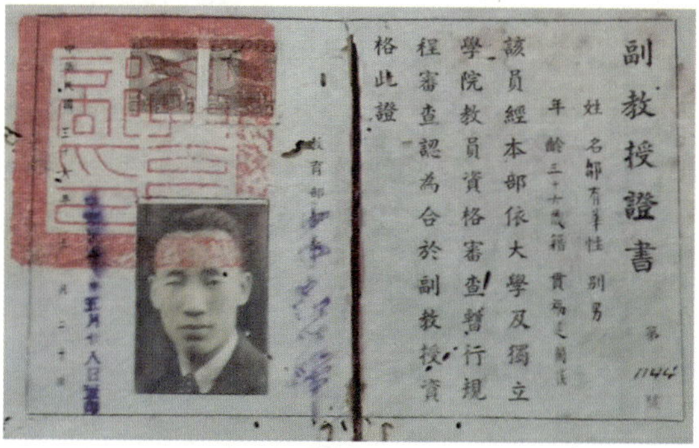

副教授證書

第1144號

姓名鄒有華 性別男
年齡三十七歲 籍貫福建閩侯

該員經本部依大學及獨立學院教員資格審查暫行規程審查認為合於副教授資格此證

教育部

图 5　副教授证书

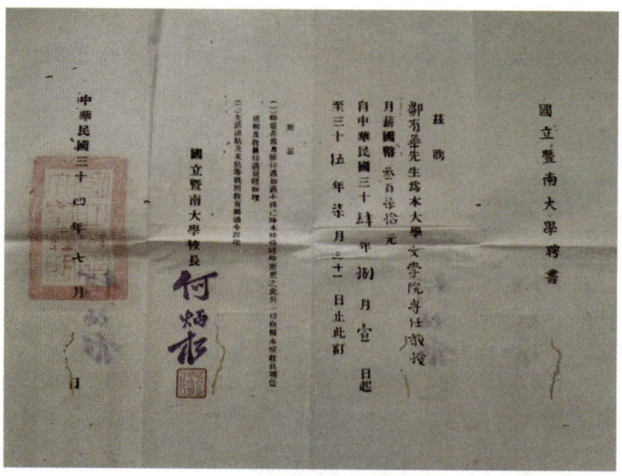

國立暨南大學聘書

茲聘
鄒有華先生為本大學文學院專任教授
月薪國幣叁百壹拾元
自中華民國三十肆年捌月壹日起
至三十伍年柒月三十一日止此訂

國立暨南大學校長何炳松

中華民國三十四年七月 日

图 6　1945 年邹有华先生被聘为暨南大学文学院教授

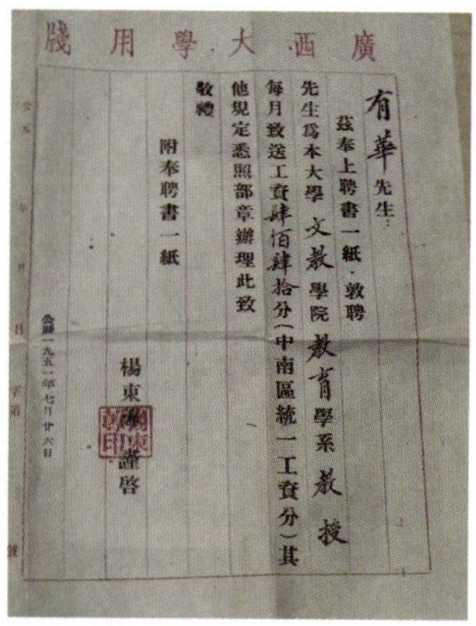

廣西大學用牋

有華先生：
茲奉上聘書一紙，敦聘
先生為本大學文教學院教育學系教授
每月致送工資肆佰肆拾分（中南區統一工資分）其他規定悉照部章辦理此致
敬禮

附奉聘書一紙

楊東蓴謹啓
一九五一年七月廿六日

图 7　1951 年邹有华先生被聘为广西大学教育系教授

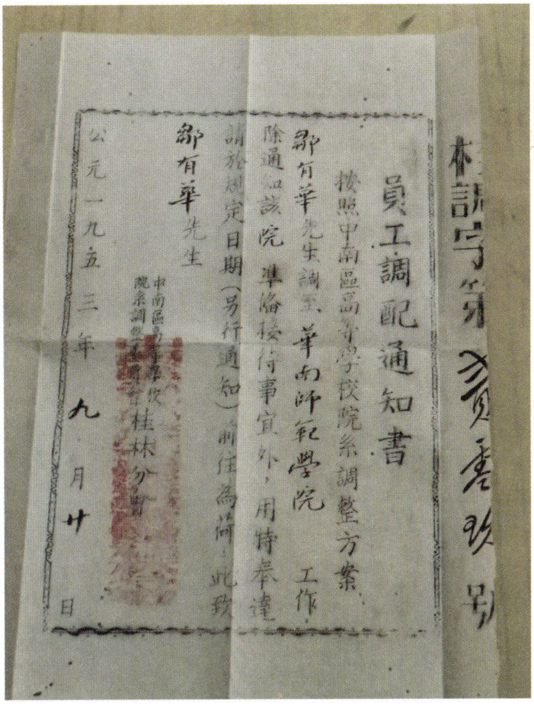

員工調配通知書

按照中南區高等學校院系調整方案

鄒有華先生調至華南師範學院 工作

除通知該院準備接待事宜外，用特奉達

請於規定日期（另行通知）前往為荷，此致

鄒有華先生

中南區高等學校院系調整委員會桂林分會

公元一九五三年九月廿日

图 8　1953 年调至华南师范学院工作通知书

图 9　参加全国教育统计学首届学术讨论会

图 10　勋章

图 11　与全国教育统计学学术研讨会代表合影（1984 年）

图 12　与教育统计与测量高校教师硕士班学员合影（1988 年）

图 13　与历届硕士研究生合影

图 14　1990 年与硕士生黎柱辉、李志厚合影